Rechtsbegriff und Rechtsentstehung

Gedächtnisschrift für
Dietmar Willoweit

Rechtsbegriff und Rechtsentstehung

Gedächtnisschrift für
Dietmar Willoweit

Herausgegeben von
Steffen Schlinker

Mohr Siebeck

Steffen Schlinker, geboren 1965; erstes juristisches Staatsexamen 1991, zweites juristisches Staatsexamen 1994, Promotion 1998, Habilitation 2007, als apl. Professor in Greifswald seit 2016.

ISBN 978-3-16-200473-4 / eISBN 978-3-16-200474-1
DOI 10.1628/978-3-16-200474-1

Die Deutsche Nationalbibliothek verzeichnet diese Publikation in der Deutschen Nationalbibliographie; detaillierte bibliographische Daten sind über *https://dnb.dnb.de* abrufbar.

Gedruckt auf alterungsbeständiges Papier. Satz: Laupp & Göbel, Gomaringen.

Mohr Siebeck GmbH & Co. KG, Wilhelmstraße 18, 72074 Tübingen, Deutschland
www.mohrsiebeck.com, info@mohrsiebeck.com

Vorwort

Rund sechs Jahrzehnte hat Dietmar Willoweit die rechts- und verfassungsgeschichtliche Forschung geprägt, als er am 24. April 2023 als emeritierter Ordinarius für Deutsche und Bayerische Rechtsgeschichte, Bürgerliches Recht, Handelsrecht sowie Kirchenrecht und als Alt-Präsident der Bayerischen Akademie der Wissenschaften starb.[1] Um Dietmar Willoweit zu ehren, sind am 17. Juli 2024 Weggefährten und Schüler in der Neubaukirche in Würzburg zu einem Symposium zusammengekommen, das Frau Professorin Dr. Ulrike Müßig und ich gemeinsam organisiert haben. Der vorliegende Band vereinigt die im Rahmen dieser Feier gehaltenen Vorträge. Zwei weitere Texte sind hinzugekommen, zum einen die Laudatio, die Herr Professor Dr. Dr. h.c. Jan Schröder auf Dietmar Willoweit aus Anlass der Verleihung der juristischen Ehrendoktorwürde im Jahr 2011 in Tübingen gehalten hat, sowie ein Aufsatz von Herrn Rechtsanwalt Dr. Matthias Heilmeier, der an dem Symposium leider nicht teilnehmen konnte.

Die Themen dieses Buches, die Rechtsentstehung und der Rechtsbegriff, haben Dietmar Willoweit vor allem in den letzten Jahren seines wissenschaftlichen Arbeitens fasziniert. In der Schrift „Gerechtigkeit und Recht. Zur Unterscheidung zweier Grundbegriffe der Jurisprudenz“ (2018) sowie in der Monographie „Rechtsdenken“ (2024) hat er dazu grundlegend Stellung genommen. In beiden Büchern hat Dietmar Willoweit der Überzeugung Ausdruck verliehen, dass subjektive Rechte durch gegenseitige Anerkennung entstehen, insbesondere durch den Abschluss von Verträgen und im Rahmen des Ausgleichs nach einer Verletzungshandlung. Konsequent verstand er daher die Rechte des Einzelnen als immanent begrenzt durch die Rechte des jeweiligen Gegenübers.

Das Gedächtnis-Symposium hätte nicht stattfinden können ohne großzügige Unterstützung sowohl finanzieller als auch personeller Art. Sehr herzlich danken Ulrike Müßig und ich der Bayerischen Akademie der Wissenschaften in München, der Schulze-Fielitz-Stiftung Berlin, der Bayerischen Julius-Maximilians-Universität Würzburg, der Universität Passau, dem seinerzeitigen Dekan der Juristischen Fakultät der Bayerischen Julius-Maximilians-Universität, Herrn Professor Dr. Christof Kerwer, Herrn Dr. Markus Hirte (Kriminalmuseum Rothenburg ob der Tauber) sowie den engagierten Mitarbeiterinnen und Mitarbeitern der Lehrstühle von Frau Professorin Dr. Ulrike Müßig (Passau), Frau Professorin Dr. Anja Amend-Traut (Würzburg) und Herrn Professor Dr. Wolfram Buchwitz (Würzburg) sowie des Dekanats der Würzburger Juristischen Fakultät.

[1] Ein ausführlicher Nachruf ist in der ZRG GA 142 (2025), 499–516, erschienen.

Herrn Professor Dr. Werner Maleczek sei herzlich gedankt für die freundliche Erlaubnis, seine Fotographie von Dietmar Willoweit in diesem Band abdrucken zu dürfen.

Die Kosten der Drucklegung hat großzügig die Edgar Michael Wenz-Stiftung übernommen. Dafür danken wir der Stiftung und ihrem Vorsitzenden, Herrn Professor Dr. Horst Dreier, ebenfalls sehr herzlich.

Greifswald, am 24. April 2026 Steffen Schlinker

Inhaltsverzeichnis

Vorwort V

Jan Dirk Harke
Das römische Recht – doch ein Gesetzesrecht? 1

Ulrike Müßig
Die Aufführung der individuellen Gewissensentscheidung in Tenglers Weltgerichtsspiel – verfassungsgeschichtliche Überlegungen 21

Joachim Lege
Am Anfang war … Rechtsphilosophische Überlegungen zur Rechtsentstehung 43

Steffen Schlinker
Die Formen der Rechtsentstehung am Beispiel des *ius in bello* 55

Eric Hilgendorf
Rechtsgeschichtsschreibung und Wertfreiheitspostulat. Am Beispiel der Juristischen Zeitgeschichte 79

Matthias Heilmeier
Kapitalanlagefreiheit versus Kapitalanlegerschutz am historischen Beispiel der Beurkundungspflicht des Gründungsakts bei Aktiengesellschaften . . . 97

Jan Schröder
Innergesellschaftliches Recht bei Dietmar Willoweit und bei Eugen Ehrlich 117

Epilog

Wolfgang Riedel
Dietmar Willoweit als Präsident der Bayerischen Akademie der Wissenschaften. Auch eine persönliche Erinnerung 133

Jan Schröder
Laudatio zur Verleihung der Ehrendoktorwürde durch die Juristische Fakultät der Eberhard-Karls-Universität Tübingen an Dietmar Willoweit am 16. Dezember 2011 137

Schriftenverzeichnis 143
Verzeichnis der Autorinnen und Autoren 175

Das römische Recht – doch ein Gesetzesrecht?

Jan Dirk Harke

I. Einführung

In seiner postum erschienenen Monographie „Rechtsdenken", in der das große Werk von *Dietmar Willoweit* seinen Abschluss findet, geht er auch auf das römische Recht ein. Er verfolgt dabei eine Spur der Rechtsentstehung aus intersubjektiven Beziehungen, in der er eine der staatlichen Gesetzgebung ebenbürtige Rechtsquelle erkennt. Er findet sie im sogenannten *ius gentium*, dem Völkergemeinrecht.[1] Für die Römer war es der Inbegriff der Regeln, die so selbstverständlich sind, dass sie bei allen Völkern und unabhängig von einer staatlichen Gesetzgebung gelten. Rezipiert werden sie vor allem im Edikt des Prätors. In den hier veröffentlichten Rechtsschutzverheißungen sieht *Willoweit* den von ihm auch andernorts beobachteten „Vorrang des subjektiven Rechts" am Werke; denn die im Edikt zugelassenen Klagen und Einreden knüpfen an die Rechtsbegehren der Einzelpersonen an, denen der Prätor Durchsetzung verspricht.[2] Die hieran anknüpfende Tätigkeit der römischen Jurisprudenz habe eine Rechtsordnung geschaffen, die aus zwischenmenschlichen Beziehungen und frei von staatlicher Gewalt entstanden sei.[3]

Dass sich das römische Recht weitgehend ohne die Hand eines Gesetzgebers entwickelt hat, ist eine schon seit langem verbreitete Überzeugung. Sie entspricht insbesondere der Ansicht von *Franz Wieacker*,[4] auf den *Willoweit* ausdrücklich Bezug nimmt, und gipfelt in dem bekannten Diktum von *Fritz Schulz*, das römische Volk sei zwar das „Volk des Rechts", aber eben „nicht das Volk des Gesetzes".[5] Ihre Grundlage findet diese Einschätzung in den Anfang des 20. Jahrhunderts vorgelegten Untersuchungen von *Giovanni Rotondi*, der sämtliche Volksgesetze durchgesehen[6] und hier nur eine beschränkte Zahl von Normen gefunden hat, die sich auf das Privatrecht beziehen. Diesen wenigen Gesetzen attestiert er eine gesellschaftspolitische Zielsetzung und sieht in ihnen eine Ausnahme vom eigentlichen

---

1 *Willoweit*, Rechtsdenken. Zwischen innergesellschaftlicher Rechtsbildung und hoheitlicher Rechtssetzung, 2024, 47ff.

2 *Willoweit* (Fn. 1), 49.

3 *Willoweit* (Fn. 1), 51.

4 *Wieacker*, Lex Publica, Gesetz und Rechtsordnung im römischen Freistaat, in: ders., Vom römischen Recht, 2. Aufl., 1961, 45, 57ff., 66.

5 *Schulz*, Prinzipien des römischen Rechts, 1954, 4.

6 *Rotondi*, Leges publicae populi romani, 1912.

Privatrecht, das durch die römische Rechtswissenschaft und den Prätor geprägt sei.[7]

Rotondis Befund und die Charakterisierung des römischen Rechts als gesetzesarm sind in jüngster Zeit zum Gegenstand der Diskussion geworden. Angestoßen hat sie *Dario Mantovani.* In seiner Studie zur „Legum multitudo", die mittlerweile als Buch in einer von *Ulrike Babusiaux* besorgten deutschen Übersetzung[8] erschienen ist,[9] vertritt er die Auffassung, das römische Privatrecht sei weitaus stärker von Volksgesetzen geprägt als bislang angenommen. In seiner Zählung kommt er auf 58 statt wie *Rotondi* auf 32 einschlägige Gesetze.[10] Dass sie in erster Linie in den als simples Lehrbuch konzipierten Institutionen des Gaius und weniger in Justinians Digesten belegt sind, zeigt für *Mantovani*, dass es hier zu einer „Delegifizierung" der klassischen Quellen kam.[11] Sie sei vor allem auf der Ebene der Textauswahl erfolgt, bei der in den Schriften der Klassiker bewusst die umfangreichen Abschnitte zu Volksgesetzen und Senatsbeschlüssen übergangen worden seien.[12]

Mantovanis Vorstoß hat Unterstützung,[13] aber auch Widerspruch erfahren. Die Kritik konzentriert sich dabei freilich auf die Beurteilung genereller Äußerungen der römischen Juristen und schöngeistiger Autoren sowie die Wahrscheinlichkeit der Delegifizierungshypothese.[14] Noch nicht erfolgt ist hingegen eine Analyse der überlieferten Gesetze auf ihren Stellenwert in der römischen Privatrechtsordnung. Man kann sie auf zweierlei Weise angehen: Einerseits lässt sich untersuchen, wie stark sich die römischen Juristen bei der Rechtsfindung an Gesetze gebunden fühlen. Andererseits kann man versuchen, die Regelungsdichte zu bestimmen, mit der die *leges* einen bestimmten Bereich prägen. Hier gilt es jeweils nach dem Normierungsbedarf und danach zu fragen, ob er durch die uns bekannten Gesetze gedeckt wird oder diese vielmehr einen privatrechtsfremden Zweck verfolgen.

---

[7] *Rotondi*, Osservazioni sulla legislazione comiziale romana di diritto privato, in: Scritti giuridici, 1922, Bd. 1, 1, 4ff., 20ff.

[8] *Mantovani,* Legum multitudo. Die Bedeutung der Gesetze im römischen Privatrecht, 2018.

[9] Das italienischsprachige Original findet sich in Ferrary (Hrsg.), La legge nell'esperianza giuridica romana, 2012, 707767.

[10] *Mantovani* (Fn. 8), 39ff.

[11] *Mantovani* (Fn. 8), 62ff.

[12] *Mantovani* (Fn. 8), 75ff.

[13] Vor allem bei *Babusiaux* in der Einleitung zu ihrer Übersetzung des Beitrags von *Mantovani* (vgl. Legum multitudo (Fn. 8), 5ff.) und bei *Stagl*, Die Bedeutung von leges publicae im römischen Recht. Der Beitrag Mantovanis zur legum multitudo und die Frage der Privatautonomie bei den Römern, SZ 2016, 338ff. (eine überarbeitete Fassung bildet das Nachwort von Legum multitudo, S. 110ff.).

[14] *Santucci*, Legum inopia e diritto privato, Riflessioni intorno ad un recente contributo, SDHI 80 (2014) 373ff., *Forschner/Haubner*, Kein Volk der Gesetze. Anmerkungen zu *Mantovanis* These der legum multitudo im römischen Privatrecht, SZ 2019, 322ff. *Mantovani* hat hierauf bereits reagiert; vgl. ders. (Fn. 8), 100ff. und ders., Legum multitudo. Diskussionen und Perspektiven aus Anlass einer Übersetzung, SZ 2022, 338, 341ff.

II. Ein Musterbeispiel gesetzesgeleiteter Rechtsfindung: die Deliktshaftung

Während sich diese Untersuchung immerhin überblicksartig für sämtliche 58 *leges publicae* leisten lässt, kann man sich bei der Beurteilung des Umgangs der römischen Jurisprudenz mit Gesetzen zwangsläufig nur auf eine Fallstudie beschränken. Hierfür bietet sich vor allem die *lex Aquilia* an, die das Rückgrat der Deliktshaftung bildet und von den römischen Juristen intensiv behandelt wird. Nach traditioneller Datierung handelt es sich um ein Volksgesetz aus dem Jahre 286 v. Chr. mit zwei wichtigen Bestimmungen. Sein erstes Kapitel gilt der Tötung von Sklaven und Großvieh, das dritte sanktioniert deren Verletzung sowie die aller anderen Tiere, deren Tötung und die Beschädigung von Sachen. Nach dem Wortlaut des Gesetzes hängt die hierfür verhängte Bußleistung davon ab, dass der Schädiger etwas widerrechtlich verbrannt, zerrissen oder zerbrochen (*ruperit*) hat. Schon die Juristen der republikanischen Periode setzen sich über diese Beschränkung hinweg, indem sie die Tathandlung des „Zerbrechens" – *„rumpere"* – im Sinne von „Beschädigen" – *„corrumpere"* – verstehen.[15]

Der genetische Zusammenhang beider Verben täuscht darüber hinweg, dass sie grundlegend verschiedene Bedeutungen haben. Die Uminterpretation von *„rumpere"* in *„corrumpere"* bewirkt, dass die aquilische Haftung völlig vom Erfordernis einer bestimmten Tatausführung entkoppelt wird. Es reicht hin, dass ein Schaden unrechtmäßig durch Körperverletzung oder Sachbeschädigung herbeigeführt wird. Obwohl sich der Anwendungsbereich der Haftung damit dramatisch erweitert, geht die Anbindung an das Gesetz doch nicht verloren. Der Hochklassiker Celsus erklärt, warum neben dem allumfassenden *„corrumpere"* im Wortlaut des Gesetzes noch die beiden anderen Tatbestandsvarianten genannt werden. Nach seiner Ansicht entspricht es einer anerkannten Gesetzestechnik, zunächst Spezialtatbestände aufzuführen, bevor eine Generalklausel folgt.[16]

Trotz der Ausdehnung des Tatbestands wird die Haftung also nach wie vor auf das Gesetz zurückgeführt. Und die Juristen differenzieren genau zwischen den

---

[15] D. 9.2.27.13 Ulp 18 ed: „Inquit lex ‚ruperit'. rupisse verbum fere omnes veteres sic intellexerunt ‚corruperit'." („Das Gesetz sagt, er hat zerrissen'. Fast alle alten Juristen haben diesen Ausdruck so verstanden: er hat beschädigt'.")

[16] D. 9.2.27.15-16 Ulp 18 ed: „Cum eo plane, qui vinum spurcavit vel effudit vel acetum fecit vel alio modo vitiavit, agi posse Aquilia Celsus ait, quia etiam effusum et acetum factum corrupti appellatione continentur. (16) Et non negat fractum et ustum contineri corrupti appellatione, sed non esse novum, ut lex specialiter quibusdam enumeratis generale subiciat verbum, quo specialia complectatur: quae sententia vera est." („Gegen jemanden, der Wein verschnitten, ausgegossen, zu Essig gemacht oder auf andere Weise verdorben hat, kann, wie Celsus schreibt, aus dem aquilischen Gesetz geklagt werden, weil vergossener oder zu Essig gemachter Wein von dem Begriff einer beschädigten Sache erfasst wird. (16) Und er leugnet nicht, dass die Ausdrücke „zerbrochen" und „verbrannt" in dem Begriff „beschädigt" enthalten sind; aber es sei nicht neu, dass ein Gesetz nach Aufzählung spezieller Fälle einen allgemeinen Begriff verwendet, in dem die speziellen enthalten sind; diese Ansicht ist richtig.") Hierzu ausführlich *Harke*, Argumenta Iuventiana, 1999, 60ff.

hiervon erfassten Fällen und anderen Arten einer Schädigung. Celsus verneint beispielsweise eine Haftung nach dem Gesetz, falls jemand nicht in die Sachsubstanz eingreift, sondern dem Eigentümer dadurch einen Schaden zufügt, dass er Unkraut zwischen Nutzpflanzen sät. Hier will er eine *actio in factum* gewähren, also eine auf den Einzelfall zugeschnittene Klage.[17]

Der Vorteil dieser Lösung ist, dass dem Gerichtsmagistrat ein gewisser Spielraum zusteht, ob er den einzelnen Fall analog zu den gesetzlich vertypten Schädigungsarten behandeln will. Dies gilt auch, wenn es um die Haftung für Tötung nach dem ersten Kapitel der *lex Aquilia* geht. Hier differenziert Celsus zwischen dem „*occidere*" des gesetzlichen Tatbestands und „*mortis causam praestare*". Dieser Begriff ist weiter und erfasst auch Fälle indirekter Schädigung, etwa solche, bei denen das Opfer die totbringende Handlung selbst ausführt.[18]

Andere Juristen bringen dies auf die Formel, dass der Schädiger, um unmittelbar aufgrund des Gesetzes haftbar zu sein, den Schaden durch Körperkontakt – „*corpore suo*" – zugefügt haben muss.[19] Wo dies nicht der Fall ist, soll für die Haftung

[17] D. 9.2.27.14 Ulp 18 ed: „Et ideo Celsus quaerit, si lolium aut avenam in segetem alienam inieceris, quo eam tu inquinares, non solum quod vi aut clam dominum posse agere [...] sed et in factum agendum [...] nam alia quaedam species damni est ipsum quid corrumpere et mutare, ut lex Aquilia locum habeat, alia nulla ipsius mutatione applicare aliud, cuius molesta separatio sit." („Und Celsus überlegt, ob, wenn du Samen von Unkraut in die Saat gestreut und sie so verunreinigt hast, der Eigentümer nicht nur mit dem Interdikt „was gewaltsam oder heimlich", sondern auch mit einer auf den Sachverhalt zugeschnittenen Klage vorgehen kann [...] denn es ist eine Art von Schaden, eine Sache selbst zu beschädigen und zu verändern, so dass das aquilische Gesetz Platz greift, und eine andere, etwas ohne Veränderung der Sache hinzuzufügen, dessen Sonderung beschwerlich ist.")

[18] D. 9.2.7.6 Ulp 18 ed: „Celsus autem multum interesse dicit, occiderit an mortis causam praestiterit, ut qui mortis causam praestitit, non Aquilia, sed in factum actione teneatur. unde adfert eum qui venenum pro medicamento dedit et ait causam mortis praestitisse, quemadmodum eum qui furenti gladium porrexit: nam nec hunc lege Aquilia teneri, sed in factum." („Celsus aber sagt, es mache einen großen Unterschied, ob jemand getötet oder nur die Ursache für den Tod gesetzt habe, so dass, wer nur die Ursache für den Tod gesetzt hat, nicht aufgrund des aquilischen Gesetzes, sondern mit einer auf den Sachverhalt zugeschnittenen Klage hafte. Er führt hierfür als Beispiel denjenigen an, der anstelle einer Arznei Gift gereicht hat, und sagt, dieser habe nur die Ursache für den Tod gesetzt, und zwar genauso wie derjenige, der einem Geisteskranken ein Schwert in die Hand gegeben hat; denn auch dieser hafte nicht aufgrund des aquilischen Gesetzes, sondern mit einer auf den Sachverhalt zugeschnittenen Klage.") Hierzu *Harke* (Fn. 16), 54 ff.; vgl. auch dens., Ansprüche aus Delikten an Sklaven, Corpus der römischen Rechtsquellen zur antiken Sklaverei, Bd. III.2, 2013, 78 (Text 89).

[19] Vgl. Gai 3.219: „Ceterum placuit ita demum ex ista lege actionem esse, si quis corpore suo damnum dederit; ideoque alio modo damno dato utiles actiones dantur, veluti si [...] quis alieno servo persuaserit, ut in arborem ascenderet vel in puteum descenderet, et is si ascendendo aut descendendo ceciderit, aut mortuus fuerit aut aliqua parte corporis laesus sit [...]" („Im Übrigen gilt, dass nach diesem Gesetz eine Klage nur gegeben ist, wenn jemand den Schaden durch körperliche Einwirkung zugefügt hat; deshalb pflegt man gegen denjenigen, der den Schaden auf andere Weise zugefügt hat, zweckdienliche Klagen zu gewähren, wie zum Beispiel wenn [...] jemand einen fremden Sklaven überredet hat, auf einen Baum oder in einen Brunnen zu steigen, wenn der Sklave beim Hinaufklettern oder Hinabsteigen gestürzt und entweder zu Tode gekommen ist oder sich an irgendeinem Körperteil verletzt hat.") – Zur Äquivalenz der Begriffe „*actio in factum*" und „*actio utilis*" *Harke*, Actio utilis. Anspruchsanalogie im römischen Recht, 2016, 121 ff.

in Analogie zur *lex Aquilia* aber zumindest eine körperliche Beeinträchtigung des betroffenen Sklaven oder der betroffenen Sache erforderlich sein. Einen reinen Vermögensschaden, der nicht aus einer Körperverletzung oder Sachbeschädigung resultiert, lässt erst Justinian ausreichen.[20] Wie wörtlich man seine Äußerung nehmen kann, ist kaum zu sagen. Denn der angefügte Beispielsfall, in dem jemand einem fremden Sklaven die Fesseln löst und so die Flucht ermöglicht, passt offensichtlich nicht zur allgemeinen Regel. Er stammt aus einer Abhandlung zur Haftung mit der Arglist- oder Diebstahlsklage[21] und ist vielleicht die Ursache dafür, dass sich die justinianischen Redaktoren einer unbedachten Formulierung bedient haben.

Auch in einem zweiten wichtigen Punkt hält sich die römische Jurisprudenz an den Geist des Gesetzes. Obwohl die hier bestimmte Haftung des Schädigers nicht nur Schadensersatz gewähren, sondern zugleich Strafe für den Täter sein soll, verweigern die Juristen dem Geschädigten entschieden einen Ausgleich für das immaterielle Interesse, das er an dem verletzten Menschen oder der beschädigten Sache hat. Dies gilt insbesondere in dem Fall, dass es sich bei einem getöteten Sklaven um den natürlichen Sohn seines Eigentümers handelt. Ungeachtet dieser besonderen emotionalen Bindung soll sich die Bußzahlung allein nach dem Marktwert des Sklaven orientieren, weil sie durch das Gesetz auf das *damnum*, also den erlittenen materiellen Schaden, fixiert ist.[22] So beachten die Juristen das Konzept des Gesetz-

[20] IJ 4.3.16: „[...] sed si non corpore damnum fuerit datum neque corpus laesum fuerit, sed alio modo damnum alicui contigit, cum non sufficit neque directa neque utilis Aquilia, placuit eum qui obnoxius fuerit in factum actione teneri: veluti si quis misericordia ductus alienum servum compeditum solverit, ut fugeret." („[...] Wird der Schaden jedoch nicht durch körperliche Einwirkung zugefügt und auch kein Körper verletzt, sondern entsteht jemandem auf andere Weise ein Schaden, haftet der Schuldige, weil weder die unmittelbare noch eine zweckdienliche aquilische Klage in Betracht kommt, nach allgemeiner Meinung mit einer auf den Sachverhalt zugeschnittenen Klage: wie zum Beispiel, wenn jemand aus Mitleid einem fremden Sklaven die Fesseln löst, damit er fliehen kann.")

[21] D. 4.3.7.7 Ulp 11 ed: „Idem Labeo quaerit, si compeditum servum meum ut fugeret solveris, an de dolo actio danda sit? et ait Quintus apud eum notans: si non misericordia ductus fecisti, furti teneris: si misericordia, in factum actionem dari debere." („Labeo fragt auch, ob die Klage wegen Arglist zu gewähren sei, wenn du meinen gefesselten Sklaven befreit hast, damit er fliehen konnte. Und Quintus merkt zu Labeo an: Hast du es nicht aus Mitleid getan, haftest du mit der Diebstahlsklage; hast du es aus Mitleid getan, sei eine auf den Sachverhalt zugeschnittene Klage zu gewähren.") Hierzu *Harke*, (Fn. 19), 123f.

[22] D. 9.2.33pr Paul 2 Plaut: „Si servum meum occidisti, non affectiones aestimandas esse puto, veluti si filium tuum naturalem quis occiderit quem tu magno emptum velles, sed quanti omnibus valeret. Sextus quoque Pedius ait pretia rerum non ex affectione nec utilitate singulorum, sed communiter fungi: itaque eum, qui filium naturalem possidet, non eo locupletiorem esse, quod eum plurimo, si alius possideret, redempturus fuit, [...] in lege enim Aquilia damnum consequimur: et amisisse dicemur, quod aut consequi potuimus aut erogare cogimur." („Hast du meinen Sklaven getötet, sind nach meiner Ansicht Gefühle nicht in die Schätzung einzubeziehen, sondern nur, welchen Wert er für jeden hat, wie zum Beispiel, wenn jemand deinen leiblichen Sohn tötet, den du für einen hohen Preis gekauft hättest. Auch Sextus Pedius schreibt, die Werte von Gegenständen seien nicht nach den mit ihnen verbundenen Gefühlen oder nach ihrem individuellen Nutzen, sondern allgemein zu bestimmen. Daher sei derjenige, der seinen leiblichen Sohn besitzt, nicht deshalb reicher, weil er ihn, wenn ein anderer ihn besäße, zu einem sehr hohen Preis

gebers. Mit Erlass der *lex Aquilia* hat er sich dazu entschieden, die Sanktion immaterieller Schäden grundsätzlich dem Kriminalrecht zu überlassen und im Privatrecht nur noch mit der Haftung für Ehrverletzung zu erfassen.[23] Aus diesem Grunde spart die *lex Aquilia* auch vollkommen die Verletzung oder Tötung eines freien Menschen aus, weil dieser im Gegensatz zu einem Sklaven keinen in Geld zu messenden Wert hat. Die klassischen Juristen halten zwar auch in diesem Fall einen Analogieschluss für zulässig; sie beschränken die Haftung aber eben auf die Heilungskosten und einen möglichen Einkommensverlust, also die materiellen Folgen der Tat.[24]

Wie man sieht: Existiert für einen gewissen Bereich eine gesetzliche Regelung, hält sich die römische Jurisprudenz auch daran. Zwar weitet sie den Anwendungsbereich durch mitunter gewagte Interpretation und ansonsten im Wege von Analogieschlüssen aus. Sie vernachlässigt dabei aber nie den Sinn und Zweck des Gesetzes und zeigt sich sogar erpicht darauf, die Grenze zwischen Auslegung und Rechtsfortbildung durch ergänzende Klagen deutlich zu ziehen. Für die Deliktshaftung als eine zentrale Materie des Privatrechts lässt sich also schwerlich behaupten, das römische Recht sei nicht gesetzesgeleitet.

III. Varianz in Regelungsdichte und -zielen

Allerdings spielt die *lex Aquilia* in gewisser Hinsicht eine Sonderrolle. In anderen Bereichen des Privatrechts fehlt es nämlich an einem solchen Grundgesetz, das sich zumindest im Wege seiner Interpretation zu einer umfassenden Regelung machen

---

zurückkaufen würde […] Nach dem aquilischen Gesetz erlangen wir nämlich nur unseren Schaden ersetzt; und wir haben ihn insoweit erlitten, als wir etwas hätten erlangen können oder gezwungen sind, etwas aufzuwenden.") Hierzu ausführlich *Harke*, Tryphonin, Papinian und die Rücksicht auf immaterielle Nachteile im Schuldrecht, SZ 2021, 274, 286ff.; vgl. auch dens. (Fn. 18), 84f. (Text 99).

[23] Es geht also nicht, wie zuweilen behauptet wird, um die Zurückstufung eines Sklaven zu einer Sache; vgl. *Harke* (Fn. 18), 22f.

[24] D. 9.2.5.3, 7pr Ulp 18 ed: „[…] sutor, inquit, puero discenti ingenuo filio familias, parum bene facienti quod demonstraverit, forma calcei cervicem percussit, ut oculus puero perfunderetur. dicit igitur Iulianus iniuriarum quidem actionem non competere, quia non faciendae iniuriae causa percusserit, sed monendi et docendi causa: an ex locato, dubitat, quia levis dumtaxat castigatio concessa est docenti: sed lege Aquilia posse agi non dubito […] (7pr) Qua actione patrem consecuturum ait, quod minus ex operis filii sui propter vitiatum oculum sit habiturus, et impendia, quae pro eius curatione fecerit." („[…] Ein Schuster schlug, wie er [Julian] sagt, einem bei ihm lernenden freigeborenen Haussohn, der nicht gut ausführte, was er ihm gezeigt hatte, mit einem Leisten derart ins Genick, dass der Junge ein Auge verlor. Julian sagt nun aber, die Injurienklage sei nicht zuständig, weil er nicht mit dem Ziel einer Ehrverletzung geschlagen habe, sondern um zu ermahnen und zu belehren. Er zweifelt, ob die Klage aus der Verdingung gegeben sei, da einem Lehrer nur eine leichte Züchtigung erlaubt ist; ich zweifle aber nicht daran, dass nach dem aquilischen Gesetz geklagt werden könne. […] (7pr) Mit dieser Klage könne der Vater, wie er sagt, erlangen, was er wegen des verlorenen Auges seines Sohnes weniger an Arbeitsleistungen erziele, sowie die Aufwendungen, die er für seine Heilung gemacht habe.") Hierzu eingehend *Harke* (Fn. 19), 119ff.; vgl. auch dens. (Fn. 18), 51ff. (Text 39).

lässt. Die von *Mantovani* erstellte Liste der *leges publicae* mit privatrechtlichem Inhalt nimmt sich auf den ersten Blick wie eine disparate Sammlung von Normen unterschiedlichen Abstraktionsgrades aus, die statt einer Systematik eher Maßnahmencharakter haben und von politischen Absichten jenseits des Interessenausgleichs zeugen. Dieser Eindruck schwindet freilich, wenn man die Gesetze nach Sachgebieten ordnet und jeweils danach fragt, welchen Regelungsbedarf es hier überhaupt gibt.

1. Zwangsvollstreckung

Noch vor Erlass der *lex Aquilia* bewirkt ein Gesetz eine grundlegende Reform der Zwangsvollstreckung. Das Zwölftafelgesetz erlaubte einem Gläubiger noch den Zugriff auf die Person des Schuldners, indem er ihn als Sklave verkaufen durfte. Verwehrt wird ihm dies im praktisch wichtigsten Fall eines Darlehens bereits durch eine *lex Poetelia* von 326 oder 313 v. Chr.,[25] wenn der Schuldner einen Offenbarungseid schwört.[26] Der Gläubiger kann sich unter diesen Umständen allein an das Vermögen des Schuldners halten.[27] Dieser muss nur noch hinnehmen, fortan als infam zu gelten, was vor allem mit dem Verlust politischer Beteiligungsrechte verbunden ist. Auch diesen Nachteil erspart ihm schließlich eine unter Augustus um 17 v. Chr. ergangene[28] *lex Iulia de bonis cendendis.*[29] Sie gibt allen Schuldnern die Möglichkeit zur Abtretung ihres Vermögens, das den Gläubigern dann zur Durchführung eines Insolvenzverfahrens zur Verfügung steht. Trotz des großen zeitlichen Abstands sind beide Gesetze von gleicher Tendenz und grundlegender Bedeutung, indem sie für eine Ablösung der inhumanen Personalexekution und die Umstellung auf eine Vermögensvollstreckung sorgen. Sie tragen damit erheblich zur Rationalisierung des Zivilverfahrens und zur Trennung vom Strafrecht bei.

Gleichfalls schuldnerfreundlich, aber weniger intensiv ist der Eingriff, den das Vollstreckungsrecht durch die *lex Vallia* erfährt. Sie betrifft noch die im alten Le-

---

[25] Zur Datierung *Rotondi* (Fn. 6), 230.

[26] Dessen Bezeichnung als *„bonam copiam iurare"* (Varro 7.105) erweckt den unzutreffenden Eindruck, der Schuldner sage die Befriedigung des Gläubigers aus seinem Vermögen (so *Rotondi*, (Fn. 6), 231) oder zumindest mit seinen Diensten (so *Behrends*, Der Zwölftafelprozeß. Zur Geschichte des römischen Obligationenrechts, 1974, 167) zu. Es kann aber nur um die Beteuerung der Leistungsunfähigkeit gehen; vgl. *Klinck*, Die vorklassische Personalvollstreckung wegen Darlehensschulden nach der *lex Poetelia*, SZ 2013, 393, 396 ff.

[27] Kaum missverständlich ist in dieser Hinsicht Livius 8.28.8: „[…] pecuniae creditae bona debitoris, non corpus obnoxium esset." („[…] für das Darlehen sollte nur das Vermögen des Schuldners, nicht sein Körper haften.") Gleichwohl nehmen *Kaser/Hackl*, Das römische Zivilprozeßrecht, 2. Aufl., 1996, 145 und HRP/*Willems*, § 14 Rn. 3 an, die *lex Potelia* habe die Personalexekution nicht schlechthin abgeschafft, sondern lediglich die Fesselung des Schuldners verboten und Raum für eine Schuldknechtschaft gelassen. Richtig hingegen *Klinck* (Fn. 26) 393, 395 ff.

[28] Vgl. *Rotondi* (Fn. 6), 451.

[29] Erwähnt ist sie bei Gai 3.78.

gisaktionenverfahren für die Zwangsvollstreckung zuständige *legis actio per manus iniectionem* und erlaubt einem Schuldner, die rituelle Auflegung der Hand durch den Gläubiger statt durch Stellung eines Bürgen damit zu beantworten, dass er sie selbst wegstößt.[30]

2. Erkenntnisverfahren

Ein ähnliches Bild wie die Regelung der Zwangsvollstreckung bieten die *leges publicae* zum Erkenntnisverfahren: Es gibt zwar auch hier Gesetze mit eher geringfügiger Reichweite, aber auch zwei große Reformen, die dazu führen, dass der Formularprozess das alte Legisaktionenverfahren ablöst.

Noch auf den älteren Prozessmodus bezieht sich eine *lex Pinaria* von unbekannter Entstehungszeit.[31] Sie führt eine dreißigtägige Frist ein, innerhalb derer die Parteien nach der Einleitung des Prozesses vor dem Gerichtsmagistrat auf die Bestellung eines Richters warten müssen.[32] Diese Bestimmung soll ersichtlich die gütliche Beilegung des Rechtsstreits fördern.[33] Spezieller ist die ebenfalls nicht zu datierende[34] *lex Creperia.* Sie beschränkt sich darauf, den Betrag für ein präjudizielles Versprechen, mit dem vor dem Hundertmännergericht indirekt um das Eigentum an einer Sache oder Erbschaft gestritten wird, von 25 auf 125 Sesterze hochzusetzen.[35]

Von nicht zu unterschätzender Tragweite sind hingegen die beiden Gesetzesvorhaben, mit denen die Einführung des Formularprozesses betrieben wird. Es handelt sich um eine *lex Aebutia*, die vermutlich im zweiten vorchristlichen Jahrhundert ergangen ist,[36] und zwei augusteische Gesetze von 17 v. Chr.[37] Während die lex *Aebutia* in heute unbekannter Form für die Zulassung des Formularprozesses sorgt, wird das alte Legisaktionenverfahren durch die *leges Iuliae* nahezu vollständig, nämlich bis auf Klagen wegen drohenden Gebäudeschadens und Verfahren vor dem Hundertmännergericht, abgeschafft.[38] Wie wichtig schon die *lex Aebutia* war, zeigt sich darin, dass ihr Aulus Gellius in seinen *Noctes Atticae* attestiert, den gesamten Traditionsballast der Zwölf Tafeln „eingeschläfert" zu haben – „omnis illa duodecim tabularum antiquitas [...] lege Aebutia lata consopita sit".[39] Es muss sich also um eine Reform von überragender Bedeutung handeln. Sie hat auch zur Entstehung neuer Figuren des materiellen Rechts geführt, weil sie dem Prätor die Schöpfung neuer Prozessformeln ermöglicht oder zumindest erleichtert hat.

---

30 Gai 4.25.
31 Vgl. *Rotondi* (Fn. 6), 472 f.
32 Gai 4.15.
33 HRP/*Babusiaux*, § 6 Rn. 51.
34 Vgl. *Rotondi* (Fn. 6), 479.
35 Gai 4.95.
36 Zu dieser sehr unsicheren Einordnung *Rotondi* (Fn. 6), 304 f.
37 Vgl. *Rotondi* (Fn. 6), 448.
38 Gai 4.30-31.
39 Gell 16.10.8.

Wieder spezieller, aber gleichfalls von erheblicher Innovationskraft ist eine *lex Glitia*. Vermutlich unter Tiberius entstanden, etabliert sie wohl ein Verfahren für die Beschwerde gegen ein pietätloses Testament – die *querela inofficiosi testamenti*.[40] So schafft sie eine institutionelle Grundlage für Eingriffe in die Testierfreiheit, die schließlich ein regelrechtes Pflichtteilsregime zeitigen.[41]

3. Deliktsrecht

Die Gesetze, die das Deliktsrecht betreffen, haben mit Ausnahme der *lex Aquilia* keine grundlegende Bedeutung, sondern betreffen vergleichsweise spezifische Schädigungstatbestände. Dies gilt sogar für den zweiten Abschnitt des aquilischen Gesetzes. Er ist nicht der Körperverletzung oder Sachbeschädigung gewidmet, sondern sieht die Haftung eines Nebengläubigers vor, der eine Schuld zum Nachteil des Hauptgläubigers erlassen hat.[42] Mehr Potential zur Verallgemeinerung hat eine *lex Laetoria*, die im dritten oder zweiten Jahrhundert v. Chr. ergeht. Sie sieht eine mittels Popularklage durchzusetzende Strafe für denjenigen vor, der vorsätzlich einen Minderjährigen unter 25 Jahren übervorteilt,[43] und regt später den Prätor zur Schaffung eines verschuldensunabhängigen Rechts auf Wiedereinsetzung an. Wieder spezieller ist eine *lex Pesolania*, durch die eine schon im Zwölftafelgesetz vorgesehene Halterhaftung für vierfüßige Herdentiere auf Hunde ausgedehnt wird.[44] Bloß die Verfolgung eines ebenfalls schon im Zwölftafelgesetz geregelten Delikts betrifft eine *lex Hostilia*, die eine Verfolgung der Tat in Prozessstandschaft für einen verhinderten Geschädigten vorsieht.[45]

4. Sachenrecht

Gesetze mit sachenrechtlichem Gegenstand sind überaus rar und betreffen vor allem die Ersitzung. Durch eine wohl schon im zweiten Jahrhundert v. Chr. erlassene[46] *lex Atinia* wird sie bei Diebstahl[47] und durch *lex Plautia* aus der Zeit um 70 v. Chr.[48] bei einer gewaltsamen Sachentwendung[49] und damit auch bei der Vertreibung von einem Grundstück ausgeschlossen.[50] Auf Immobilien bezieht sich

40 D. 5.2.4 Gai sing ad legem Glitiam. Vgl. *Buongiorno*, Ad legem Glitiam. Eine rätselhafte *lex publica*, die *fasti* der Jahre 21 und 22 n. Chr. und die Gestalt der kognitorischen *querela inofficiosi testamenti* im 1. Jhdt. n. Chr, SZ 2015, 96, 101 ff.

41 Für wichtig hält sie zu Recht auch *Stagl*, Nachwort (Fn. 13), 122 Fn. 63.

42 Gai 3.215-216.

43 Cic nat deor 3.74 spricht von einem „iudicium publicum rei privatae lege Plaetoria".

44 PS 1.15.1.

45 IJ 4.10pr.

46 *Rotondi* (Fn. 6), 291.

47 Gell 17.7.1; D. 41.3.4.6 Paul 54 ed.

48 Zur Datierung *Rotondi* (Fn. 6), 377 f.

49 Gai 2.45.

50 Vgl. HRP/*Klinck*, § 44 Rn. 26.

ebenfalls eine *lex Scribonia*,[51] die vielleicht aus dem Jahre 50 v. Chr. stammt und die zuvor mögliche Ersitzung einer Dienstbarkeit ausschließt.[52] Ebenso wie die an Delikte anknüpfenden älteren Ersitzungsverbote dient sie erkennbar dem Interessenausgleich, weil sie den Erwerber eines Grundstücks vor einer nicht dokumentierten Belastung schützt. Sind die Gesetze auf dem Gebiet des Sachenrechts demnach nicht von einer privatrechtsfremden Motivation getragen, handelt es sich aber doch um sehr punktuelle Bestimmungen. Allgemeine Regeln zur Entstehung, Reichweite und Konkurrenz der dinglichen Rechte sind der Jurisprudenz überlassen, die auch durch die Rechtsschutzverheißungen im prätorischen Edikt nur begrenzt Hilfestellung erfährt.

5. Vertragsrecht

Weiten Spielraum hat die Rechtswissenschaft auch im Vertragsrecht, wo sich die Gesetzgebung vor allem in Form von Verboten und Beschränkungen für bestimmte Geschäfte bemerkbar macht. Eine nicht gering zu achtende Neuerung bewirken freilich eine *lex Silia* und eine *lex Calpurnia*. Mit ihnen wird im dritten oder zweiten Jahrhundert v. Chr.[53] der Vorläufer der *condictio*, einmal für Geldforderungen, das andere Mal für die Forderung bestimmter Sachen, eingeführt[54] und der Anspruch aus formlosem Darlehen als Prototyp des Realvertrags klagbar.[55]

Dem Darlehen, allerdings in seiner verzinslichen und durch Stipulation abzuschließenden Variante, gilt auch eine *lex Marcia* aus unbekannter Zeit, die einen leicht durchsetzbaren Anspruch auf Rückgewähr von Wucherzinsen einführt.[56] Auch wenn sie eine schuldnerfreundliche und gläubigerfeindliche Tendenz hat, bleibt sie durchaus dem Ziel eines Ausgleichs der Parteiinteressen treu, die beim Darlehensvertrag im Lichte des besonders hohen Verschuldungsrisikos zu bewerten sind. Dramatisch gesteigert ist es im Fall der Darlehensgewährung an einen Haussohn wegen dessen fehlender Vermögensfähigkeit. Die hieran anknüpfende Praxis der Vereinbarung einer Rückzahlung beim Tod des Vaters wird durch eine *lex Claudia* aus dem Jahr 47 n. Chr. untersagt.[57]

Weniger speziell sind die zahlreichen *leges publicae*, die zum Schutz von Bürgen geschaffen sind. Deren älteste ist wohl eine *lex Publilia*,[58] die den Regress eines Bürgen gegen den Hauptschuldner erleichtert, wenn dieser ihn nicht innerhalb von

---

51 D. 41.3.4.28 Paul 54 ed.

52 Vgl. *Rotondi* (Fn. 6), 414; *Möller*, Servituten. Entwicklungsgeschichte, Funktion und Struktur der grundstücksvermittelten Privatrechtsverhältnisse im römischen Recht, 2010, 247 ff.

53 *Rotondi* (Fn. 6), 261 ff. ordnet die eine vor, die andere nach *lex Cincia* von 204 v. Chr. ein.

54 Gai 4.17b, 19-20.

55 So richtig *Kaser/Hackl* (Fn. 27), 112; HRP/*Wegmann-Stockebrand*, § 68 Rn. 21; anders *Behrends* (Fn. 26), 99 ff.

56 Gai 4.23.

57 Tac ann 11.13.2.

58 Vgl. *Rotondi*(Fn. 6), 473.

sechs Monaten befriedigt.[59] Es folgt eine *lex Apuleia*,[60] die einem Mitbürgen einen Ausgleichsanspruch gegenüber den anderen Sicherungsgebern eröffnet.[61] Mit der *lex Furia*[62] schlägt diese Teilung des Risikos auf das Verhältnis zum Gläubiger durch. Er darf Mitbürgen fortan nur in Höhe ihres Anteils belangen und muss außerdem hinnehmen, dass sein Anspruch innerhalb von zwei Jahren erlischt.[63] Eine *lex Cicereia*[64] schreibt dem Gläubiger schließlich vor, die Anzahl der Bürgen durch öffentliche Erklärung kundzutun, damit die einzelnen Sicherungsgeber den auf sie entfallenden Kopfteil kennen. Verstößt der Gläubiger gegen diese Pflicht, können die Bürgen durch ein besonderes Verfahren ihre vollständige Haftungsbefreiung erwirken.[65] Diese Regelungen bedeuten zwar eine nicht unerhebliche Beschränkung der Vertragsfreiheit, von der die Parteien eigentlich dadurch Gebrauch machen, dass der Bürge dieselbe Leistung wie der Hauptschuldner verspricht. Nichtsdestoweniger können sie als Ausdruck eines Interessenausgleichs gelten. Denn sie tragen dem einseitigen Nutzen der Bürgschaft Rechnung und verhindern, dass der Gläubiger hiervon übermäßig profitiert. In drastischer Form tut dies schließlich auch eine unter Sulla ergangene *lex Cornelia*,[66] indem sie den Abschluss von Bürgschaften in demselben Personenkreis auf einen jährlichen Höchstbetrag beschränkt.[67] Diese Regelung schränkt die Vertragsfreiheit zu stark ein, weil sie die Parteien unabhängig von der wirtschaftlichen Bedeutung, die das Geschäft für den Bürgen hat, zu einer Aufteilung der Sicherung zwingt.

Eine sinnvolle Einschränkung trifft hingegen Wettgeschäfte. Aufgrund einer Trias von Gesetzen, von denen das letzte wiederum eine *lex Cornelia* ist, sind sie untersagt und wirkungslos, falls sie sich nicht auf sportliche Wettkämpfe beziehen.[68] Der hiermit verfolgte Zweck, übereilte und jedenfalls im Ergebnis einseitige Vermögensverschiebungen zu verhindern, ist durchaus nicht privatrechtsfremd.

Wiederum in Anknüpfung an einen einseitigen Vertragsnutzen verfolgt ihn der römische Gesetzgeber auch mit der *lex Cincia* aus dem Jahre 204 v. Chr.[69] Sie verbietet Schenkungen, sofern sie ein bestimmtes Maß überschreiten und nicht an Verwandte bis zum sechsten Grad und vergleichbar nahe Angehörige erfolgen. Diese Beschränkung der Vertragsfreiheit wird zuweilen, unter anderem von *Franz Wieacker*, als Maßnahme zur Luxusbekämpfung gedeutet.[70] Als solche würde sie

---

59 Gai 3.127.

60 Wegen seiner von Gaius geschilderten Geltung in den Provinzen muss das Gesetz nach Einrichtung der ersten Provinz im Jahre 241 v. Chr. ergangen sein; vgl. *Rotondi* (Fn. 6), 246.

61 Gai 3.122.

62 Zu deren Datierung *Rotondi* (Fn. 6), 476 f.

63 Gai 3.121.

64 Zur Datierung *Rotondi*, Leges publicae (Fn. 6), 477.

65 Gai 3.123.

66 Vgl. *Rotondi*, Leges publicae (Fn. 6), 362.

67 Gai 3.124.

68 D. 11.5.2.1 Paul 19 ed; D. 11.5.3 Marc 5 reg.

69 Zur Datierung *Rotondi*, Leges publicae (Fn. 6), 261 f.

70 Vgl. *Wieacker*, Hausgenossenschaft und Erbeinsetzung, Über die Anfänge des römischen Testaments, in: Festschrift der Leipziger Juristenfakultät für Heinrich Siber, 1940, 1, 47 f.

einem von außen an die Zivilrechtsordnung herangetragenen gesellschaftspolitischen Zweck dienen. Hiergegen spricht aber eindeutig die Umsetzung des Verbots: Es wirkt bloß über eine Einrede, mit der sich der Schenker gegen die Forderung nach vollständiger Erfüllung der Schenkungszusage verteidigen kann, namentlich wenn er sie zum Gegenstand eines Versprechens in Form einer Stipulation gemacht oder eine Schenksache schon wirksam durch *mancipatio* übereignet, aber noch nicht übergeben hat.[71] Ob die Schenkung vollzogen wird und Bestand hat, liegt also allein in der Hand des Schenkers. Dies ergibt nur dann Sinn, wenn Schenkungen nicht schlechthin verhindert, sondern nur Schenker vor unbedachten Verfügungen bewahrt werden sollen.[72] Ein solcher Schutz ist unter dem Gesichtspunkt des Interessenausgleichs sehr wohl am Platz. Denn der Schenker bereichert den Beschenkten ohne Gegenleistung und verdient daher besondere Rücksicht bei seiner Willensbildung.

Obwohl der römische Gesetzgeber das Vertragsrecht jenseits der Einführung der *condictio* nur mit einer Liste von Verboten und weiteren Beschränkungen der Privatautonomie bedenkt, können diese Maßnahmen doch für sich in Anspruch nehmen, dem Interessenausgleich zu dienen. Mit dem verzinslichen Darlehen, der Bürgschaft, Schenkung und Wette gelten sie ausschließlich Geschäften, denen eine besondere Gefahr unkontrollierter Verschuldung oder einseitiger, voreiliger Vermögensverschiebung innewohnt. Die Abstinenz des Gesetzgebers von weiteren Regelungen bedeutet nur, dass er sie der Vertragsfreiheit und einer Beurteilung nach dem Maßstab der „guten Treue" – *bona fides* – überlässt, der sich unabhängig von der Vertragsart als übergreifendes Regulativ für vertragsrechtliche Konfliktlagen etabliert hat.[73]

6. Erbrecht

Weniger konsequent geht der Gesetzgeber das Erbrecht an. Hier wird er allerdings zunächst mit dem Ziel der Luxusbekämpfung tätig, das man fälschlich auch hinter der *lex Cincia* vermutet. Am Werke ist es offenbar in der *lex Furia testamentaria*, die zwischen 204 und 169 v. Chr. ergangen sein muss.[74] Auch wenn Gaius dieses Gesetz in eine Reihe von Maßnahmen stellt, die einem Erben die Annahme der Erbschaft schmackhaft machen soll,[75] geht es doch offenbar darum, letztwillige Großzügigkeit einzuschränken. Denn die Norm verbietet unter Ausnahme bestimmter Verwandter des Erblassers schlechthin die Annahme von Vermächtnis-

---

[71] Dies ergibt der Gegenschluss aus FV 310 Paul 23 ed de brevibus.

[72] Richtig *Casavola,* Lex Cincia, Contributo alla storia delle origini della donazione romana, 1960, 20ff.

[73] Richtig *Stagl,* Nachwort (Fn. 13), 120ff.

[74] So *Rotondi* (Fn. 6), 282f., freilich wegen des von ihm unterstellten inhaltlichen Zusammenhangs mit der *lex Cincia*.

[75] Gai 2.224-225.

sen ab einer vergleichsweise niedrig bemessenen Höchstgrenze und ahndet die Zuwiderhandlung mit einer Strafzahlung in Höhe des Vierfachen.[76]

Anders ist schon der Zweck der 169 v. Chr. ergangenen *lex Voconia*. Sie gibt keine betragsmäßig bestimmte Grenze vor, sondern untersagt den Erwerb von Vermächtnissen, die in ihrem Wert über die Beteiligung des Erben am Nachlass hinausgehen.[77] Zwar kann diese Regelung nicht verhindern, dass der Erblasser den Erben dadurch zurücksetzt, dass er den Nachlass unter einer Vielzahl von Vermächtnisnehmern aufteilt. Sie erlaubt dem Erblasser eine Benachteiligung des Erben aber nur um den Preis einer Zersplitterung des Nachlasses. Hierin kann man insofern einen interessenausgleichenden Ansatz erkennen, als das Gesetz zumindest gewährleistet, dass der Erbe als Gesamtrechtsnachfolger des Erblassers auch in einer Weise am Nachlass partizipiert, die nicht hinter der eines Vermächtnisnehmers zurückbleibt.

Zur Festlegung einer quotal bemessenen Mindestbeteiligung ringt sich der Gesetzgeber freilich erst mit der *lex Falcidia* von 40 v. Chr. durch, die dem Erben ein Viertel des Nachlasses vorbehält.[78] Erst dieses Gesetz stellt nun wirklich sicher, dass der Erbe mit einem Anteil ausgestattet wird, der seiner ihm vom Erblasser zugedachten Rolle des Gesamtrechtsnachfolgers entspricht.[79] Die hiermit verbundene Einschränkung der Testierfreiheit ist dem Erblasser deshalb zuzumuten, weil er sich selbst für die Einsetzung eines Rechtsnachfolgers entschieden hat und mit dessen Antritt der Erbschaft die Gefahr sinkt, dass sein letzter Wille gänzlich unverwirklicht bleibt. Hiervon profitieren auch die Vermächtnisnehmer, denen eine Kürzung der sie begünstigenden Verfügung eher zupasskommt als deren vollständiger Ausfall.

Nicht mehr dem Interessenausgleich verpflichtet, sondern von misogyner Tendenz ist hingegen eine weitere Bestimmung der *lex Voconia*. Sie versagt Frauen die Rechtsnachfolge nach einem Erblasser, dessen Vermögen einen bestimmten Betrag überschreitet.[80] Der frauenfeindlichen Zwecksetzung dieser Regelung[81] folgen die Juristen später, indem sie weibliche Verwandte des Erblassers mit Ausnahme der vatersblütigen Schwestern auch von der gesetzlichen Erbfolge ausschließen.[82]

Einem gleichsam völkerrechtlich bedingten Regelungsbedarf kommt hingegen die wiederum unter Sulla ergangene[83] *lex Cornelia de confirmandis testamentis*

---

76 Gai 4.23.

77 Gai 2.226.

78 Gai 2.227. Der Wortlaut ist in D. 35.2.1pr Paul sing Falc überliefert.

79 So wohl auch HRP/*Schanbacher*, § 100 Rn. 1 u. Fn. 4.

80 Gai 2.274.

81 Zu ihrem Verhältnis zur Vermächtnisregelung *Weishaupt*, Die lex Voconia, 1999, 137ff., *Hähnchen*, Ratio Voconiana – Gedanken zur erbrechtlichen Benachteiligung von Frauen, in: Harke (Hrsg.), Facetten des römischen Erbrechts, 2012, 35, 49ff. und *Avenarius*, Ordo testamenti, Pflichtdenken, Familiendenken und Gemeinschaftsbezug im römischen Testamentsrecht, 2024, 282.

82 PS 4.8.20 = Coll 16.3.20.

83 Vgl. *Rotondi* (Fn. 6), 356.

nach. Sie soll die Schwierigkeiten überwinden, die sich aus einer Kriegsgefangenschaft des Erblassers ergeben. Mit ihr büßt er die Fähigkeit ein, als römischer Bürger beerbt zu werden. Dies bleibt ohne Konsequenz, wenn er vor seinem Tod zurückkehrt und aufgrund des *ius postliminii* seine frühere Rechtsstellung wiedererlangt. Stirbt er hingegen in Feindeshand, kann sein Testament eigentlich keine Wirkung entfalten. Das sullanische Gesetz umgeht dieses Hindernis, indem es fingiert, der Erblasser sei gestorben, ohne in Kriegsgefangenschaft geraten zu sein.[84]

Einer anderen Schwierigkeit für die testamentarische Rechtsnachfolge begegnet eine 28 oder 26 v. Chr. ergangene[85] *lex Iunia Vellaea*. Sie ergänzt die überkommenen Regeln zum Umgang mit nachgeborenen Abkömmlingen des Erblassers. Für diejenigen, die nach dem Tod des Erblassers zur Welt kommen, galt schon vorher, dass sie gesetzliche Erben sind und deshalb im Testament entweder bedacht oder enterbt werden müssen. Dasselbe bestimmt die *lex Iunia* nun für Abkömmlinge des Erblassers, die zwischen der Testamentserrichtung und seinem Tod geboren oder dadurch zu Hauserben werden, dass ihr eigener Vater stirbt oder auf andere Weise aus der Gewalt des Erblassers ausscheidet.[86] Ferner macht das Gesetz Vorgaben für die Art und Weise der Enterbung dieser sogenannten *postumi*.[87] So sorgt es für Rechtssicherheit und verhindert, dass ein Testament aufgrund späterer Veränderungen im Kreis der gesetzlichen Erben seine Gültigkeit einbüßt.[88]

Primär dem öffentlichen Interesse dient dagegen die Einführung von Regeln über die Testamentseröffnung. Sie werden in Verbindung mit der *lex Iulia vicesimaria* gebracht, durch die unter Augustus eine fünfprozentige Erbschaftsteuer eingeführt wird.[89]

Gibt es jenseits dieser fiskalpolitisch motivierten Regelung und der auf Luxusbekämpfung ausgerichteten *lex Furia* durchaus Gesetze, die einem privatrechtlichen Regelungsbedarf nachkommen, bleibt ein Großteil des Erbrechts doch dem Prätor und der Rechtswissenschaft überlassen. Dies betrifft nicht nur die Auslegung von Testamenten, die einer spezifischen Normierung ohnehin weitgehend unzugänglich ist. Es gilt auch für die Anforderungen, die an eine wirksame Verfügung von Todes wegen zu stellen sind. Während man die fehlende Regelungsdichte im Vertragsrecht der Vertragsfreiheit zuschreiben kann, lässt sich keine vergleichbare Erwägung für das Testamentsrecht anstellen. Denn es begrenzt den Spielraum des

[84] Diese Unterstellung wirft deshalb Probleme auf, weil mit der tatsächlich erfolgten Gefangennahme auch die Hausgewalt des Erblassers beendet ist und nicht rückwirkend wieder in Geltung gesetzt werden soll. In nachjulianischer Zeit wird die Fiktion daher in der Weise reformuliert, dass der Erblasser als im Moment seiner Ergreifung durch die Feinde verstorben gilt; vgl. *Lohsse*, Die Beerbung des Kriegsgefangenen, in: Harke (Fn. 81), 79, 103 ff.

[85] vgl. *Rotondi* (Fn. 6), 465 f., *Lamberti*, Studi sui *postumi* nell'esperienza giuridica romana, Bd. 2, 2001, 138 ff.

[86] UE 22.19.

[87] Gai 2.134.

[88] Dies gibt denn auch Scaevola eigens als Zweck der *lex Iunia Vellaea* an; vgl. D. 28.2.29.11-14 Scaev 6 resp.

[89] PS 4.6.3.

Erblassers seit alters durch mannigfache Vorgaben für den Inhalt seiner Verfügungen. Greift der römische Gesetzgeber hier nicht weiter ein, kann dies ebenso wie im Sachenrecht nur daran liegen, dass die maßgeblichen Regeln durch eine außergesetzliche Tradition schon früh eine dauerhafte Gestalt gefunden haben.

7. Freilassung und Sklaverei

Auf eine größere Regelungsdichte stoßen wir beim Regime der Sklavenfreilassung. Zwar dient das erste einschlägige Gesetz, die augusteische *lex Fufia Caninia* von 2 v. Chr.,[90] ebenso wie die deutlich ältere *lex Furia* noch ersichtlich dem Kampf gegen den Nachlassluxus.[91] Denn es begrenzt die Menge testamentarischer Freilassungen in Abhängigkeit von der Zahl der Sklaven, über die der Erblasser verfügt.[92] Von ganz anderem Charakter ist aber die nur sechs Jahre später und ebenfalls unter Augustus erlassene[93] *lex Aelia Sentia.* Auf den ersten Blick macht sie den Eindruck eines eher freiheitsfeindlichen Regelwerks. Sieht man genauer hin und stellt wie ein Zeitgenosse das Institut der Sklaverei nicht als solches in Frage, tritt jedoch der interessenausgleichende Zweck ihrer Bestimmungen hervor. Offensichtlich ist dies bei dem Verbot, einen Sklaven zu dem Zweck freizulassen, die Gläubiger oder den Patron des Sklavenhalters zu hintergehen.[94] Nichts anderes gilt aber auch für allgemeine Altersvorgaben für Freilassungen. Wenn der freizulassende Sklave grundsätzlich mindestens 30 und der Freilasser nicht weniger 20 Jahre alt sein soll, schließt dies Freilassungen aus, die typischerweise unüberlegt sind, sei es, dass dem Freilasser wegen seiner Jugend die erforderliche Einsichtsfähigkeit fehlt, sei es, dass der Sklave sich seine Freiheit noch nicht in der üblichen Zeit der Gewaltunterworfenheit „verdient“ hat. Da diesen Umständen aber nur Indizwirkung zukommt, sind folgerichtig auch Ausnahmen zulässig, wenn ein hinreichender Grund zur vorzeitigen Freilassung vor einem *consilium* dargetan wird.[95] Nicht von einer privatrechtsfremden Zielsetzung getragen ist auch die in demselben Gesetz angeordnete Herabstufung von Freigelassenen zu sogenannten „Unterworfenen“, die von Testierfreiheit und Erbrecht ausgenommen sind und sich nicht in Rom aufhalten dürfen. Denn diese Rechtsfolge ist nur für die ehemaligen Sklaven vorgesehen, die sich vor ihrer Freilassung eines Fehlverhaltens schuldig gemacht haben[96] und sich daher des neuen Status nicht in gleicher Weise als würdig erwiesen haben wie andere Freigelassene.[97]

---

[90] Vgl. *Rotondi* (Fn. 6), 454 f.

[91] So HRP/*Lamberti*, § 26 Rn. 47, wonach es freilich auch darum gehen soll, eine Bereicherung durch Gegenleistungen für die gewährte Freiheit zu verhindern.

[92] Gai 1.42-46.

[93] Hierzu *Rotondi* (Fn. 6), 455 f.

[94] Gai 1.37.

[95] Gai 1.18.

[96] Gai 1.13.

[97] Anders HRP/*Lamberti*, § 26 Rn. 47, die das Ziel ausmacht, die römische Bürgerschaft vor gefährlichen Personen zu bewahren.

In Ergänzung der *lex Aelia Sentia* bestimmt die vermutlich 19 n. Chr. ergangene *lex Iunia Norbana*,[98] dass Sklaven, die bei ihrer Freilassung die Altersgrenze von 30 Jahren unterschreiten, statt unfrei zu bleiben, fortan als *Latini coloniarii* gelten. Sie teilen sich diesen Zwischenstand mit denjenigen, die unförmlich oder von jemandem freigelassen worden sind, der zwar zur Verfügung berechtigt, aber nicht ihr zivilrechtlicher Eigentümer ist.[99] So wird einerseits ein Kompromiss für junge Freigelassene gefunden, andererseits ein Konflikt zwischen Zivilrecht und prätorischer Praxis aufgelöst. Denn der Gerichtsmagistrat hat Personen, die unförmlich oder vom nicht voll berechtigten Eigentümer freigelassen werden, bislang schon als frei behandelt, obwohl sie nach *ius civile* noch als Sklaven galten. Ebenso wie schon in der *lex Aelia Sentia* macht sich hier ein rechtsformender Impetus des Gesetzgebers bemerkbar. Er tritt außerdem noch in einer *lex Visellia*[100] und einer *lex Vetti Libici*[101] zutage, die den Aufstieg von latinischen Freigelassenen in den Stand der römischen Bürger und die Freilassung von Gemeindesklaven regeln.

Von freiheitsfördernder und sklavenfreundlicher Tendenz sind ferner noch eine 19 n. Chr. ergangene[102] *lex Iunia Petronia*, die für einen Statusprozess über die Freiheit eines Menschen anordnet, dass diese auch bei einer Stimmengleichheit der Richter festgestellt werden soll,[103] sowie *lex Petronia* von 61 n. Chr.,[104] die eine Überlassung von Sklaven zu Tierhetzen verbietet.[105]

8. Eherecht

Zielen die bislang untersuchten Gesetze in ihrer Mehrheit auf einen gerechten Interessenausgleich, besteht im Eherecht eine völlig andere Situation. Hier macht sich in seiner ganzen Drastik der sozialpolitische Aktivismus bemerkbar, der für das schlechte Image der römischen Gesetzgebung bis in die moderne Forschung verantwortlich ist. Namentlich geht es um die augusteische Reform des Eherechts, die durch eine *lex Iulia* von 18 v. Chr. und eine *lex Papia Poppaea* aus dem Jahre 9 n. Chr. erfolgt. Schwerpunkt dieses in der Überlieferung zur *lex Iulia et Papia* zusammengefassten Regelwerks sind ein Verbot der Heirat mit als ehrlos geltenden Frauen, das im Fall von Angehörigen des Senatorenstandes noch um das Verbot einer Ehe mit einer Freigelassenen ergänzt ist,[106] sowie eine Pflicht zur Eingehung einer Ehe und der Zeugung mindestens eines ehelichen Kindes. Diese trifft Män-

---

[98] Umgekehrt sieht das zeitliche Verhältnis der beiden Gesetze *Balestri Fumagalli*, Lex Iunia de manumissionibus, 1985, 203 ff. und *passim*.

[99] Gai 1.17.

[100] UE 3.5. Vgl. *Rotondi* (Fn. 6), 464 f.

[101] CJ 7.9.3 (18. März 293). Das Gesetz könnte aus dem Jahr 129 n. Chr. stammen; vgl. *Rotondi* (Fn. 6), 471.

[102] Vgl. *Rotondi* (Fn. 6), 464.

[103] D. 40.1.24pr Herm 1 iur epit.

[104] Vgl. *Rotondi* (Fn. 6), 468.

[105] D. 48.8.11.2 Mod 6 reg.

[106] UE 13.1-2.

ner im Alter von 25 bis 60 Jahren und Frauen zwischen 20 bis 50 Jahren[107] und besteht auch im Fall einer Auflösung der Ehe durch Scheidung oder Tod eines Ehegatten.[108] Ein Verstoß gegen die Ehepflicht wird dadurch sanktioniert, dass dem Betroffenen ein Erwerb von Todes wegen schlechthin versagt wird; Kinderlose müssen sich mit der Hälfte dessen begnügen, was ihnen letztwillig zugewandt ist.[109] Eine Ausnahme von diesen Rechtsfolgen gilt für einen Erwerb von Todes wegen unter Verwandten in gerader Linie bis zum dritten Grad.[110] Der Ehepflicht entgehen außerdem freigeborene Frauen, wenn sie aus einer früheren Ehe bereits drei Kinder haben, und freigelassene, wenn sie hiervon gleich vier vorweisen können.[111] Nicht erworbene Erbteile und Vermächtnisse fallen anderen testamentarisch Bedachten zu, wenn diese über Kinder verfügen,[112] ansonsten der Staatskasse.[113] Ist die Reform daher offenbar auch von fiskalischen Interessen begleitet, ist sie doch vor allem eine bevölkerungspolitische Maßnahme, um die in den Bürgerkriegen erlittenen Verluste der römischen Bürgerschaft wieder auszugleichen.[114] Zugleich sollen ersichtlich das traditionelle Familiengefüge und die Staatskasse begünstigt werden.

Im Gegensatz zur Eingehung der Ehe sind deren Wirkungen nur sehr fragmentarisch durch Volksgesetze geregelt: Noch vor dem Bundesgenossenkrieg ergeht eine *lex Minicia*,[115] die den Status eines Kindes aus einer Ehe regelt, in der nur einer der Ehegatten über das römische Bürgerrecht verfügt. Während das Kind nach *ius gentium* den Status seiner Mutter erlangt, versagt ihm das Gesetz stets das römische Bürgerrecht.[116] Einen sehr speziellen Gegenstand hat eine *lex Asinia Antista* von 24 n. Chr. Um Kandidaten für das Amt des Hohepriesters des Jupiter zu gewinnen, erspart sie dessen Ehefrau den Übergang in die persönliche Gewalt ihres Ehemannes, der eigentlich mit der sakralrechtlich vorgeschriebenen Eheschließung durch *confarreatio* einhergeht.[117] Von allgemeiner Wirkung und großer praktischer Bedeutung ist hingegen wieder ein augusteisches Gesetz, das ein Abschnitt der strafrechtlichen *lex Iulia de adulteriis* von 18 v. Chr. sein könnte.[118] Es verbietet einem Ehemann die Veräußerung eines Grundstücks, das zu der ihm von seiner

---

107 UE 16.1.

108 UE 14.

109 Gai 2.286-286a.

110 UE 18.1.

111 PS 4.9.1.

112 Gai 2.206-207.

113 UE 17.1-2.

114 *Kaser*, Das römische Privatrecht, Bd. 1, 2. Aufl., 1971, 318; HRP/*Halbwachs*, § 33 Rn. 34; vgl. auch HRP/*Rüfner*, § 52 Rn. 24. Vgl. auch *Bonin*, Intra legem Iuliam et Papiam. Die Entwicklung des augusteischen Eherechts, 2020, 377, der in der Ausnahmeregelung für Verwandte in gerader Linie das gegenläufige Ziel der Erhaltung des Familienvermögens am Werke sieht (S. 219).

115 Vgl. *Rotondi* (Fn. 6), 338 und *Kaser* (Fn. 114), 280.

116 Gai 1.78.

117 Vgl. den Bericht bei Tac ann 4.16.

118 Dies glauben etwa *Rotondi* (Fn. 6), 446 f. und *Kaser* (Fn. 114), 334. Grundlage ist das Zeugnis des Verfassers der Paulussentenzen; vgl. PS 2.21b.2.

Frau überlassenen Mitgift gehört.[119] So tritt deutlich hervor, dass die Mitgift, obwohl zum Eigentum des Ehemannes gehörend, doch ein Sondervermögen bildet, das bei Auflösung der Ehe zurückzugewähren und deshalb nach Möglichkeit in seinem Bestand zu erhalten ist.[120]

Sieht man von dieser interessengerechten Regelung ab, ist die Gesetzgebung im Eherecht eindeutig politisch motiviert und privatrechtsfremden Absichten geschuldet. Dass es keine allgemeinen Bestimmungen über die Eingehung und Wirkung einer Ehe gibt, darf freilich nicht verwundern. Als eine lose und jederzeit wieder zu beseitigende Verbindung bringt sie jenseits der Mitgift nämlich kaum Regelungsbedarf hervor und unterliegt auch in diesem Punkt in erster Linie der Vertragsfreiheit.

9. Vormundschaft

Anders verhält es sich im Fall der Vormundschaft. Hierauf beziehen sich gleich mehrere Gesetze, in denen die Bestellung eines Tutors für den Fall geregelt wird, dass er weder durch Testament benannt noch als gradnächster agnatischer Verwandter durch das Zwölftafelgesetz berufen ist. Eine *lex Atilia* weist die Aufgabe seiner Bestellung dem römischen Prätor zu;[121] eine *lex Titia* und eine *lex Iulia*[122] erklären in den Provinzen die Statthalter für zuständig.[123] Die als nicht mehr zeitgemäß empfundene Vormundschaft für erwachsene Frauen wird schließlich durch eine *lex Claudia* abgeschafft.[124]

IV. Fazit

Überblickt man sämtliche *leges publicae* und die Rolle, die sie in ihrem jeweiligen Rechtsgebiet spielen, kommt man schwerlich um eine Revision des Urteils umhin, das römische Recht sei in erster Linie Juristenwerk und nur marginal durch eine Gesetzgebung mit privatrechtsfremden Zwecken geprägt. Allerdings gibt es mit Sachen- und Erbrecht zwei Gebiete von geringer gesetzlicher Regelungsdichte. Die wenigen einschlägigen Gesetze sind zum überwiegenden Teil aber auf den Interessenausgleich gerichtet. Dies gilt nicht nur für die Ersitzungsverbote im Sachenrecht, sondern auch für die Normen, mit denen zum Schutz eines Erben dessen Belastung mit Vermächtnissen zurückgedrängt wird. Das Familienrecht wird hin-

---

[119] Gai 2.63.

[120] Vgl. *Stagl*, Favor dotis, Die Privilegierung der Mitgift im System des römischen Rechts, 2009, 36ff., in der augusteischen Gesetzgebung insgesamt eine „Kraftquelle" des *favor dotis* sieht.

[121] *Kaser* (Fn. 114), 357 datiert sie auf das Jahr 210 v. Chr., *Rotondi* (Fn. 6) 276 begnügt sich damit, sie vor das Jahr 186 v. Chr. zu setzen.

[122] Vgl. *Rotondi* (Fn. 6), 333, 439f.

[123] Gai 1.185.

[124] Gai 1.157.

gegen beherrscht vom rein bevölkerungs- und fiskalpolitisch motivierten Regelwerk des Augustus. Zumindest die Ehe weckt wegen ihrer Eigenart aber auch kaum privatrechtlichen Regelungsbedarf. Etwas anderes gilt für die Mitgift und die Vormundschaft, die aber auch Gegenstand einer keineswegs sachwidrigen Gesetzgebung sind. Dasselbe trifft auf die Bestimmungen zur Freilassung von Sklaven zu, in denen sogar das aktive Bemühen um eine differenzierte Privatrechtsgestaltung zu erkennen ist. Besonders hervor tritt das Ziel des Interessenausgleichs im Delikts- und Vertragsrecht, wenn auch auf ganz unterschiedliche Weise: Während der römische Gesetzgeber mit der *lex Aquilia* früh grundlegende Normen für die Deliktshaftung schafft, beschränkt sich sein positiver Beitrag im Vertragsrecht auf die Einführung der Kondiktion; die übrigen Gesetze, mit denen Geschäfte verboten oder die Gestaltungsfreiheit beschränkt werden, sind aber nichtsdestoweniger dem Interessenausgleich verpflichtet, weil sie dem Ziel dienen, voreilige Verschuldung oder zufällige und unüberlegte Vermögensverschiebungen zu verhindern. Im Prozessrecht schließlich werden ebenso wie im Deliktsrecht die entscheidenden Weichen durch Gesetze gestellt. Sie geben die Umstellung von der Personal- auf die Vermögensvollstreckung und den Wechsel vom umständlichen Legisaktionenverfahren auf den flexiblen Formularprozess vor. Erst durch ihn erlangen auch der Prätor und die Jurisprudenz die Bedeutung, die sie für das römische Privatrecht haben. Ohne ihre hervorragende Rolle in Frage stellen zu wollen, muss man auch den Volksgesetzen ein gewisses Gewicht beizumessen; und es wäre verkürzt, nach wie vor zu behaupten, dass die Römer kein Volk des Gesetzes sind.

Die Aufführung der individuellen Gewissensentscheidung in Tenglers Weltgerichtsspiel – verfassungsgeschichtliche Überlegungen

Ulrike Müßig

I. Einleitung

Die alltagssprachliche Darstellung von Recht und Gericht im Tenglerschen Layenspiegel („Neü Layenspiegel“ 1511)[1] setzt in humanistisch-pädagogischem Vertrauen auf die Vernunft als epistemologischen Schlüssel, sich das eigene Ich und die ganze Welt zu erschließen. Die Breitenwirkung reformatorischer Schriften[2] macht

[1] Als die letzte von Tengler selbst besorgte Auflage gegenüber der Erstfassung von 1509 erheblich erweitert um den Abdruck von Reichsgesetzen und das Weltgerichtsspiel. Zum Forschungsstand jüngst der von Christoph Becker/Thomas Möllers/Klaus Wolf herausgegebene Tagungsband, Der Neü Layenspiegel von Ulrich Tengler – Das deutschsprachige Augsburger Rechtsbuch zwischen Mittelalter und Neuzeit Europas, 2025. Der darin von der Verfasserin verantwortete § 3 Richtertugenden im Layenspiegel, Zugleich ein Beitrag zum Rechtsdenken im Renaissance-Humanismus, S. 73–104, war Gegenstand des Würzburger Vortrages „Gerechtigkeitsvorstellungen in Tenglers Layenspiegel. Zum verfahrensrechtlichen Verständnis der Barmherzigkeit zwischen Humanismus und Renaissance“ vom 17.7.2024 und ist in seinem IV. Abschnitt (S. 95 ff.) hier erheblich überarbeitet. Die Einbindung des Weltgerichtsspiels in die zweite Ausgabe des Layenspiegels (Straßburger „Raub“-Drucke 1518–1560, *Künast*, Die Drucklegung von Ulrich Tenglers „Laienspiegel“ in Augsburg und Straßburg, 1509–1560, in: Deutsch, Ulrich Tenglers Laienspiegel, Heidelberg 2011, 139–162) lässt die Wirkmächtigkeit auch für nachreformatorische Diskurse plausibel erscheinen; vgl. *Wolf, K.*, § 18 Weltgericht, Wittelsbacher und Reformen vor der Reformation, in: ivi, 477–489 zur Zeit vor der Reformation. Insgesamt zur Publikationsgeschichte und zur herausragenden Bedeutung der Aufführungen geistlicher Dramen für Reformatoren (und Gegenreformatoren) statt vieler *idem*, „Nach gethaner vorred proclamatoris soll etwas gesungen werden“. Musik in schwäbischen Dramen der Reformationszeit. in: Musik und Reformation im deutschen Sprachgebiet. Klangräume – Repertoires – Jubiläen, hrsg. von M. Kelber, F. Körndle, A. Ropchock und S. Wegner, 2021, S. 73–86.

[2] Zur Wechselwirkung von Reformation und Renaissance-Humanismus dezidiert *Müßig*, Legal Thinking between Art and Mathematics, EUM, Edizioni Università di Macerata, 2024, https://eum.unimc.it/it/catalogo/884-legal-thinking-between-art-and-mathematics, abgerufen am 29.1.2025. Mit den Flugschriften der Reformation erreichte die humanistische Elitenbewegung Breitenwirkung. Zum Rechtshumanismus und dem humanistischen Umkreis des Tenglers weiterführend *Jansen*, Aufbruch in die Moderne? Der Humanismus und die Jurisprudenz des 16. Jahrhunderts, in: ZRG GA 141 (2024), 189–246; *Fromholzer*, § 19 Ulrich Tenglers humanistisches Umfeld, in: Becker/Möllers/Wolf (Fn 1), 491–506. Zeitgenossen Ulrich Tenglers (nach 1440–1522) waren Johann Reuchlin (1455–1522), Ulrich von Hutten (1488–1523) oder auch Philip Melanchton (1497–1560). Grundlegend zum humanistischen „auf Wirksamkeit bedachte[n] Selbstverständnis“ Tenglers *Becker*, § 1 Eigensicht des Layenspiegels auf Anliegen und erhofften Nutzen – Vorreden und Geleitworte von Ulrich und Christoph Tengler, Sebastian Brant/Jakobus Locher, in: Becker/Möllers/Wolf (Fn 1), 19–44, 19.

den Zugang zum Heil allgemein zugänglich, und das Tenglersche Weltgerichtsspiel 1512 bringt folgerichtig die Selbstverantwortung des gemeinen Manns, nicht nur die der Richter und Urteiler, auf die Bühne.[3]

Der Unterrichtung zu „Gerechtigkeit und gemeinem Nutzen"[4] geht es nicht mehr im Stil des *mos italicus* um unwandelbare Evidenzen oder letztgültige Wahrheiten; vielmehr setzte die Gerichtspraxis des *usus modernus pandectarum* verschiedene Erfahrungen „ins Recht"[5], und damit wurde Recht auch das logisch Mögliche.[6] Erfahrungswissen der Rechtsauslegung[7], aus philologisch-humanistischem Blickwinkel historisch untermauert,[8] galt ebenso viel[9] wie gelehrte rechts-

[3] *Tengler*, 12. Abschnitt, Weltgerichtsspiel 1512, in: Ursula Schulze (Hrsg.), Das Münchner Weltgerichtsspiel und Ulrich Tenglers Büchlein vom Jüngsten Gericht (Relectiones 2), 2014, 167: „Deshalb soll jeder Richter an das schreckliche Gericht Gottes denken und vor Augen haben, dass über ihm ein gerechter, zorniger Richter steht, [...]." Ebenso der 1. Abschnitt des Weltgerichtsspiels a. E. (ivi 125): „[...] sich rechtzeitig selbst beurteilen und umso eher den Weg zur wahren Gerechtigkeit suchen und immer im Bewusstsein haben, wie genau sie alles vor dem allmächtigen Gott am Jüngsten Tag verantworten müssen und wie darüber geurteilt wird." Der Schulze-Edition liegt der Leipziger Sonderdruck Leipzig 1512 bei Wolfgang Stöckel zugrunde (ibid., S. XXI).

[4] *Tengler/Brant*, Layenspiegel, erster Teil (Seite VIIr), Heidelberger Digitalisat abrufbar unter: https://digi.ub.uni-heidelberg.de/diglit/tengler1511/0015, abgerufen am 4.11.2023. Diese sprachlich leicht veränderte Ausgabe des Layenspiegels wurde 1511 anonym gedruckt. Sie spricht für die Verbreitung und Rezeption des Layenspiegels, während Tengler bereits im gleichen Jahr den Neü Layenspiegel in Augsburg drucken ließ, vgl. Tengler, Ulrich, Der neü Layenspiegel. Von rechtmässigen ordnungen in Burgerlichen vnd peinlich[e]n Regimenten. Mit Addit[i]on. Auch der guldin Bulla, Königklich reformat[i]on landfriden. auch bewärung gemainer recht vn[d] andern antzaigen, Augsburg 1511, https://mdz-nbn-resolving.de/urn:nbn:de:bvb:12-bsb00002007-2 (19.01.2026). Der Link https://www.digitale-sammlungen.de/de/view/bsb11298084?page=5 verweist nunmehr auf die Straßburger Ausgabe von 1542, abgerufen am 23.1.2025; Deutsch (Hrsg.), Ulrich Tenglers Laienspiegel, Ein Rechtsbuch zwischen Humanismus und Hexenwahn, 2011; *ders.*, Art. Laienspiegel, publ. 15.4.2021, in: Historisches Lexikon Bayerns, abrufbar unter: https://www.historisches-lexikon-bayerns.de/Lexikon/Laienspiegel, abgerufen am 3.7.2025.

[5] *Hofmann*, Bilder des Friedens oder Die vergessene Gerechtigkeit, Drei anschauliche Kapitel der Staatsphilosophie, 2. Aufl., 2008 (Carl-Friedrich-von-Siemens-Stiftung, Themen 64), 45; Vgl. *Erler*, Art. Gerechtigkeitsbilder, in: ders./Kaufmann (Hrsg.), Handwörterbuch zur Deutschen Rechtsgeschichte Bd. I, 1. Aufl., 1971, Sp. 1536–1539.

[6] Vgl. auch *Schönberger*, Die Transformation des klassischen Seinsverständnisses, Studien zur Vorgeschichte des neuzeitlichen Seinsbegriffs im Mittelalter, 1986, 13: „Das Sein wird in der Neuzeit nicht mehr wie in der klassischen Tradition von der *Wirklichkeit* her als dem ausgezeichneten Modus von Sein verstanden, sondern von der allgemeinen, vor aller Differenzierung liegenden *Möglichkeit* her." (https://epub.uni-regensburg.de/25638/1/ubr12849_ocr.pdf, abgerufen am 24.6.2025). Vgl. auch *Müßig*, Legal Thinking (Fn. 2), 12ff.

[7] *Cazals*, Une Renaissance, Doctrine, littérature et pensée juridique du XVIe siècle en France, in Clio@Themis 14 (2018), online, § 42, https://doi.org/10.35562/cliothemis.742, abgerufen am 29.1.2025.

[8] Zur sog. *significatio verborum* vgl. *Keßler*, De significatione verborum, Spätscholastische Sprachtheorie und humanistische Grammatik, in: Res Publica Litterarum 4 (1981), 285–313. Es ging nicht mehr um „die widerspruchsfreie Interpretationsmöglichkeit in einem Begriffssystem, sondern um die gesicherte Erkenntnis der ihr zugrunde liegenden und von ihr gemeinten historischen Erfahrung." (*ders.*, Einleitung, in: *Lorenzo Valla*, Über den freien Willen/De libero arbitrio, lat.-dt. Ausgabe, hrsg., übersetzt und eingeleitet von E. Keßler, 1987, 25). Vgl. auch *ders.*, Einleitung, in: Lorenzo Valla, Von der Lust oder Vom wahren Guten/De voluptate sive De vero bono, lat./dt. hrsg. und übersetzt von P. M. Schenkel, 2004.

[9] *Wieacker*, Privatrechtsgeschichte der Neuzeit unter besonderer Berücksichtigung der deutschen Entwicklung, 2. Aufl., 1967, ND 1996, 45ff.

wissenschaftliche Argumentationslinien.[10] Bartolistische Deduktionen juristischer Begrifflichkeiten helfen vor dem Weltenrichter nicht mehr, die Richtigkeit menschlichen Handelns zu begründen; allgemeingültig[11] ist vielmehr des „rechtens erst gebot [...] e[h]rsamlich [zu] leben/[...] und mit gutten sitten. Dz ander gebott: Alterum non l[a]edere/ist nyemans beleydigen wann was einer nit will i[h]m geschehe sol[l] er auch andern nit zufügen."[12] So als „Un-ungerechtigkeiten" artikuliert, noch dazu pointiert im allegorischen Streitgespräch zwischen Barmherzigkeit und Gerechtigkeit (9. Abschnitt des Weltgerichtsspiels),[13] hätten diese von Tengler wiedergegebenen Rechtsgebote Dietmar Willoweit ihrer Antwortstruktur wegen besonders interessiert.[14]

In der Inszenierung der Menschheitsgeschichte als Gerichtsverfahren – von der Vertreibung aus dem Paradies[15] bis zum Jüngsten Gericht,[16] wie in der Zweitfassung des Layenspiegels von 1511 illustriert – bringt Tenglers Weltgerichtsspiel ein Rechtsdenken auf die Bühne, dessen praktische Sollenseite[17] zur weltlichen Selbstverantwortung gehört, die durch die Strenge des Weltenrichters am Jüngsten Tag religiös gebunden bleibt. Daher erscheint das Weltgerichtsmotiv stellvertretend (so die erste These dieses Beitrages) für ein heilsgeschichtliches Changieren der frühneuzeitlichen Säkularisierung des Gemeinwesens zwischen Renaissance, Reformation und Humanismus.

Auch wenn die Standards praktisch guten Handelns nicht mehr ins Reich konfessioneller Wahrheiten gehören, ist das Einander-gerecht-zu-werden[18] nicht in

---

[10] *Müßig*, Recht und Justizhoheit, Historische Grundlagen des gesetzlichen Richters in Deutschland, England und Frankreich, 2. Aufl., 2009, 52ff., 481ff.; *dies.*, Reason and Fairness, Constituting Justice in Europe, from Medieval Canon Law to ECHR (Legal History Library 27), Leiden 2019, 7ff., 502ff.

[11] Layenspiegel, zweiter Teil (= Ander Teil, Seite XXXVII[r]), Heidelberger Digitalisat https://digi.ub.uni-heidelberg.de/diglit/tengler1511/0093.

[12] Layenspiegel, zweiter Teil (= Ander Teil, Seite XXXVII[r]), Heidelberger Digitalisat https://digi.ub.uni-heidelberg.de/diglit/tengler1511/0093.

[13] *Schulze*, Edition (Fn. 3), 147. Der christologische Ansatz, dass für einen Gläubigen, der das Erbarmen in Christus sieht, Gott „in besonderer Weise sichtbar [wird] als Vater, [...] der voll Erbarmen ist" (Eph. 2, 4) sowie die Encyclika „Dives in Misericordia" von Johannes Paul II vom 30.11.1980, https://www.vatican.va/content/john-paul-ii/de/encyclicals/documents/hf_jp-ii_enc_30111980_dives-in-misericordia.html#%24D#, abgerufen am 23.1.2025, können hier nicht weiter erörtert werden.

[14] *Willoweit*, Rechtsdenken, Zwischen innergesellschaftlicher Rechtsbildung und hoheitlicher Rechtssetzung, hrsg. von S. Schlinker, 2024, 286, 338f.

[15] Vgl. etwa Layenspiegel, Vorred erster Teil (Seite I[r]), Heidelberger Digitalisat https://digi.ub.uni-heidelberg.de/diglit/tengler1511/0014.

[16] Layenspiegel, zweiter Teil (= Ander Teil, Seite LXIII[r]), Heidelberger Digitalisat https://digi.ub.uni-heidelberg.de/diglit/tengler1511/0145. Verfahrensfehler führen zur Ungerechtigkeit (*iniustitia ex ordine*), Layenspiegel, zweiter Teil (= Ander Teil, Seite LXIII[a]), „für nichtig Transkription: angefochten und pillich" (Heidelberger Digitalisat https://digi.ub.uni-heidelberg.de/diglit/tengler1511/0145). Die teuflischen Anwälte fordern, dass ein Gerichtstag am Freitag nichtig sein soll, was Gott ihnen nicht durchgehen lässt.

[17] Vgl. auch *Stolleis*, Geschichte des öffentlichen Rechts in Deutschland, Bd. 1: 1600–1800, 1988, 90.

[18] Vgl. auch *Gianozzo Manetti*, De dignitate et excellentia hominis / De dignitate et excellentia

das Belieben des Einzelnen gestellt; die (lebzeitige) Selbstverantwortung wird als (endzeitliche) Verantwortung vor dem Jüngsten Gericht standardisiert, und die Ungleichzeitigkeit von Gnade zu Lebzeiten und endzeitlicher Strenge, wie sie die Argumentation der Gerechtigkeit im Streitgespräch mit der Barmherzigkeit beherrscht, verstärkt die Verschränkung noch, und zwar auf zwei Ebenen: Das durch den Layenspiegel allgemein zugängliche Recht ist nur vor dem Hintergrund des Erfahrungswissens um seine tatsächliche Anwendung zu verstehen, und die tatsächliche Rechtsanwendung vor Gericht ist normativ durch die Verantwortung von Richter und Urteiler am Jüngsten Tag gebunden. Eine derart auf die endzeitliche Gerichtshoheit bezogene, lebzeitige Subjektivierung des Gerechtigkeitsstandards erscheint dem Rechtshumanismus in Layenspiegel und Weltgerichtsspiel eigen (zweite These).

Zudem bietet das kommende Weltgericht durch die Einheit seines (vorgestellten und aufgeführten) rechtlichen Rahmens (*ein* Gericht am Jüngsten Tag, das als Spiel *mit 12 Akten* darstellbar ist, bei *Vielfalt des Inhaltes*: Sünder und Verdammte) ein (legitimatorisches) Sinnbild für den im Reichskammergericht (landfriedensrechtlich) formalisierten Reichszusammenhang, selbst bei verschiedener Lesart des Augsburger Religionsfriedens 1555.[19] Die Tenglersche Inszenierung des Weltgerichts umfasst so unterschiedliche Stationen wie die Ermahnung der Rechtsprechenden (1. und 12. Abschnitt), gleichsam als Rahmen der Bühne = Gericht, die Ankündigung des Weltendes (2. Abschnitt), das Auftauchen des Antichrists (3. Abschnitt); dann werden alle Menschen durch einen Engel vor Gericht geladen (4. Abschnitt), und die Sünder erscheinen vor Gericht (5. Abschnitt). Der Weltenrichter sitzt zusammen mit den 12 Aposteln, Engeln und Heiligen zu Gericht (6. Abschnitt). Nach Anklage der Sünder, teilweise von ihrem eigenen Gewissen (7. Abschnitt), bestätigen Engel, die den Menschen in ihrer Lebenszeit als (gute) Begleiter oder (böse) Widersacher zur Seite gestanden haben, die Vorwürfe (8. Abschnitt), bevor sich die personifizierte Barmherzigkeit und Gerechtigkeit als soge-

hominis, übersetzt von Hartmut Leppin, hrsg. und eingeleitet von August Buck, Drittes Buch (20), 1990, 77 = *Ianotti Manetti*, De Dignitate et Excellentia Hominis, ed. E. R. Leonard, 1975, 80f. Zu Manettis Übersetzungen der nikomachischen und der eudemischen Ethik vgl. *Botley*, Latin Translation in the Renaissance, The Theory and Practice of Leonardo Bruni, Giannozzo Manetti and Desiderius Erasmus, 2004, 63, 73, mit Nachweisen in S. 73 Fn. 58 zu den relevanten Ms. Vatikanische Bibliothek, Pal. Lat. 1021/Urb. Lat. 223, Nova Magnorum Moralium Aristotelis ad Nikomachum patrem traductio, ad Alfonsum clarissimum Aragonum e Siciliae regem. Pal. lat.1021 | DigiVatLib, keine Seitenangaben erkennbar, Bild 4r ff, abgerufen am 13.5.2025; Urb. lat.223 | DigiVatLib, abgerufen am 13.5.2025. In der Bibliotheca Nazionale Neapel wird noch Neapol. VIII 613 verwahrt, in der Bibliotheca Nazionale Centrale von Florenz Magl. VIII, 1439. Zur Perspektive auf den anderen in der Gerechtigkeit dezidiert auch *Willloweit*, Gerechtigkeit und Recht, Zur Unterscheidung zweier Grundbegriffe der Jurisprudenz, Sitzungsberichte der Bayerischen Akademie der Wissenschaften, 2018, Heft 1, 2018, 83.

[19] *Müßig*, Neuvermessung menschlicher Entscheidungsfreiheit im Renaissance-Humanismus: Zur Dialogik der Gerechtigkeit in Tenglers Weltgerichtsspiel, in: ZRG GA 143 (2026), im Erscheinen. Die Überlegung des Gerechtigkeitsbezuges auf die Gerichtshoheit (II 2) stimmt mit der Ausführung zur zweiten These (hier III) überein. Doppelt verwendete Primärzitate sind nicht extra markiert.

nannte Töchter Gottes[20] in ihrem allegorischen Streitgespräch[21] über die Standards eines gerechten Urteils streiten (9. Abschnitt).

Der Bezug der Ungleichzeitigkeit zwischen lebzeitiger Barmherzigkeit und endgültiger Gerechtigkeit auf die Gerichtshoheit[22] begleitet die Anpassung des Rechts an die neuen Legitimationsfragen in der sich anbahnenden natürlichen Gesellschaft aller Menschen jenseits der universalmonarchischen Kirchenvogtei des Kaisers (Dritte These).

II. Erste These: Heilsgeschichtliches Changieren zwischen Schein (*theatrum mundi*) und Sein (endzeitliches Seelenwägen)

Statt des augustinischen[23] oder gregorianischen[24] Determinismus der Menschen als „Ersatz-Engel" ist es nach Erasmus von Rotterdam den Menschen vorherbestimmt, nur „ein Stück Ton in der Hand eines Töpfer-Gottes"[25] sein. Laut Erasmus' Diktion ist es daher wahrscheinlicher, dass Gottes Gnade den Menschen zu allem befähige und seine Handlungen daher auch gerecht seien.[26] Gesetzesstrenge und gnädiger Dispens gerieten zum Gegensatz – gerade dann auch in Luthers Opposition gegen die sog. Antinomisten. Deren Argumentation, die christliche Religion der Gnade vertrage keinen Gesetzesgehorsam und Christus habe gerade das Denken in rechtlichen Kategorien überwunden, findet sich im Gegensatz zwi-

---

[20] Ausführlich zur Einordnung *Mäder*, Der Streit der „Töchter Gottes". Zur Geschichte eines allegorischen Motivs, 1971, 9ff., 14ff.

[21] *Schulze*, Edition (Fn. 3), 147.

[22] Dazu ausführlich *Müßig*, Neuvermessung (Fn 19).

[23] Zur Vorherbestimmtheit als Engelsersatz *Augustinus*, Enchiridion IX.29, in: *Aurelius Augustinus*, Enchiridion, De Fide, Spe et Caritate/Handbüchlein, Über Glaube Hoffnung und Liebe, Text und Übersetzung mit Einleitung und Kommentar, hrsg. v. J. Barbel, (Testimonia 1), 1960, 66–68; *ders.*, De civitate Dei XXII, 1, in: Sancti Aurelii Augustini Episcopi De Civitate Dei Libri XXIII, recog. B. Dombart/A. Kalb, vol. II, 1981, 554, Z. 17–22. Dazu auch *E. Lamirande*, L'Èglise céleste selon saint Augustin, 1963, 144–147. Wirkmächtiger Grundgedanke des Augustinus ist die natürliche Unfreiheit des Menschen (Erbsünde), der deshalb göttlicher Erlösung bedarf.

[24] *Gregor (d. Gr.)*, Homil. In Evang. 21 (zu Mk 16,1-7) n. 2, in: *Gregor der Große*, Homiliae in Evangelia/Evangelienhomilien, Zweiter Teilband, übersetzt und eingeleitet von M. Fiedrowicz, Fontes Christiani 28/2, 1998, 378, Z. 8–15. In Cur deus homo, erstes Buch, 16. Kapitel nimmt Anselm von Canterbury die von Augustinus und auch von Gregor dem Großen überkommene Lehre auf, dass die Menschen die gefallenen Engel in der himmlischen Gottesstadt ersetzen sollen (Anselmus Cantuariensis Archiepiscopi opera omnia, hrsg. v. F. S. Schmitt, 6 Bde, 1938–61, ND 1968 [Bd. II 74, 12f.]: „Deum constat propuisse, ut de humana natura quam fecit sine peccato, numerum angelorum qui ceciderant restitueret.")

[25] *Erasmus von Rotterdam*, Ausgewählte Schriften, hrsg. von W. Welzig, Bd. IV, De libero arbitrio/Gespräch oder Unterredung über den freien Willen, Hyperaspides diatribae adversus servum arbitrium Martini Lutheri liber primus/Erstes Buch der Unterredung „Hyperaspides" gegen den unfreien Willen Martin Luthers, übersetzt, eingeleitet und mit Anmerkungen versehen von W. Lesowsky, 1969, 190f.; *Roeck*, Der Morgen der Welt, Geschichte der Renaissance, 3. Aufl., 2023, 789.

[26] *Erasmus* (Fn. 25), 156f.

schen der Strenge (alttestamentarischer) Gebote und der Gnade wieder, wie ihn reformatorische Bildzeugnisse darstellen. Stellvertretend dafür steht die sog. Gothaer Tafel von Lucas Cranach dem Älteren (1529, Gothaer Schlossmuseum): Der Baum in der Bildmitte ist zur Seite des Gesetzes (Sündenfall, Anbetung des goldenen Kalbes und Moses, die Gesetzestafeln den Israeliten erklärend) verdorrt, während er auf der Seite zur Gnade hin mit einem zentralen Erlösungsmotiv (ein Blutstrahl des Gekreuzigten heilt einen Sünder) blüht. Nur ein Jahr nach dem Augsburger Religionsfrieden ließ Jakob Lucius der Ältere die Dreifaltigkeit Adam und Eva in seinem Holzschnitt begnadigen: Während zur Seite des Menschensohnes *Misericordia* und *Pax* abgebildet sind, sitzen zur Rechten des Vaters *Justitia* und *Veritas*, wobei die Gnade (*Misericordia*) den Ausschlag gibt (1556, Staatliche Museen Preußischer Kulturbesitz, Kupferstichkabinett).

In Tenglers Weltgerichtsspiel (9. Abschnitt) hält die Gerechtigkeit der Barmherzigkeit entgegen, „Vergib das Unrecht nicht“ (Zeile 322), „rette sie nicht“ (Zeile 339), „du sollst nur nach Recht urteilen“ (Zeile 384), „damit [Gottes] Gerechtigkeit deutlich werde,“ (Zeile 341), und setzt sich im strengen, unrevidierbaren Urteil vor dem Weltenrichter auch durch. In dem von Tengler adaptierten allegorischen Streitgespräch sind Barmherzigkeit und Gerechtigkeit nicht mehr zwei der vier (religiös, theologischen) Tugenden Barmherzigkeit, Wahrheit, Gerechtigkeit und Frieden, und gerade Justitia ist nicht mehr nur eine Tochter Gottes (Psalm 85, 11). Scholastisch, rational definiert ist die Gerechtigkeit (v.a. mit Rechtschaffenheit gleichgesetzt) im Kern das sittliche Verhalten gegenüber Gott und dem Nächsten. An Ulpian (Inst. I, 1) angelehnt („constans et perpetua voluntas ius suum cuique tribuendi“) wurde daraus beim Aquinaten die aristotelische *Hexis* (Haltung), kraft derer man einen standhaften und beständigen Willen hat, einem jeden sein Recht zuzuerkennen. Aus der gütigen Erwägung des Einzelfalls innerhalb der gesetzestechnisch unumgänglichen allgemeinen Anordnung,[27] die Wahrheit und

[27] „Das Gerechte und das Gütige ist also identisch: beides sind wirkliche Werte, nur steht das Gütige im Range höher. In Wirklichkeit entsteht die Problematik dadurch, daß das Gütige zwar ein Gerechtes ist, aber nicht im Sinne der durch das Gesetz gewährleisteten Gerechtigkeit, sondern es ist eine Berichtigung der Gesetzes-Gerechtigkeit. Das hat seinen Grund darin, daß jegliches Gesetz allgemein gefaßt ist. Aber in manchen Einzelfällen ist es nicht möglich, eine allgemeine Bestimmung so zu treffen, daß sie richtig ist [...] Und dies ist das Wesen der Güte in der Gerechtigkeit: Berichtigung des Gesetzes da, wo es infolge seiner allgemeinen Fassung lückenhaft ist [...] Daraus ergibt sich denn auch das Wesen des gütigen Menschen: [...], wer nicht in kleinlicher Genauigkeit sein Recht so lange verfolgt, bis es zum Unrecht wird, sondern obwohl das Gesetz auf seiner Seite stünde, geneigt ist, mit einem bescheideneren Teil zufrieden zu sein – der ist gütig und eine solche Haltung heißt ‚Güte in der Gerechtigkeit‘: sie ist eine Form der Gerechtigkeit und nicht eine davon verschiedene Grundhaltung.“ (*Aristoteles,* Nikomachische Ethik, Buch V, Kapitel 14, übersetzt von Eugen Rolfes, 2. Aufl., Leipzig: Felix Meiner 1911, 118 f.). „Es schließt nun an eine Untersuchung über die ‚Güte in der Gerechtigkeit‘ und das ‚Gütige im Gerechten‘: wie sich die ‚Güte in der Gerechtigkeit‘ und das ‚Gütige zum Gerechten‘ verhält.“ lautet der Anfangssatz des Kapitel XIV des 5. Buches der Nikomachischen Ethik in der Übersetzung (S. 118). In den homerischen Epen wird ἐπιεικής als Attribut für ‚schicklich, gebührend, angemessen, von milder Gesinnung, geeignet, tüchtig, anständig, ordentlich, wohlwollend, vortrefflich, hochstehend‘ verwendet (Gemoll, Griechisch-Deutsches Schul- und Handwörterbuch,

Gerechtigkeit ergänzt,[28] macht der Fürstenspiegel des Thomas-Schülers Aegidius Romanus diese Güte in der Gerechtigkeit zum Standardelement der gerechten Regierung; noch das Grimmsche Wörterbuch notiert „Lindigkeit" als lutherische Adaption der aristotelischen *epikie* = *aequitas*.[29] Damit ist weder ein inhaltlicher Dispens (*misericordia*) noch die inhaltliche Abweichungen vom Gesetz (*gratia*) gemeint; vielmehr geht es um eine freundliche, wohlwollende Gesetzesauslegung bzw. -anwendung,[30] die der Humanismus zu einer allgemein wohlwollenden menschlichen Haltung verallgemeinert, – eine Haltung, die sich im Übrigen jeder von einem wiederkehrenden Weltenrichter erhofft.

Ausschlaggebend für die rechtshumanistische Adaption des Spannungsverhältnisses von Recht und Gnade war nicht mehr die gerechte Entscheidung an sich, sondern die Sichtbarkeit von Gerechtigkeit.[31] Dadurch unterstreicht die Kontrastierung endzeitlicher Strenge – „im Leben besaßen sie keine Gottesfurcht" (Zeile 338) – mit lebzeitiger Begnadigung[32] die Legitimation der Gerichtshoheit: Die Akzentuierung der Barmherzigkeit im fingierten Streitgespräch mit der Gerechtigkeit mahnte die Zeitgenossen Tenglers, dass (nicht nur im Jüngsten Gericht) die

---

9. Aufl. bearb. von Karl Vretska, 1954, 305). Vgl. auch *Michelakis*, Platons Lehre von der Anwendung des Gesetzes und der Begriff der Billigkeit bei Aristoteles, 1953; *Sherman*, The Fabric of Character: Aristotle's Theory of Virtue, 1989, 13–28.

[28] Zu den Irnerius zugeschriebenen *Quaestiones de iuris subtilitatibus* und der Qualifikation der Güte (*aequitas*) als Lieblingskind der Gerechtigkeit (*iustitia*) vor Verstand (*ratio*), Religion (*religio*), Frömmigkeit (*pietas*) und Gnade (*gratia* = *misericordia*) vgl. ausführlich *Müßig*, § 3 Richtertugenden (Fn. 1), 89. Der Pariser Vortrag (*dies.*, Dans quelle Mesure la Raison des Lumières est-elle Aristotélicienne ? vom Oktober 2023, in: Pierre Bonin/Jean-Louis Halpérin [Eds.], Aristotélisme et pensée juridique, Histoire du droit [Classiques Garnier], 2025, im Erscheinen) erklärt, wie die aristotelische Tugendauffassung von der Gerechtigkeit die Entwicklung einer Individualethik begünstigt.

[29] Art. Lindigkeit, Deutsches Wörterbuch von Jacob und Wilhelm Grimm. Lfg. 6 (1880), https://woerterbuchnetz.de/?sigle=DWB&lemid=L06136, abgerufen am 27.1.2025 = https://www.dwds.de/wb/dwb/gelindigkeit, abgerufen am 26.1.2025. Das Rechtswörterbuch vermerkt (Bd. IV, Sp. 11), „dass das höchste Recht ohne Gelindigkeit, die man im Latein aequitatem nennt, [...] groß unrecht [ist].

[30] *Augustinus*, De utilitate credendi Liber 1, caput 6, Nr. 13, in: Migne (Ed.), Patrologiae cursus completus, Series latina, vol. 42, 1865, col. 63–92, 74. Augustinisches Wohlwollen ist auch in Aegidius' Kapitelüberschrift (De regimine principum/Über die Fürstenherrschaft, III, 2, 23) erkennbar „Warum Richter bei allzu Menschlichem Nachsicht walten lassen und lieber zu milde als zu unerbittlich sein sollen" / „Quot et que oporteat considerare iudices, ut indulgeant humanis et ut sint clementes pocius quam crudeles" (https://www.hadwbw.de/sites/default/files/documents/Aegidius%20Romanus%20De%20regimine%20principum.pdf, abgerufen am 22.06.2025), auf der Grundlage des Codex Borghesianus 360 der Biblioteca Apostolica Vaticana, fol. 180vb–303vb sowie unter Benutzung der Drucke Rom 1556 und Rom 1607 hrsg. von Volker Hartmann im Rahmen des interakademischen Forschungsprojektes „Klöster im Hochmittelalter: Innovationslabore europäischer Lebensentwürfe und Ordnungsmodelle", einem Gemeinschaftsprojekt der Heidelberger Akademie der Wissenschaften und der Sächsischen Akademie der Wissenschaften zu Leipzig, 2019, 1024.

[31] Vgl. die erheblich spätere angelsächsische Maxime *justice has not only be done, but manifestedly seen to be done* (per Lord Hewart, damaliger Lord Chief *Justice* of England in Rex v. Sussex Justices, [1924] 1 KB 256).

[32] „[S]olange sie auf Erden lebten" (Z. 379) haben sie „Dein Erbarmen [...] verachtet" (Z. 383).

ganze Strenge des Rechts angewendet werde. Ein Gerichtsherr benötigte für die Legitimationswirkung der Gerichtshoheit die Begnadigung ebenso wie die Hochgerichtsbarkeit. Für den Rechtshumanismus war Gerechtigkeit nicht nur keine religiöse (Kardinal-)Tugend mehr, sondern eine menschliche Seelenkraft, die auch Heiden zukam; sie war Pflicht und Aufgabe für alle Menschen (nicht nur für Christen!) und verlangte als Bildung vollendete *humanitas*. Mit der vergeblichen Gnadenbitte der Gottesmutter (10. Abschnitt[33]) führte Ulrich Tengler seine zeitgenössischen Zuschauer zur Unwiderruflichkeit des endzeitlichen Urteils im Jüngsten Gericht hin, mit dem die Sünder verbannt und die Gerechten in den Himmel aufgenommen werden; Lob und Dank der Apostel wirken wie die Urteilsbestätigung durch Beisitzer in der altdeutschen Trennung zwischen Richter und Urteiler (11. Abschnitt);[34] die unaufschiebbare Vollstreckung (11. Abschnitt, Zeilen 605 ff., 635 ff., 643) durch die Teufel verstärkt den Eindruck von der Unrevidierbarkeit des Urteils vor dem Jüngsten Gericht. Die theatrale Inszenierung des Weltgerichts endet demgemäß in Tenglers Adaption mit der Mahnung an die Zeitgenossen, an Reue und Umkehr rechtzeitig zu denken, und kulminiert in der Mahnung an die Richter, eingedenk der eigenen Rechenschaftspflicht vor dem Jüngsten Gericht selbst unparteiisch und gerecht zu urteilen (12. Abschnitt).

Gerade die Theatralik des Weltgerichtsspiels ist Ausdruck dafür, dass die Gerechtigkeit kein moralisches Mahnbild tugendhaften Lebens mehr ist; als Produkt eines funktionierenden Gerichts, ausgerichtet auf die Unrevidierbarkeit des Urteils des Weltenrichters, tritt ihre Konnotation als Legitimationszeichen in den Vordergrund, das bestehende Gemeinwesen durch Gerechtigkeit auch tatsächlich verwirklichen. Dafür spricht auch die Erweiterung der Sünder auf alle Stände in Tenglers Adaption des Weltgerichts. In Übereinstimmung zwischen frühneuzeitlichem Aristotelismus[35] und reformatorischer Frömmigkeit[36] verhält sich der Mensch nicht aus Furcht vor der Verdammnis in der Hölle oder einer erwarteten Belohnung im Himmel gut, sondern gutes Handeln macht den Menschen gut: „So werden wir auch durch gerechtes Handeln gerecht,“[37] erklärt die Nikomachische Ethik. Protestantisch gelesen in Melanchthons „Commentarii in aliquot politicos libros Aristotelis“ 1530/31 wird die *res publica* damit als „Angelegenheit aller Bür-

---

[33] *Layenspiegel*, zweiter Teil (= Ander Teil, Seite LXIIII^r ff.), Heidelberger Digitalisat https://digi.ub.uni-heidelberg.de/diglit/tengler1511/0147: „Maria mater gratie, mater misericordie“.

[34] Details bei *Schulze*, Edition (Fn. 3), XXI ff. Diese Schilderung findet sich auch in *Müßig*, Neuvermessung (Fn. 19), [S. 7].

[35] Auch für das ζῷον πολιτικόν (*zoon politikon*, bezogen auf die *nomoi* der Polis) gilt diese Argumentation.

[36] Statt vieler *Piennisch*, Luthers Verhältnis zu Aristoteles, Vom logischen Dualismus zum biblisch-semitischen Verstehensansatz, Stuttgarter Theologische Themen 7 (2017), 79–128, https://www.sttonline.org/wp-content/uploads/files/STT12_2017_MPiennisch_Luthers-Verhaeltnis-zu-Aristoteles.pdf, abgerufen am 19.5.2025. Die aristotelische Rechtfertigung der Monarchie als ideale Verfassungsform (Pol V.10, 1313 a5-10) beruht darauf, dass der König alle anderen Bürger an Tugend übertrifft, was ebenso der calvinistischen Frömmigkeit entspricht.

[37] *Aristoteles*, Nikomachische Ethik, übersetzt von E. Rolfes, 2. Aufl., 1911, 24.

ger" rational – und nicht mehr transzendental – auf der Grundlage des normativen Leitprinzips der Gerechtigkeit begründet.

So wie der Mensch selbst die Welt begreifen kann, sein Wissen mit plausiblen (und damit notwendigerweise nur vorläufigen) Beweisen begründen und zu technischen Erfindungen ausbauen kann,[38] orientiert sich auch die gesetzgeberische Gestaltung des Rechts am logisch Möglichen. Dies passt dann nicht nur zur wissenschaftlichen Aufwertung der Erfahrung und zur Wertschätzung empirischer Messungen, sondern vor allem auch zu der vom „protestantischen" Aristotelismus postulierten Autonomie des Rechts gegenüber der Religion und dem Kirchenrecht.[39] Nicht nur in den Gerechtigkeitsbildern des 16. Jahrhunderts, sondern auch in der Strengrechtsadaption des Tenglerschen Weltgerichtsspiels scheint die Gerechtigkeit auf die politische Ebene, den Staat bezogen.

Dabei wird der Gesetzesgehorsam des Gerechten mathematisch naturwissenschaftlich erklärt. Waren *misericordia* und *iustitia* beides göttliche Qualitäten, erforderte das Renaissancedenken einen *rationalen* Ausgleich zwischen ihnen. Als gottesebenbildlicher *creator ex nihilo* war es der Mensch, der sich seine Welt selbst schuf, indem er sie durch naturwissenschaftlich-empirisch nachvollziehbares Beobachten zu „seiner" Welt machte. Mit Galileis *Saggiatore* (1623) wurde die Mathematik zur (universellen) Sprache der Naturgesetze.[40] 1643 gelang Evangelista Torricelli der Nachweis der Existenz des Vakuums, bis dahin undenkbar in der aristotelischen Physik.[41] Damit schien die Unterwerfung der Allmacht Gottes unter die Naturgesetze bewiesen, und für den Mathematiker Blaise Pascal (1623–

[38] Vgl. Leonardo da Vincis Flugmaschinen, *ExpoLéonard*, Leonardo da Vinci Ausstellung im Louvre, Paris vom 24. Oktober 2019–24. Februar 2020, organisiert von V. Delieuvin; Galleria Leonardo da Vinci im Museo nazionale della scienza e della tecnologia Leonardo da Vinci, Mailand.

[39] *Heckel*, Martin Luthers Reformation und das Recht, Die Entwicklung der Theologie Luthers und ihre Auswirkung auf das Recht unter den Rahmenbedingungen der Reichsreform und der Territorialstaatsbildung im Kampf mit Rom und den „Schwärmern", 2016, 11.

[40] Galileis Formulierung im Saggiatore (1623) ist bekannt: „La filosofia è scritta in questo grandissimo libro che continuamente ci sta aperto innanzi a gli occhi (io dico l'universo), ma non si può intendere se prima non s'impara a intender la lingua, e conoscer i caratteri, ne' quali è scritto. Egli è scritto in lingua matematica, e i caratteri son triangoli, cerchi, ed altre figure geometriche, senza i quali mezzi è impossibile a intenderne umanamente parola; senza questi è un aggirarsi vanamente per un oscuro laberinto." / „Die Philosophie ist in diesem großen Buch geschrieben, dem Universum, das unserem Blick ständig offensteht. Aber das Buch kann nicht verstanden werden, wenn man nicht zuerst die Sprache gelernt und sich mit den Buchstaben vertraut gemacht hat, in denen es geschrieben ist. Es ist in der Sprache der Mathematik geschrieben, und seine Buchstaben sind Kreise, Dreiecke und andere geometrische Figuren, ohne die es dem Menschen unmöglich ist, auch nur ein einziges Wort davon zu verstehen; ohne diese irrt man in einem dunklen Labyrinth umher." (Le Opere di Galileo Galilei, Firenze 1933, Bd. VI, 232, zitiert nach https://bibdig.museogalileo.it/Teca/Viewer?an=354802, abgerufen am 30.4.2024).

[41] Für Aristoteles gab es kein Vakuum, denn aufgrund seiner mangelnden Kenntnis der Schwerkraft behauptete er, dass ein Körper umso schneller fallen würde, je dünner das Material ist. In der absoluten Leere müsste dies zu einer unendlich großen Geschwindigkeit führen, was unmöglich ist. Gottes Allmacht (*potentia*) dürfe daher durch kein Naturgesetz begrenzt werden (4. Buch der Physik, 6. Kapitel, übersetzt von C. H. Weiße, Ausgabe Leipzig 1829, 89–91, http://www.zeno.org/nid/20009148957, abgerufen am 17.1.2024). Für die spätere Mathematisierung der

1662)[42] war als Zeitgenosse von Jean Domat (1626–1696), aber auch von Kardinal Richelieu (1585–1642) Macht weder gerecht noch ungerecht. Da niemand wisse, was die Natur ist, sei es unmöglich, das Naturgesetz zu kennen, um eine gerechte Regierung zu begründen. Der Höhepunkt dieses Relativismus, der als machiavellistisch verrufen wurde,[43] war Pascals berühmte Wette, dass Gott existiert, die er *le rien*[44] nannte. Dabei ging es weniger um eine Apologie des Christentums, die den „Pensées de Monsieur Pascal sur la religion et quelques autres sujets“[45] stereotyp zugeschrieben wird, sondern um die Frage nach metaphysischen Legitimationsgrundlagen des Rechts: Kann man Rechtsregeln als wahre Sätze von rein logischen Prinzipien wie dem Identitätssatz (A=A, B=B) oder nur von Gott (und damit dem Gottesgnadentum des monarchischen Gesetzgebers) abstrahieren?

Dem kartesischen Rationalismus,[46] der sich in der gesetzgeberischen Effektivität des französischen Absolutismus als Legitimationsgrundlage des Rechts durchsetzen sollte, setzte Pascal die Erfahrung der eigenen Endlichkeit[47] als „denkendes Schilfrohr“[48] entgegen. Wo es keine Gewissheit gibt, genügte es ihm, dem Mathematiker, auf das Wahrscheinliche zu setzen. „Man muss wetten“, antwortete Pascal, das heißt „wählen, was den größten Vorteil bietet“.[49] Auch wenn es laut

Philosophie waren die Diskussionen über das Alles und das Nichts zentral. Vgl. *Müßig*, Legal Thinking (Fn. 2), 45 ff.

42 Während Pascals Untersuchung der Kegelschnitte und die Wiederholung des Toricelli-Experiments für eine bestimmte, richtige Methodik (und die Abkehr vom aristotelischen Weltbild) stehen, sind Recht und Gerechtigkeit seinen Beobachtungen nach ungewiss.

43 Vgl. *Force*, Pascal et Machiavel, in: Droit et pensée politique autour de Pascal (colloque Clermont-Ferrand, 20–23 septembre 1990), éd. par L. Thirouin, https://doi.org/10.4000/ccibp.634, abgerufen am 29.1.2025.

44 Zu Einzelheiten, insbesondere zu seinem juristischen Denken, *Müßig*, L'homme est visiblement fait pour penser: c'est toute sa dignité, et tout son mérite (Pascal, Pensées IX), in: Pierre Bonin/Jean-Louis Halpérin (Eds.), Cartésianisme et pensée juridique, Paris 2026, im Erscheinen.

45 Notizen, die Pascal 1656 begonnen hatte und die nach seinem Tod 1662 gefunden wurden. Eine Sammlung von ca. 1000 Blättern, grob geordnet und auf ca. 60 verschnürte Stapel verteilt. Acht Jahre nach seinem Tod wurde das Material von seinen Verlegern unter dem Titel « Pensées de Monsieur Pascal sur la religion et quelques autres sujets » veröffentlicht, unter dem Namen « Pensées » wurden sie berühmt.

46 Descartes schloss also nicht vom Denken auf das Sein des Ichs, sondern er war sich seiner selbst als denkendes Ich bewusst, er erfuhr sich als denkend. Vgl. auch *René Descartes,* Meditationes de prima philosophia, in quibus dei existentia, & animae humanae a corpore distinctio demonstrantur/Meditationen über die Grundlagen der Philosophie, in denen die Existenz Gottes und die Unterscheidung zwischen der menschlichen Seele und dem Körper bewiesen wird, lat.-dt. Ausgabe, auf Grund der Ausgaben von A. Buchenau neu hrsg. von L. Gäbe, 1959, Zweite Meditation (De natura mentis humanae: Quod ipsa sit notior quam corpus), no. 3 a. E.

47 „Ich sehe nur Unendlichkeiten von allen Seiten, die mich einschließen wie ein Atom und wie ein Schatten, der nur einen Augenblick ohne Wiederkehr dauert.“ (Fragment 398, Preuves de la Religion, Serie III, Pleïade Edition, Bd. II, 683 f., paraphrasierende deutsche Übersetzung durch Autorin, et seq.)

48 Pensées XXIII (Grandeur de l'Homme), Pleïade Edition, Bd. II, 984 [6.].

49 Pensées VII (Qu'il est plus avantageux de croire que de ne pas croire ce qu'enseigne la religion chrétienne), Pleïade Edition, Vol. II, 936 [2.] formulieren die berühmte Wette auf die Existenz Gottes: „Ob Gott existiert oder nicht? Wir sind nicht in der Lage, das zu erkennen. Und wenn es darum geht, sich für eine der beiden Optionen zu entscheiden, hilft uns die Vernunft

Pascal „unbegreiflich ist, dass Gott ist“, ist es ebenso „unbegreiflich, dass er nicht ist“.[50] Dies liest sich wie eine mathematische Adaption von Vallas Ausführungen zur menschlichen Willensfreiheit (1438/39) oder von Erasmus „Gespräch über den freien Willen“ (1524). Gleichzeitig sind die mathematischen Naturgesetze ein Paradebeispiel für (universelle) Notwendigkeiten, denen jedermann unterliegen soll: Hätte der Doge Leonardo Donata 1609 mit Galileo auf dem Campanile statt des Fernrohrs einen Apfel in der Hand gehabt, der nicht in Woolsthorpe nahe Cambridge Isaac Newton (wenn auch erst 1665) auf den Kopf gefallen, sondern schon vorher dem Dogen aus der Hand geglitten wäre, wäre dieser notwendigerweise auf den Markusplatz gefallen – egal, wie sehr der Doge etwas anderes gewollt hätte oder ob dieser am Jüngsten Tag zu den Gerechten oder den Sündern gehören sollte.

III. Zweite These: Gerechtigkeitsbezug auf die Gerichtshoheit und damit auf das Gemeinwesen, damit Subjektivierung des Gerechtigkeitsstandards nicht zu normativer Beliebigkeit führt

Durch die unrevidierbare Strenge der göttlichen Entscheidung im Jüngsten Gericht wird die Grenzenlosigkeit göttlicher Gnade zu Lebzeiten nur noch mehr herausgestellt. Darauf verweist auch die *imago Dei*-Argumentation der Barmherzigkeit im allegorischen Streitgespräch mit der Gerechtigkeit: „dass Du auch als Mensch geboren bist und dass sie zu deinem Ebenbild geschaffen sind.“[51] Dagegen protestiert die Gerechtigkeit: „Sie haben dein Ebenbild verloren.“[52] Mit unrevidierbarer Strenge am jüngsten Tag straft der Weltenrichter die Sünden, und zwar „nicht nur am einzelnen Individuum, sondern an der Gesellschaft insgesamt. Auf diese Weise entsteht kein Widerspruch zwischen der Allmacht Gottes und der Erfahrung der Menschen.“[53] Obrigkeitliche Sanktionen im Hier und Jetzt sind durch die Gerichtshoheit des Weltenrichters legitimiert, denn „Himmel und Erde müs-

---

nicht weiter. Zweitens ist es die probabilistische Gründlichkeit. Die Gewinne und Verluste mit den Optionen ‚glauben‘ und ‚nicht glauben‘ werden minutiös gegeneinander aufgerechnet. Nicht an einen Gott glauben, der nicht existiert: weder Gewinn noch Verlust. An einen Gott glauben, der nicht existiert: dito – obwohl ein gottgefälliges Leben an sich schon ein Gewinn sein sollte. Seine Aussage wird noch konkreter: Nicht an einen Gott zu glauben, der existiert: Das bringt den größtmöglichen Schaden mit sich – ewige Verdammnis, Höllenstrafen. Wer also an einen existierenden Gott glaubt, hat die Gewinnerkarte gezogen: glückliches Leben, ewige Glückseligkeit. Mit Ausnahme der Höllenstrafen, die den Ungläubigen erwarten, ist das reine Statistik.“

[50] Fragment 665, Mélanges, Série XXIX, Pleïade Edition, Vol. II, 816 = Tourneur-Edition, 133-1. Vgl. auch das berühmte „unendliche Nichts“ Fragment 397 (Preuves de la Religion par le Peuple Juif, les Prophéties et quelques Discours), Série II, Pleïade Edition, Vol. II, 677: „Wenn es einen Gott gibt, ist er unendlich unverständlich, da er weder Teile noch Grenzen hat, hat er keinerlei Beziehung zu uns.“

[51] *Schulze*, Edition (Fn. 3), 149, in transkribierter Textwiedergabe.

[52] *Schulze*, Edition (Fn. 3), 151, in transkribierter Textwiedergabe.

[53] *Willoweit*, Die Expansion des Strafrechts in Kirchenordnungen des 16. Jahrhunderts, in: idem (Hrsg.), Staatsbildung und Jurisprudenz, Spätmittelalter und frühe Neuzeit, Gesammelte Aufsätze 1974–2002, Stockstadt a. M. 2009, S. 153*–176*, 157*.

sen vergehen, ehe Gottes Wort gebrochen wird, ihre Sünden müssen bestraft werden."[54]

Vielleicht liegt auch darin ein Legitimationsnarrativ des Weltgerichtsspiels (arg. *a maiore ad minus*): Transferiert auf die Bühne des jüngsten Gerichts, tritt die menschliche Urteilskraft in direkte Beziehung mit der göttlichen Allmacht; der Schöpfer nimmt sein Geschöpf ernst, ohne dass diese Unmittelbarkeit authoritativer Vermittlung durch Kleriker oder gelehrte Juristen bedarf, und die Begrenzung der Gnade auf die Lebenszeit im Bezug des Widerstreites Barmherzigkeit-Gerechtigkeit auf die Gerichtshoheit unterstreicht dies noch.

Dazu passt auch die von der Reformation aufgeworfene Problematik der Kommunikativität der individuellen Gewissensentscheidung (aufgeführten Exerzitien vergleichbar); denn auch wenn die Reformation die Individualität der Gewissensentscheidung begründet hat, und diese daher der normativen, allgemein akzeptierten Autorität entzogen hat, bleiben die Lutheraner in weltlichen Dingen[55] der paulinischen[56] Gehorsamslehre verpflichtet: Herrschaft sei gottgegeben, lautet die Lutherische Lesart des Römerbriefes (Römer 13,1); „Frösche brauchen Störche"[57] seine pointierte Adaption der augustinischen Zwei-Reiche-Lehre. In der Obrigkeitsschrift (*Von weltlicher Obrigkeit, wieweit man ihr Gehorsam schuldig sei*, EA Wittenberg 1523) rechtfertigt Luther die weltliche Herrschaft mit der sündigen Verderbtheit der Nicht-Christen. Wie dem Weltgerichtsspiel Tenglers geht es den vorgenannten Stellungnahmen um die Rechtfertigung der Gottgegebenheit von Herrschaft mit dem Bösen, mit den am Jüngsten Tag zur Rechenschaft zu ziehenden Sündern. So war auch die Befreiung von der Leibeigenschaft durch Berufung auf göttliches Recht nicht in Luthers Sinn. Anders als Müntzers und Zwinglis Lehren kennt das Luthertum kein religiös begründetes Widerstandsrecht – auch wenn

[54] *Schulze*, Edition (Fn. 3), 157, Z. 518 f.

[55] Vgl. auch Philipp Melanchthon, der in seinem Kommentar zur Politik des Aristoteles (1530) biblische mit naturrechtlichen Argumenten verbindet, um den Gehorsamsanspruch der Obrigkeit zu begründen. Grundlage der naturrechtliche Ordnung ist neben dem Dekalog vor allem das römische Recht. Da die Notwendigkeit von Herrschaft auf den Sündenfall zurückgeht, sind schlechte Herrscher eine normale Strafe für die Sünden des Volkes; die beste Form der Obrigkeit ist die Monarchie.

[56] Von der ungewollten Inanspruchnahme im Bauernkrieg, in dem die aufständischen Bauern den von Luther in rein theologischem Sinn verwendeten Begriff *Freiheit* (*Luther*, Von der Freyhayt Aines Christenmenschen, Augsburg 1520) auf ihre weltliche Lebenssituation bezogen und daher das Ende der Leibeigenschaft von ihren Grundherren forderten, distanzierte sich Luther 1525 explizit mit seiner Schrift „Wider die mörderischen und räuberischen Rotten der Bauern", Nürnberg 1525, und wies ausdrücklich darauf hin, dass auch Paulus christlichen Sklaven dazu geraten habe, sich nicht gegen (christliche) Herren zur Wehr zu setzen (I Kor. 7, 21–24), da wahre Freiheit nur im Glauben an Jesus Christus zu finden sei (vgl. Joh 8, 32, 8, 34 und 8, 36). Stellvertretend zur jüngeren Forschungslit. zum Bauernkrieg Roper, Lyndal, Für die Freiheit, Der Bauernkrieg 1525, aus dem Englischen übersetzt von Holger Fock und Sabine Müller, Frankfurt a. M.: S. Fischer 2024.

[57] An den christlichen Adel deutscher Nation von des christlichen Standes Besserung (1520), IV, 68: „Die Welt ist zu böse und nicht wert, daß sie viele kluge und fromme Fürsten haben sollte. Frösche müssen Störche haben."

das für den „freien Christenmenschen“ von amtskirchlichen Interpretationen bereinigte Evangelium zur Argumentationsgrundlage für den Bauernkrieg 1525 geriet[58] und die neuaristotelische Autonomie des politischen Denkens[59] mit der inneren Freiheit des Christen in Glaubensdingen korrespondiert, die der weltlichen Zwangsgewalt (*potestas civilis*) entzogen sind: „Zum glawben kan und soll man niemants zwingen.“[60] Nur juristische Argumente im Umkreis der Torgauer Artikel 1530 erlaubten Widerstand als reichsstädtische/reichsständische Notwehr gegen kaiserlichen Machtmissbrauch, indem sie das lehnsrechtliche Verhältnis zwischen Kaiser und Reichsfürsten vom unmittelbaren Untertanenverhältnis unterschieden:

> „das die chur und fürsten sambt den stenden dem keyser dermaßen nicht sein underthan, wie die leuth den koningen zu Assirien, Persen, Kriechen und Romer fast vor tausent ihren den kaysern gewest sein.“[61]

Für die Rechtfertigung des Schmalkaldischen Krieges genügte der Verstoß des Kaisers gegen Pflichten aus seiner Wahlkapitulation. Das *vim vi repellere* der lutherischen Fürsten gegenüber den Kaiserlichen stellte weder die paulinische noch die augustinische Gottgegebenheit von Herrschaft in Frage: „Wer [durch eigenen Rechtsbruch, sic!] das Amt verliert, wird zur einfachen Privatperson,“[62] argumentierte 1550 das Magdeburger Bekenntnis.[63] Die Reichsstadt Magdeburg

---

[58] Gegenläufig zu den Forderungen von Christoph Schappeler und Sebastian Lotzer veröffentlichte Luther seinen Appell „Wider die mörderischen und räuberischen Rotten der Bauern“, als die Aufständischen thüringisches Gebiet erreichten; dennoch war 1525 auch das Jahr, in dem Erasmus nach langem Zögern mit Luther brach.

[59] „[D]er Fürst solle sein Landrecht befragen, nicht Christus.“ (*Luther*, in: D. Martin Luthers Werke, Kritische Gesamtausgabe (Weimarer Ausgabe), Bd. 32, 1970, 391, Z. 4–6.

[60] Von weltlicher Obrigkeit 1523, in: D. Martin Luthers Werke (Fn. 76), Bd. 11, 1966, 264, Z. 23; auch abgedruckt als *Luther*, Von weltlicher Obrigkeit. Schriften zur Bewährung des Christen in der Welt, 3. Aufl., 1978, 39. Es geht um die jenseitige Freiheit des Menschen, der von seinen Sünden erlöst wird.

[61] Zit. nach *Scheible*, Das Widerstandsrecht als Problem der deutschen Protestanten 1523–1546, 1969, Dok.-Nr. 17; vgl. auch *Benert*, Richard Roy, Lutheran Resistance Theory and the Imperial Constitution, in: Il Pensiero Politico 6 (1973), 17–36, 19 f., 21 f., 27, 29.

[62] Interpretation von *van Gelderen*, Um 1550, Wie die Universalmonarchie der Volkssouveränität weichen musste, in: B. Jussen (Hrsg.), Die Macht des Königs, Herrschaft in Europa vom Frühmittelalter bis in die Neuzeit, 2005, 299–318, 308.

[63] Bekentnis, Unterricht und Vermanung/der Pfarrherrn und Prediger/der Christlichen Kirchen zu Magdeburgk, zit. nach *Friedrich Hortleder*, Der Römischen Keyser- und Königlichen Maiestete, Auch deß heiligen Rö. Reichs, geistlicher und weltlicher Stände, Churfürsten, Fürsten, Graffen, Herren, Reichs- und anderer Stätte, zusampt der heiligen Schrifft, geistlicher und weltlicher RechteGelehrten Handlungen und Außschreiben, Rathschläge, Bedencken, Send- und andere Brieffe, Bericht, Supplicationschrifften, Befehl, Entschüldigungen, Protestationes, Recusationes, Außführungen, Verantwortungen, Ableinungen, Absagungen, Achtserklärungen, Hülffsbrieffe, Verträge, Historische Beschreibungen und andere viel herzliche Schrifften und Kunden mehr: Von Rechtmässigkeit, Anfang, Fort- und endlichen Außgang deß Teutschen Kriegs, Keyser Carls deß Fünfften, wider die Schmalkaldische Bundsoberste, Chur- und Fürsten, Sachsen und Hessen, und I. Chur. Und Fürstl. G. G. Mitverwandte. Vom Jahr 1546. biß auff das Jahr 1558, 3. Band, Frankfurt am Main 1618, IV. Buch, 7. Kapitel, 817–854, abrufbar unter https://www.digitale-sammlungen.de/de/view/bsb11348264?page=878,879, abgerufen am

sei zur militärischen Notwehr dem Kaiser gegenüber berechtigt, sogar verpflichtet, wenn dieser das Evangelium verbietet oder verfolgt: Die niedere Obrigkeit soll die „unterthanen verteidigen auch widder ein höhere Oberkeit, so die Leute mit Gewalt zwingen will, Gottes Wort und rechte Gottesdienst zu verleugnen, und Abgötterey anzunehmen."[64]

Ohne dass die Gottgegebenheit der kaiserlichen Gewalt in Frage gestellt wurde, ist der Hinweis auf Martin Heckels Ergebnis entscheidend, dass in der Reformationsgeschichte als Rechtsgeschichte „das Recht allseits als Hebel des Geschehens diente."[65] Und gerade dem dient die Untersuchung des Weltgerichtsspiels: Augustinisch-lutherisch konnte die Theateraufführung nach Tenglers Adaption 1512 wie eine Gewissensprüfung[66] wirken: Der Zuschauer sollte sich hineinversetzen, ob er in diesem Moment bei Prüfung seines Gewissens dann am Jüngsten Tag vor Gottes Gericht bestehen könnte. Damit stünde eine solche Vorführung in der Tradition sokratischer Mäeutik, den Menschen in seiner Eigenverantwortung verdecktes (inneres) Wissen über sich selbst erkennen zu lassen.[67]

IV. Dritte These: Herrschaftslegitimation ohne kaiserliche Kirchenvogtei

Schon die Sueton-Ausgabe des Erasmus (1517) hatte eine Dekonstruktion der Universalmonarchie formuliert, und Gattinaras Anfrage 1527 nach einer Neuausgabe von Dantes Monarchia,[68] dem Referenzwerk kaiserlicher Weltherrschaft,[69] hatte

4.3.2024, Rn. 35, S. 832; vgl. auch *Allen*, A History of Political Thought in the Sixteenth Century, With a revised bibliography by M. M. Goldsmith, 1928, ND 1977, 103–106.

[64] *Hortleder*, Der Römischen Keyser- und Königlichen Maiestete (Fn. 79), IV. Buch, 7. Kapitel, Der Ander Theil dieses Buchs von der Nohtwehr, Rn. 45, S. 834: „Wir wöllen aber uns fürnemmen, zu beweisen, daß ein Christliche Obrigkeit mag und sol jhre Unterthanen vertheidigen, auch wider ein höhere Obrigkeit, so die Leut mit Gewalt zwingen wil, Gottes Wort und rechte Gottes dienst zu verleugnen, und Abgötterey anzunemmen."

[65] *Heckel*, Martin, Martin Luthers Reformation und das Recht, Die Entwicklung der Theologie Luthers und ihre Auswirkung auf das Recht unter den Rahmenbedingungen der Reichsreform und der Territorialstaatsbildung im Kampf mit Rom und den „Schwärmern", Tübingen 2016, S. 3.

[66] Das Verinnerlichen amtskirchlicher Autoritäten, die amtskirchliche Verrechtlichung des Gewissens, hatte mit der Reformation ausgedient.

[67] *Augustinus*, Vom Gottesstaat (De civitate Dei), aus dem Lateinischen übersetzt von Wilhelm Thimme, eingeleitet und kommentiert von Carl Andresen, 2007, 622.

[68] Noch 1527 wollte der Großkanzler Kaiser Karls V., Mercurino di Gattinara, selbst humanistisch gebildeter Jurist aus dem Piemont, den *Sacco di Roma* durch kaiserliche Söldnerheere mit universalmonarchischen Ansprüchen rechtfertigen.

[69] Aus der aristotelischen Vernunftbestimmtheit des irdischen Glückes und der Qualifizierung der Politik als artspezifische Tätigkeit der menschlichen Gattung (*operatio humane universitatis,* 1, 3; *finis universalis civilitatis humani generis* 1, 1) folgerte Dante die Selbständigkeit der politischen Ordnung. Vgl. statt vieler *Vinay*, Interpretazione della „Monarchia" di Dante, Lectura Dantis Scaligera, 1962; *Chevenal*, Die Rezeption der Monarchia Dantes bis zur Editio Princeps im Jahre 1559, Metamorphosen eines philosophischen Werkes, 1995.

Erasmus entschieden abgelehnt. Die noch vom Cusaner beschworene kirchenpolitische Übereinstimmung (*concordia*) – sowohl zwischen Konzil und Papst als auch zwischen lateinischer Christenheit und griechischer Orthodoxie – als Gegenstand der kaiserlichen Kirchenvogtei war nicht mehr erreichbar. Bereits das Avignoneser Papsttum (1309–1377; 1378–1417) hatte den kurialen Weltherrschaftsanspruch konterkariert, und die Verfassungskämpfe um die Stellvertretung der und um die höchste Autorität in der Kirche markierten ebenso wie die Nationengliederung der Reformkonzilien in Konstanz (1414–1418) und Basel (1431–1449) die beginnende Kirchenhoheit der sich „national" konsolidierenden Monarchien (z. B. das Konkordat von Bologna 1516 für die französische Krone). Das von der hussitischen Reformbewegung erzwungene Engagement in Böhmen verstärkte noch die zeitgenössische Wahrnehmung der innerkirchlichen Kräfteverschiebungen zugunsten sich konsolidierender Nationalkirchen.

Bei Erscheinen des Weltgerichtsspiels 1512 stand dem Reich das allgemein sichtbare Ende des kaiserlichen Universalanspruchs (*Plus oultre* als persönliches Motto Karls V.) gerade noch bevor: Die reichsständische Verweigerung der Reichsacht gegen Luther 1521 hatte dem kaiserlichen Schutzanspruch für die Einheit des Christentums eine Niederlage versetzt, von der er sich nicht mehr erholen konnte. Selbst der Sieg der Kaiserlichen gegen den Schmalkadischen Bund 1547 bei Mühlberg an der Elbe ließ eine Rückgewinnung kirchenvogteilicher Schlichtungskompetenz der Religionsfrage nicht mehr zu.[70] Mit dem Scheitern des Augsburger Interims 1548 war jede monarchische Befriedung des Religionskonflikts diskreditiert, ungeachtet der Glorifizierung des Kaisers im Reiterportrait von Tizian (1548)[71] oder des Rubikon-Elbe-Vergleichs im kastilischen Kommentar zum Schmalkaldischen Krieg (*Comentario de la guerra de Alemaña*[72]). Die reichsständische Kirchenhoheit (*ius reformandi, ius emigrandi*) ließ sich nicht mehr verhindern. Zudem setzten der osmanische Sieg in Mohacs 1526, die Rivalität mit Frankreich, widerspenstige Provinzlandtage in den Habsburger Erblanden und der spanische Aufstand der *comuneros* (*Guerra de las Comunidades de Castilla*) sowie die Versklavung der südamerikanischen Indigenen[73] den universalmonarchischen

[70] § 4 Abschied des Reichs-Tags zu Speyer, Anno 1526. aufgerichtet. mit dem Hinweis, dass das Edikt zu Worms „unterdessen zu halten, wie es vor Gott zu verantworten." Zweyter Theil derer Reichs-Abschiede von dem Jahr 1495. bis auf das Jahr 1551. inclusive, in: Heinrich Christian von Senckenberg/Johann Jacob Schmauß (Hrsg.), Neue und vollständigere Sammlung der Reichs-Abschiede, Welche von den Zeiten Kayser Conrads des II. bis jetzo, auf den Teutschen Reichs-Tägen abgefasset worden: sammt den wichtigsten Reichs-Schlüssen, so auf dem noch fürwährenden Reichs-Tage zur Richtigkeit gekommen sind: In Vier Theilen, 1747, ND 1967, 274.

[71] Prado, Madrid. Vgl. auch das Tizian-Porträt im Bestand der Alten Pinakothek München.

[72] *Luis Avila y Zuñiga* (katalanischer Hofhistoriograph), Comentario de la guerra de Alemaña, Auszug, betreffend Juni 1546 bis April 1547, in: Kohler (Hrsg.), Quellen zur Geschichte Karls V., Ausgewählte Quellen zur deutschen Geschichte der Neuzeit, Bd. 15, 1990, Nr. 92, 355–362, 360.

[73] Mit den *Leyes Nuevas* (1542) versuchte Karl V, auch unter Einfluss von Bartolomé de las Casas der Versklavung zwar entgegenzuwirken; bereits nach drei Jahren wurden diese sog. neuen Gesetze aber widerrufen, da sie den kolonialen Gegebenheiten und dem Goldbedürfnis der spanischen Krone widersprachen.

Ambitionen des Kaisers zu. 1540 sollte er einen Aufstand in seiner Geburtsstadt Ghent gewaltsam niederschlagen müssen. Die mittelalterliche *Reichsgemeinschaft* zwischen Reichsfürsten und Kaiser war endgültig vorbei.[74] Auch die Gesamtheit der Reichsfürsten konnte nicht mehr die Ehre des Reiches (*honor imperii*) vertreten. Weniger aus machiavellistischer Emanzipation von Transzendenz, sondern aus empirischer Neugier auf öffentliche Angelegenheiten entdeckte der im 16. Jahrhundert wieder aufkommende Neo-Aristotelismus die aristotelische Grundlegung von Form und Materie als Beschreibung der frühneuzeitlichen „Einheit" von Staatsgewalt anstelle der früheren zahlreichen mittelalterlichen Herrschaftsrechte. Die aristotelische innere Zielgerichtetheit des Primären und der logische Vorrang des Ganzen trafen auf die frühneuzeitliche Neugier, den Staat als singulären Bezugspunkt zu erklären.[75] Dementsprechend formulierte die Staatsräson (*ragione di Stato, razón de Estado, raison d'E(s)tat, ratio status*)[76] eine „Vorrangregel, [… nach der] die (wirklichen oder vermeintlichen) Interessen des Staates Vorrang vor allen anderen [widerstreitenden] Interessen haben […]".[77] Der naturwissenschaftlichen Neugier der Renaissance vergleichbar entstand ein außerrechtliches (praktisch-philosophisches) Interesse an der Politik: Sollte die Behandlung von Häretikern am Maßstab von Religion und Moral gemessen werden?

Mit der Entscheidungsfreiheit (*arbitrium*) des Menschen, sich so zu schaffen und zu gestalten, korrespondierte so ein aufkommendes empirisches Interesse am Staat an sich – von der konkreten Verfassung als *republica* oder *principato* abstrahiert. Vor diesem Hintergrund fällt die Gleichzeitigkeit des Tenglerschen Layenspiegels 1509/11 und Weltgerichtsspiel 1512 mit Machiavellis *Il Principe* 1513[78] und Morus' *Utopia* 1516[79] ins Auge. Die autonome Legitimation des Staates (*il stato*) als öffent-

---

[74] Noch im 13. Jahrhundert hatte Reinmar von Zweter das Reich als eine dem Kaiser durch Pflichten und Rechte objektivierte *Reichsgemeinschaft* erklärt, gebildet durch die Gruppe der Fürsten: „*daz rîche dast des keisers niht, er ist sîn phleger unt sîn vogt.*" Zitiert nach Roethe (Hrsg.), Die Gedichte Reinmars von Zweter, 1887, ND 1966, Sprüche Nr. 146, S. 484.

[75] Vgl. auch *Firpo*, Le origini dell' anti-machiavellismo, in: ders., Scritti sul pensiero politico del Rinascimento e della Controriforma, 2005, 24–56; vgl. *Villari*, Niccolò Machiavelli e i suoi tempi illustrati con nuovi documenti, 1913, Bd. II, Gutenberg e-book-Machiavelli, abgerufen am 30.04.2024.

[76] Der historische englische Verfassungsdiskurs kennt aufgrund der juristischen Sekunde Null der Landnahme 1066 durch die Monarchie (dem einzigen rechtlichen Eigentümer im Immobiliarsachenrecht) den Begriff „Staatsräson" nicht.

[77] *Stolleis*, Art. Staatsräson, in: Erler/Kaufmann (Hrsg.), Handwörterbuch zur deutschen Rechtsgeschichte, Bd. IV, 1990, Sp. 1826–1832, 1828 mit Zitat von *Quaritsch*, Staatsraison in Bodins ‚Republique', in: Schnur (Hrsg.), Staatsraison. Studien zur Geschichte eines politischen Begriffs, 1975, 43–65, 53; Stolleis, Sp. 1827: „Zugleich aber müssen wir hier die Anfänge einer empirisch fundierten politikwissenschaftlichen Analyse staatlicher Interessen suchen." Dies macht deutlich, dass die Staatsraison-Terminologie noch keine Frage der Rationalität des Staates *per se* war wie es im späteren 17. und 18. Jahrhundert der Fall sein sollte (dazu *Müßig*, Konflikt und Verfassung, in: dies., Konstitutionalismus und Verfassungskonflikt, Symposion für Dietmar Willoweit, 2006, 1–27).

[78] *Machiavelli*, Il Principe/Der Fürst, Italienisch-Deutsche Reclam-Ausgabe, hrsg. von P. Rippel, 1986.

[79] *Morus*, De optimo Reipublicae Statu deque nova insula Utopia Libellus vere aureus, nec

liche Machtausübung ohne Transzendenz (*Il Principe* 1513) erscheint wie ein Gegenstück zur Selbstsetzung des Menschen durch die Optionalität der eigenen Erfahrung. Politisches Handeln diente dem Machterhalt (*mantenere lo stato*), unabhängig von jeder transzendentalen Verantwortung.[80] Die machiavellistische Nutzung der Tugend (*virtù*)[81] als politische Energie im unberechenbaren Spiel der *Fortuna*[82] befreite nicht nur die (Macht-)Politik von moralischen Skrupeln,[83] sondern wurde auch als bewusste Abkehr von christlichem Tugenddenken verstanden. Gerechtigkeit und Barmherzigkeit konnten nicht mehr nur „Töchter Gottes" sein; umso dringender war für das Tenglersche Weltgerichtsspiel daher die Legitimation der Gerechtigkeit durch die Gerichtshoheit.

Auch experimentelles Denken über Politik wurde möglich, wie die zeitgleiche Veröffentlichung von Morus' *Utopia* 1516 zeigte. Die Erklärung des frühneuzeitlichen Aristotelismus als logisches und sprachliches Instrument zur „Vermessung" der Bezüge (Referenzpunkte) der öffentlichen Angelegenheiten wird durch Machiavelli und Morus, aber auch durch das (innovative) Interesse Bodins an der Erklärung der Souveränität als oberste Gesetzgebung gestützt. Bodins antimonarchomachische Haltung könnte das Zusammentreffen der neuen Terminologie der Staatsräson mit seinen *Six livres de la République française* (1576) begünstigt haben: Politische Herrschaft ist nicht mehr die Summe von Partikularrechten („*Gerechtsame*"), sondern ein Produkt der Eigenart des Staates, „la souveraineté est chose indivisible".[84] Bodins einheitliche Herrschaftsterminologie, *République* genannt, will den Anspruch auf eine allumfassende flächendeckende politische Herr-

minus salutaris quam festivus (Von der besten Staatsverfassung und von der neuen Insel Utopia, ein wahrhaft goldenes Büchlein, so angenehm wie heiter), hrsg. von J. Starbatty, 2016. Der fiktive Dialog zwischen dem Ich-Erzähler Morus (nicht unbedingt identisch mit dem historischen Morus!), seinem Freund Peter Gilles aus Antwerpen und dem fremden Weltreisenden Raphael Hythlodaeus (= Schwätzer) soll letzteren als Berater eines Fürsten gewinnen. Raphael Hythlodaeus lehnt jedoch nicht nur die Fürstenberatung ab, sondern auch die Unterscheidung zwischen der gelehrten „philosophia scholastica" und der „philosophia civilior".

[80] *Machiavelli*, Il Principe / Der Fürst (Fn. 78), 18. Kapitel, 106.

[81] *„virtú"* (die ursprüngliche Schreibweise des Principe und der Discorsi) wird oft als virtù verbreitet und als bewusster Bruch mit christlichen Vorstellungen verstanden (*Peter Schröder*, Niccolo Machiavelli, Glossar, 2004, 160).

[82] „Ich möchte Fortunas Macht mit einem reißenden Strom vergleichen, der, wenn er wütend anschwillt, die Felder überflutet, Bäume und Häuser niederreißt, hier die Erde wegspült, um sie dort wegzuschwemmen: jeder flieht vor ihm, alles ist seiner Wirkung unterworfen, ohne Widerstand leisten zu können" (*Machiavelli*, Il Principe / Der Fürst [Fn. 78], 161, Z. 25).

[83] Die Ausdrücke „ehrenhafte Betrügereien (*frodi onorevoli*)" oder „glorreiche List (*scelleratezze gloriose*)" stammen jedoch nicht von Machiavelli selbst; sie scheinen vielmehr von der Kommentarliteratur geprägt worden zu sein (*Schröder*, Glossar [Fn. 81], 128 ff.).

[84] Wenn er geteilt wird, ist der Herrscher nicht souverän: *J. Bodin*, Les six Livres de la République avec l'Apologie de René Herpin, Zweiter Nachdruck der Ausgabe Paris 1583, Aalen: Scientia 1977, Buch I, Kap. 10 (Des vrayes marques de Souverainetè), S. 215: « les droits Royaux sont incessibles, inalienables [...] et s'il advient au Prince souverain de les communiquer au subiect, il fera de son serviteur son compagnon: en quoy faisant il ne sera plus souverain: car souverain (c'est à dire, celuy qui est par dessus tous les subiects) ne pourra convenir à celuy qui a faict de son subiect son compagnon. »

schaft definieren, die alle anderen konkurrierenden Rechte auf dem Territorium ausschließt oder absorbiert.

In diese Richtung scheint auch die Erweiterung der Sünder auf alle Stände, die geistlichen und die weltlichen, in Tenglers Adaption im „Schönen Büchlein vom Jüngsten Gericht“ 1512 zu gehen, anhand der sich sein Weltgerichtsspiel auch von den gängigen Weltgerichtschoreographien[85] unterscheidet. Die Unrevidierbarkeit des letztgültigen Urteils (am Jüngsten Tag) ist nicht nur das Ergebnis des Streitgesprächs der allegorischen Figuren Barmherzigkeit und Gerechtigkeit,[86] sondern dient in seinem Bezug auf die Gerichtshoheit, „damit [Gottes] Gerechtigkeit deutlich werde“ (9. Abschnitt, Zeile 341),[87] der Herrschaftslegitimation durch Gerichtshoheit. Dementsprechend ist die Mahnung an die Letztverantwortung vor dem Weltenrichter nicht nur eine transzendentale Folie für die individuelle Gewissensentscheidung, sondern auch eine Legitimationserzählung frühneuzeitlicher Staatlichkeit. Als solche ist sie nicht nur in der Bachkantate 168 präsent („Tue Rechnung! Donnerwort!“), sondern auch in den Cranach-Illustrationen reformatorischer Flugschriften[88] oder im gegenreformatorischen Bemühen, mittels Bilder, Statuen und Architektur einer zunehmend protestantischen (Bild-)Öffentlichkeit standzuhalten.[89]

Die Weltgerichtsikonographie eines Ulrich Tengler 1512 steht somit stellvertretend für die Individualisierung der Gewissensentscheidung ohne Beliebigkeit der Gerechtigkeitsstandards am Kreuzungspunkt von Renaissance, Reformation und Humanismus: Kraft seiner Entscheidungsfreiheit (und nicht mehr aus Angst vor Verdammnis; Argument: Bei van der Weyden fehlen die Teufel, ebenso wie auf den Holzschnitten im Layenspiegel und im Weltgerichtsspiel; anders noch bei Stefan Lochner oder Hans Memling) genügt der Mensch den nachvollziehbaren = rationalen Gerechtigkeitsstandards des Menschensohns. Die Akzentuierung der Menschwerdung Gottes in den zeitgenössischen Darstellungen des Weltenrichters (oft nackter Körper unter dem Mantel) scheint der Faszination der Renaissance für

---

[85] Zu den verschiedenen Spielredaktionen *Schulze*, Edition (Fn. 3), XV, XVII; *Trauden*, Gnade vor Recht? Untersuchungen zu den deutschsprachigen Weltgerichtsspielen des Mittelalters, 2000, 9–67.

[86] *Tengler*, 5. Akt Weltgerichtsspiel (Fn. 3), 146 ff.

[87] *Schulze*, Edition (Fn. 3), 148, 149.

[88] Im Weltgericht von Lucas Cranach thront der Weltenrichter über den Gerechten und Verdammten.

[89] Michelangelos Jüngstes Gericht liest sich im Angesicht des Protestantismus als Komposition katholischer Symbolik: Der Rosenkranz hilft beim Auferstehen aus dem Grab; Maria hat einen prominenten Platz an der Seite ihres Sohnes, und Märtyrerwerkzeuge werden in Verteidigungshaltung gegen das glühende Fegefeuer gerichtet. Ähnlich auch das gegenreformatorisch konzipierte Weltgericht (1617) von Peter Paul Rubens in Neuburg a. d. Donau, aus der Düsseldorfer Galerie heute Alte Pinakothek München, Inv. 890. Dazu auch *C. Harbison*, The Last Judgment in Sixteenth Century Northern Europe: A Study of the Relation between Art and Reformation, 1976, 226–238; *R. Kuhn*, Peter Paul Rubens: Das Große Jüngste Gericht für die Jesuitenkirche in Neuburg a. D. Ein Kunstwerk als Geschichtsdenkmal und als politische Tat, in: FG für Max Spindler zum 90. Geburtstag, 1984, 91–105.

die Subjektqualität des (moralisch autonomen, zumindest von überkommenen Autoritäten befreiten) Menschen Rechnung zu tragen.

Durch den Bezug der (strengen) Gerechtigkeit auf die Gerichtshoheit am Jüngsten Tag und auf die Endlichkeit der Begnadigungsmöglichkeit ist die Unbestimmtheit der Renaissancenatur (*natura indeterminata*) im Sinne Picos nur noch umso pointierter herausgestellt; würde die Barmherzigkeit vor dem Weltenrichter gegenüber der Gerechtigkeit durchdringen oder die Gnadenbitte Marias zugunsten der Sünder, wäre es unerheblich, was der Mensch aus seinem Leben gemacht hätte. So aber nimmt die Botschaft vom Gericht den Menschen in die Pflicht: Er kann diese Verantwortung nicht auf andere abwälzen oder sich auf Barmherzigkeit berufen. So wie der Layenspiegel 1509/11 den unmittelbaren Zugang zu Recht und Gericht ermöglichen will, will dies auch das Weltgerichtsspiel; dann zeugt die Vorstellung vom Weltgericht am Jüngsten Tag von einem unbedingten Ernstnehmen des Menschen und dessen, was er tut. In diesem Sinne ist das Gericht die konsequente Fortsetzung des Schöpfungshandelns: Gott nimmt den Menschen als sein (individuelles) Abbild ernst, und damit kann es vor dem Weltgericht keine allgemeine Begnadigung geben. Kernaussage des Weltgerichtsspiels ist damit die individuelle Ver-antwort-ung; der Sollensmaßstab für Tenglers Zeitgenossen ist nicht mehr durch die Amtskirche „bevormundet", die Vermittlung zwischen Himmel und Erde nicht mehr von Klerikern monopolisiert. Und kompensiert scheint leviathanische Kälte durch den Menschensohn als Weltenrichter!

V. Schluss: Mathematische Grenzen des frühneuzeitlichen *theatrum mundi*?

Ist die Unsterblichkeit der Seele a priori axiomatisch wie die Existenz von Primzahlen? Und lässt sich die Existenz Gottes wie die Summe der Innenwinkel in einem Dreieck beweisen? Zwischen Mathematik und Metaphysik/Philosophie bestehen erkenntnistheoretische Unterschiede, die die cartesischen Ideen[90] nivellie-

[90] Ebensowenig wie ein Dreieck ohne seine Grundeigenschaften gedacht werden kann, lässt sich Gott nicht ohne die Vollkommenheit seiner Natur denken. Während Gott für Descartes einzigartig unendlich ist, fehlt dem Menschen, selbst als denkende Substanz jede Vollkommenheit, die einem unendlichen Wesen eigen ist. Entgegen einer weitverbreiteten Meinung findet sich das berühmte „Je pense, donc je suis" nicht in Descartes, Discours de la méthode (1637), IV. partie (Preuves de l'Existence de Dieu et de l'Ame Humaine ou Fondements de la Métaphysique) no. 33, in: Œuvres de Descartes, Paris 1950, 37 (= Von der Methode des richtigen Vernunftgebrauchs und der wissenschaftlichen Forschung, übersetzt und hrsg. von L. Gäbe, 1960, 53). Man findet eine von Descartes autorisierte lateinische Übersetzung „*Ego cogito, ergo sum*" aus dem Französischen in: Specimina philosophiae: seu Dissertatio de Methodo, Amsterdam 1644, ND Lecce 1998, und zwar in der Teilabhandlung der zweiten Hälfte der Dissertatio de Methodo recte utendi ratione, et veritatem in scientiis investigandi, S. 30: „Ego cogito, ergo sum sive existo, adeo certam esse atque evidentem, ut nulla tam enormis dubitandi causa a Scepticis fingi possit, a qua illa non eximatur, credidi me tuto illam posse, ut primum ejus, quam quaerebam, Philosophiae fundamentum admittere."

ren, auch wenn sich der aus ihnen abgeleitete Rationalismus gegen den Relativismus des Mathematikers Blaise Pascal durchsetzt. Zahlen, Dreiecke und Kreise sind keine abstrakten Objekte in einem platonischen Ideenhimmel, die nicht begriffen werden können, die Unsterblichkeit der Seele oder die Existenz Gottes dagegen schon. Demgemäß ist es für den gläubigen Katholiken Pascal „der letzte Schritt der Vernunft [...], anzuerkennen, dass es eine Unendlichkeit von Dingen gibt, die sie übertreffen."[91] An die Stelle der ontologischen Kategorien der scholastischen Metaphysik treten bei Pascal daher nicht die Ideen (Descartes samt seines sich durch das „Ideen haben" selbstvergewissernden Individuums), sondern Wahrscheinlichkeiten: Es ist gleich wahrscheinlich, dass es Gott gibt, wie, dass es ihn nicht gibt; und die Gerechtigkeit hat die gleiche Wahrscheinlichkeit wie die Ungerechtigkeit; so gesehen ist das Nichts nicht mehr als das Sein.

Dabei sind die Menschen für Pascal unfrei, wetten zu müssen, oder in Pascals Metaphorik „alle Eier in einen Korb zu legen." „Sie sind eingeschifft",[92] ruft er seinen Zeitgenossen (im Frankreich Richelieus) zu; „schließlich sind wir alle immer schon im Leben eingeschifft und wissen, dass wir, wenn wir das Schiff verlassen, [...] für immer entweder ins Nichts oder in die Hände eines erzürnten Gottes fallen werden, ohne zu wissen, welcher dieser beiden Zustände"[93] möglich ist. Tenglers Widerstreit zwischen Barmherzigkeit und Gerechtigkeit wird in den Pensées zur „Logik des Herzens", welche „die Vernunft nicht kennt".[94] Aufgrund der existentiellen Unsicherheit des Menschen als „denkendes Schilfrohr" zeichnet sich die Barmherzigkeit = „Logik des Herzens" durch existentielles Fragen und Suchen aus, nicht durch rationale Gewissheiten. Dieser

> „Mangel an Evidenz und die daraus resultierende Ohnmacht der Wahrheit, [...] hat zur Folge, dass sich das Verhältnis zwischen Macht und Gerechtigkeit umkehrt: [...] Wenn die Gerechtigkeit die ihr eigene Macht verloren hat, muss man versuchen, die faktische Macht zu (ge-)rechtfertigen."[95]

In dieser Diktion, „die Macht zu rechtfertigen" schwingt die ganze Doppeldeutigkeit von „die Macht gerecht machen" bis „die Macht rechtfertigen", d.h. ihre Existenz rechtfertigbar machen, mit. Für Pascal trägt Gewalt immer den Stempel der

---

91 *Blaise Pascal,* Les « Pensées » de Port-Royal, Pleïade Edition, Œuvres complètes, hrsg. von Michel le Guern, Bd. II, Paris 2000, 604, Fragment 177, XIII (Soumission et Usage de la Raison) = Tourneur-Edition S. 232-1; Müßig, L'homme est visiblement fait pour penser (Fn. 44).

92 Tatsächlich würde man bei der Ansprache seiner Mitmenschen grammatikalisch an den Plural „embarqués" denken, doch Pascals Text bleibt im Singular.

93 *Pascal* (Fn. 91), 684, Fragment 398, Preuves de la Religion, Série III.

94 „Le cœur a son ordre, l'esprit a le sien, qui est par principe et démonstration. Le cœur en a un autre. On ne prouve pas qu'on doit être aimé en exposant d'ordre les causes de l'amour; cela serait ridicule." / „Das Herz hat seine Ordnung, der Geist hat die seine, die aus Prinzip und Beweis ist. Das Herz hat eine andere. Man beweist nicht, dass man geliebt werden soll, indem man die Ursachen der Liebe der Reihe nach darlegt; das wäre lächerlich." (*Pascal* [Fn. 91], 646 f., Fragment 280, XXIII (Preuves de Jésus-Christ) = Tourneur-Edition S. 276-1).

95 *Pascal* (Fn. 91), 565, Fragment 76, V (Raisons des Effets) = Tourneur, p. 188-2 = Brunschvicg-édition No. 299: Le « justifier la force » vibre dans toute l'ambiguïté de « rendre la force juste » à « justifier la force », c'est-à-dire rendre son existence justifiable.

„Notlösung [...], des Auswegs aus der drohenden Unordnung. [...] Die unaufhebbare Situation des Menschen rechtfertigt die Notwendigkeit von Gewalt im Allgemeinen."[96] Augustinisch anmutend – wie auch Luther – im Anklang an die Räuberbandenmetaphorik[97] ist damit die Monarchie für jeden empirisch interessierten und mathematisch geschulten Geist als Einheit „beobachtbar" und „wahrnehmbar", und zwar unabhängig konfessioneller Wahrheiten.

[96] *Pascal* (Fn. 91), 569, Fragment 87, V (Raisons des effets) = Edition Tourneur, p. 192-3.

[97] Auch wenn die augustinische Tradition mit der irdischen Sündhaftigkeit weltlicher Herrschaftsverbände rechnete, galten diese als von Gott eingesetzt, um die weltliche und göttliche Ordnung aufrechtzuerhalten (Staaten waren für Augustinus große Räuberbanden [De civitate 4, 4]; der Sündenfall hat die natürliche Beziehung zwischen Gott und Mensch zerstört, daher muss der Mensch im Staat [*civitas terrena*] als notwendiges Übel leben; Staaten waren aber doch gut, soweit sie nach Frieden und Gerechtigkeit strebten [De civitate 15, 4]). Daher war der Gehorsam gegenüber dem Herrscher religiöse Pflicht. Aus der für die augustinische Lehre zentralen „Erbsünde" = Erlösungsbedürftigkeit folgte die Ablehnung natürlicher menschlicher Autonomie und die Abhängigkeit von göttlicher Gnade sowie auch das Monopol der Kleriker über die Sakramente und über die Vermittlung zwischen Mensch und Gott.

Am Anfang war …

Rechtsphilosophische Überlegungen zur Rechtsentstehung

Joachim Lege

I. Was ist Recht?

Wie entsteht Recht? Die erste Antwort darauf fällt so juristisch aus, dass es schon peinlich ist: Das kommt darauf an, was man unter Recht versteht. Nun kann man den Begriff „Recht" wohl am besten im Sinn von Wittgensteins Familienähnlichkeiten[1] bestimmen als ein Phänomen, das in wechselnden Bestandteilen einige der folgenden Elemente enthält:[2] (1) Regeln in Gestalt von Wenn-dann-Sätzen (mit Luhmann: Konditionalprogramme); (2) Durchsetzung der Regel mit Hilfe von Zwang; (3) Entscheidung von Streitigkeiten (4) durch eine dritte Instanz, üblicherweise „Richter" genannt; (5) Anspruch darauf, dass diese Entscheidung richtig ist. Wie gesagt, nicht alles, was man „Recht" nennt, muss all diese Elemente enthalten – man denke an die Spiel- und Wettschulden, die man gerade nicht einklagen kann. Im Wesentlichen aber sind diese *big five* das, was das Recht zum Recht macht.

II. Wo und wie entsteht Recht?

Nicht geklärt ist allerdings, wie und wo ein solches Recht *entsteht*. Nun hat Dietmar Willoweit, den wir heute ehren, hinsichtlich dieses Wo und Wie ein ganzes Opus magnum[3] unter eine doppelte Dichotomie gestellt: innergesellschaftliche Rechtsbildung oder autoritative Rechtsetzung? Wir haben also zwei Gegensätze: Rechts*bildung* versus Recht*setzung*, *innergesellschaftlich* versus *autoritativ*. Zum ersten Gegensatz: Rechts*bildung* – das geschieht offenbar von selbst und spontan unter den Beteiligten, es entsteht eine spontane Ordnung. Recht*setzung*: Hier werden bewusst Regeln gesetzt, die vor allem für die anderen gelten, für die Rechtsunterworfenen.

---

[1] *Wittgenstein*, Philosophische Untersuchungen (englisch 1953, deutsch 1958), Nr. 66, 67, in der Werkausgabe Bd. 1, 1984, S. 277 f. Das Beispiel dort ist der Begriff „Spiel".

[2] Siehe auch schon, aber mit anderen Akzenten *Lege*, Recht als Kulturgut. Warum der Streit zwischen Rechtspositivismus und Naturrecht unfruchtbar ist, ARSP 2007, 21 (24–26).

[3] *Willoweit*, Rechtsdenken. Zwischen innergesellschaftlicher Rechtsbildung und hoheitlicher Rechtssetzung, 2024.

Damit zum zweiten Gegensatz: innergesellschaftlich versus autoritativ. Das erinnert zum einen an den Gegensatz von Staat und Gesellschaft, ohne den es, frei nach Böckenförde,[4] keine Freiheit gibt (während Konrad Hesse beides zu einem Gemeinwesen integrieren wollte[5]). Zum anderen denkt man an Eugen Ehrlich, der seine Rechtssoziologie in einem einzigen Satz so zusammengefasst hat: „der Schwerpunkt der Rechtsentwicklung liegt auch in unserer Zeit, wie zu allen Zeiten, weder in der Gesetzgebung noch in der Jurisprudenz oder in der Rechtsprechung, sondern in der Gesellschaft selbst."[6] Über Eugen Ehrlich werden wir heute noch mehr hören, so dass ich mich bei ihm an einem einzigen Wort festhalten will: Ehrlich spricht von Rechts*entwicklung*. Also ist die Frage nach dem Wo und Wie der Rechts*entstehung* nach wie vor ungeklärt. Schauen wir einmal, ob die Philosophie dazu etwas beisteuern kann.

III. Am Anfang war kein Recht: Platon und Hobbes

Wenn man wissen will, wie Recht entsteht, fragt man am besten, was denn vorher da war. Insofern gibt es zwei philosophische Klassiker, von denen der erste allerdings nicht gerade für diesen Teil seiner Lehre berühmt ist – gemeint ist Platon. Bei Platon entsteht der Staat, genauer die Polis, so harmonisch, dass es geradezu weh tut.[7] In der Ur-Polis gibt es vier oder fünf Männer, die herausfinden, dass jeder etwas anderes am besten kann, und so kommt es zur Arbeitsteilung: ein Bauer, ein Schuster, ein Schneider, ein Zimmermann. Erst wenn es mehr Menschen werden, kommen weitere Berufe hinzu: Viehzüchter, Werkzeugmacher. Wenn die Stadt dann noch weiter wächst, wenn sie daher nicht mehr alle Bedürfnisse der Bürger befriedigen kann, insbesondere nicht das Bedürfnis nach Luxus – erst dann entsteht das Bedürfnis nach einem Staatsapparat (Platon nennt ihn, wie Sie wissen, die Wächter). Denn: Eigentlich möchte man am liebsten die Nachbarpolis überfallen und sich dort holen, was man braucht, aber nicht selbst produzieren kann. Allerdings beruht dieser Wunsch auf Gegenseitigkeit, und eben deshalb braucht man jetzt Leute, die den Staat hauptberuflich vor dem Nachbarstaat beschützen (nebenbei: sowohl Männer als auch Frauen, aber das wissen Sie ja). Dies also ist die Entstehungsgeschichte der Polis, des Staates, und man kann sagen: Er entwickelt sich

---

[4] *Böckenförde*, Die Bedeutung der Unterscheidung von Staat und Gesellschaft im demokratischen Sozialstaat der Gegenwart (1972), in: ders., Staat – Gesellschaft – Freiheit, 1976, 185 (193).

[5] *Konrad Hesse*, Grundzüge des Verfassungsrechts der Bundesrepublik Deutschland, 20. Aufl., 1995, Rn. 17f.; das ist insoweit richtig, als neuzeitliche Verfassungen – nach Luhmann – die „strukturelle Kopplung" der Funktionssysteme „Recht" und „Politik" sind – innerhalb der „Gesellschaft der Gesellschaft".

[6] *Ehrlich*, Grundlegung der Soziologie des Rechts (1913), 5. Aufl., 2022, Vorrede, 21.

[7] *Platon*, Politeía (Der Staat) II 11–14 (368b-374d); meine Kommentierung: *Lege*, „Politeía". Ein Abenteuer mit Platon, 2. Aufl., 2023, 32–37.

von einer spontanen, innergesellschaftlichen Ordnung hin zu einem autoritativen System. Darin gibt es dann auch Ärzte und Richter.[8]

Behalten Sie die Geschichte bitte im Kopf, ich komme auf sie zurück. Zuvor aber zum zweiten großen Klassiker, zu Thomas Hobbes. Er ist ja die berühmteste Adresse für die Frage, was denn war, bevor das Recht da war. Seine Antwort: kein Recht. Sondern der von ihm so genannte Naturzustand, in dem – das ist das wichtigste – wir alle *gleich* sind.[9] Wir sind gleich im Hinblick auf unsere geistigen Fähigkeiten, denn niemand ist mit den seinen unzufrieden. Wir sind auch körperlich gleich insofern, als jeder jeden umbringen könnte – bei passender Gelegenheit. Deshalb ist der Naturzustand, Sie wissen es, der Krieg aller gegen alle (*bellum omnium contra omnes*). Fleiß lohnt sich daher nicht, die Ernte kann einem jederzeit mit Gewalt weggenommen werden, kurz: „das menschliche Leben ist einsam, armselig, ekelhaft, tierisch und kurz."[10] Besser wird es erst, wenn sich diese armselig-einsamen Kreaturen plötzlich[11] zu rationalen Wesen verwandeln und miteinander einen Vertrag schließen, in dem sie sich gemeinsam einer dritten Instanz unterwerfen: dem Souverän. Und sie autorisieren – autorisieren! – diesen Souverän sodann, in ihrem Namen, also als Stellvertreter, autoritativ Recht zu setzen – Recht, das es vorher eben überhaupt nicht gab. Kurz: Recht *entsteht* durch Unterwerfung unter eine Instanz, die – das ist die letzte kühne Volte – selbst an dieses Recht gerade nicht gebunden ist: *legibus solutus*.[12] (Kelsen sagt dazu dann Grundnorm.[13])

So weit die guten alten Geschichten. Treten wir aber nun noch einmal zurück, und fragen wir uns, was es denn bei Platon und bei Hobbes in dem Urzustand, in dem es noch kein Recht gab, *auch sonst nicht gab*. Die Antwort: Bei Platon gibt es in der idyllischen Ur-Polis offenbar keine Herrschaft, keine Macht, kurz: *keine*

---

8 *Platon* (Fn. 7), III 13–17 (404d–410a); *Lege* (Fn. 7), S. 36, 56–59.

9 *Hobbes*, Leviathan (1615), Kapitel 13, deutsch: 1984, 94–98.

10 *Hobbes* (Fn. 9), Kapitel 13, deutsch: S. 96.

11 Nun gut, nicht ganz plötzlich. Man versucht es vorher mit Verträgen (Kapitel 14), und es gibt „natürliche Gesetze" (ich sage immer: Klugheitsregeln) wie „Suche den Frieden und halte ihn ein" und „Wir sind befugt, uns […] zu verteidigen" (Kapitel 14, S. 100), sogar „Verträge sind zu halten" oder „Niemand soll durch Tat, Wort oder Miene […] Hass (!) oder Verachtung zum Ausdruck bringen" (Kapitel 15, S. 110, 117). Aber das reicht nicht aus, denn „die natürlichen Gesetze wie *Gerechtigkeit, Billigkeit, Bescheidenheit, Dankbarkeit*, kurz, das Gesetz, *andere so zu behandeln, wie wir selbst behandelt werden wollen*, sind an sich, ohne die Furcht vor einer Macht, die ihre Befolgung veranlasst, unseren natürlichen Leidenschaften entgegengesetzt, die uns zu Parteilichkeit, Hochmut, Rachsucht und Ähnlichem verleiten" (Kapitel 17, S. 131). – Man sieht es ja auch aktuell im Internet: Der Naturzustand ist überall.

12 *Hobbes* (Fn. 9), Kapitel 17 und 18; der Begriff Absolutismus kommt von dort.

13 *Kelsen*, Reine Rechtslehre, 1934, 66 f., zitiert nach der Studienausgabe, 2008. – Die Intervention von Horst Dreier gibt mir Gelegenheit zu betonen: Natürlich sind die Erzählungen von Hobbes und auch Platon keine historischen Erzählungen, keine Darstellungen, „wie es wirklich gewesen ist". Es sind Gedankenmodelle, die nach den Voraus-Setzungen fragen, unter denen wir von so etwas wie Recht sprechen dürfen – in einem ungeregelten Markt eben noch nicht! Und Voraus-Setzung: Eben das ist bei Kelsen die Grundnorm: Du sollst dem verfassungsmäßig zustande gekommenen Recht gehorchen. Basta. Sie ist, wie er sagt, „nicht gesetzt, sondern […] vorausgesetzt".

Politik. Der Markt regelt alles von allein – Platon ist ein Ur-Liberaler![14] Und bei Hobbes? Bei Hobbes gibt es ganz offenbar *keine Wirtschaft* – keine friedliche Güterverteilung auf der Grundlage von Regeln, die der Handel selbst aushandelt. Klar, dass man dann einen starken Staat braucht, um Recht zu setzen.

IV. Am Anfang war die Freiheit: Hegel

Fassen wir noch einmal zusammen: Bevor es Recht gab, gab es bei Platon keine Herrschaft, keine Politik; und bei Hobbes keine Wirtschaft, keine Märkte. Beides ist, wenn man ehrlich ist, ziemlich unrealistisch. Vielleicht muss man das Problem der Rechtsentstehung daher, philosophisch betrachtet, anders angehen: geistiger, abstrakter. Da ist die beste Adresse dann wohl Hegel. Er konstruiert aus einer abstrakten *Idee* des Rechts[15] ein System, in dem sowohl – um auf Willoweit zurückzukommen – die innergesellschaftliche Rechts*bildung* als auch die autoritative Recht*setzung* ihren Platz finden – dazu sogleich mehr. Den Ausgangspunkt dieses Systems aber bildet die *Freiheit*. Hegel schreibt:

> „Der Boden des Rechts überhaupt ist das *Geistige* und seine nähere Stelle und Ausgangspunkt der *Wille*, welcher *frei* ist, so dass die Freiheit seine Substanz und Bestimmung ausmacht und das Rechtssystem das Reich der verwirklichten Freiheit, die Welt des Geistes aus ihm selbst hervorgebracht, als eine zweite Natur, ist.“[16]

Von dort aus konstruiert Hegel in mehreren Dreischritten, wie Recht entsteht und wie es sich zu einem vernünftigen System entwickelt („verwirklicht“). Der erste Dreischritt trägt die Überschrift „Das abstrakte Recht“, und er entfaltet, was geschieht, wenn mehrere Freiheiten aufeinandertreffen. Dann ist der erste rechtliche Schritt das Eigentum: „Eh, das ist meins!“ (Nebenbei: Ich würde Eigentum hier mit Locke ganz weit verstehen als das Eigentum – *property* – an *life, liberty, estate.*[17] Auch mein Körper gehört mir.) Wie aber nun, wenn andere meinen, mein Körper oder mein Porsche sollte ihnen gehören? Dann gibt es in diesem Dreischritt des abstrakten Rechts zwei Möglichkeiten: Vertrag – ich verkaufe den Porsche; oder aber, wie Hegel es nennt: Unrecht – man stiehlt ihn mir. Das ist nichts anderes als die zivilrechtliche Unterscheidung von Vertrag und Delikt.[18] Sie krönt, sozusagen, das abstrakte Recht.

---

[14] Trotzdem hält er gleich darauf nicht viel vom Markt: *Lege*, Platon und die heutige Staatsphilosophie. Ein aggiornamento, in: Informationes Theologiae Europae 20 (2016), 107 (108 f.).

[15] *Hegel*, Grundlinien der Philosophie des Rechts (1821), Werke 7, 1970, § 1: „Die philosophische Rechtswissenschaft hat die *Idee des Rechts*, den Begriff des Rechts und dessen Verwirklichung zum Gegenstand“ (Hervorhebung im Original).

[16] *Hegel* (Fn. 15), § 4.

[17] *Locke*, The Second Treatise of Government (1690), deutsch: Über die Regierung, 1974, Kapitel VII Abschnitt 97.

[18] Sie findet sich in der Sache schon bei *Aristoteles*, Nikomachische Ethik, Buch V: Man muss im Rahmen der sogenannten ausgleichenden Gerechtigkeit, das ist die Gerechtigkeit in Gegensei-

Die Strafrechtler kommen dann in Hegels zweitem Dreischritt auf ihre Kosten, er ist überschrieben mit „Die Moralität". Man kann sich zum Unrecht nämlich so oder anders verhalten, deshalb lauten die drei Unterschritte: „Der Vorsatz und die Schuld", „Die Absicht und das Wohl", „Das Gute und das Gewissen". Das will ich nicht näher ausführen. Denn – aber das wusste auch schon Platon: Mit Moralität und gutem Willen allein lässt sich kein Staat und kein Recht machen. Vielmehr braucht es, so kann man Hegel gut übersetzen, vernünftige Institutionen.[19] Das ist dann der dritte Dreischritt, überschrieben mit „Die Sittlichkeit", unterteilt in die drei Unterschritte „Die Familie", „Die bürgerliche Gesellschaft" und „Der Staat" – dieser verstanden als gewaltenteiliger Verfassungsstaat. In ihm vollendet sich das, woraus das Recht *entsteht*, nämlich die Freiheit der Einzelnen, auf einer höheren Ebene in Gestalt der Freiheit aller. Dort ist die Freiheit, wenn ein Hegel-Kalauer erlaubt ist, „gut aufgehoben".[20] (Nebenbei: Ich sage immer: Der beste Zugang zu Hegel ist die Liebesehe.[21] Erst der moderne Staat befreit zwei freie Menschen zu einer Ehe aus freien Stücken – ohne Rücksicht auf ihren Stand.)

Die letzte Pointe ist dann allerdings – dies wieder mit Blick auf Willoweit –: Auch Hegel trifft in seinem System die Unterscheidung von innergesellschaftlicher Rechts*bildung* und autoritativer Recht*setzung*. Deshalb taucht die Rechtspflege bei ihm gleich zweimal auf: das erste Mal in der von ihm so bezeichneten bürgerlichen Gesellschaft – ich übersetze das einmal mit Privatwirtschaft. Dort gibt es zwar auch schon, Willoweit möge verzeihen, Gesetze, d.h. autoritative Rechtstexte. Aber diese Gesetze sind nur dazu da, den Schutz des Eigentums durch die Rechtspflege zu gewährleisten.[22] Und Hegel macht sich zwar schon Gedanken über die Qualität der Gesetze: Man sollte sie in einer geordneten Sammlung zusammenfassen, einer Sammlung wie dem Corpus Iuris Civilis oder dem preußischen Landrecht, zudem sollten sie verständlich auch für Nicht-Juristen sein (man muss nicht Schumacher sein, um zu wissen, ob die Schuhe passen).[23] Und doch ist dies letztlich ein Recht *der* Privatwirtschaft *für* die Privatwirtschaft – mit der Folge, dass die Reichen mit ihrem Eigentum immer reicher und die Armen immer ärmer werden – das hat Hegel, wie Sie wissen, schon lange vor Marx eindrücklich beschrieben. Und der Staat? Er ist nicht mehr als ein Not- und Verstandesstaat,[24] der

---

tigkeitsverhältnissen (*synallágmata*), deren zwei unterscheiden: die freiwilligen (*hekōn*) und die unfreiwilligen (*ákōn*).

[19] *Lübbe-Wolff*, Recht und Moral im Umweltschutz. Würzburger Vorträge zur Rechtsphilosophie, Rechtstheorie und Rechtssoziologie, Heft 23, 1999, 34.

[20] „Aufheben" hat bei Hegel die drei Bedeutungen: beenden, aufbewahren, emporheben. Siehe etwa *Hegel*, Phänomenologie des Geistes (1807), Werke 3, 1970, A II, 93–107; *ders.*, Wissenschaft der Logik I (1812), Werke 5, 1969, 133–115.

[21] *Hegel* (Fn. 15), § 161 (Liebe) und vor allem § 172: Die Ehe konstituiert eine neue Familie, die der Blutsverwandtschaft – also den Clans – vorgeht.

[22] *Hegel* (Fn. 15), § 208.

[23] *Hegel* (Fn. 15), § 215.

[24] *Hegel* (Fn. 15), § 183.

ein wenig hilflos dabei zuschaut, wie alle dieselbe Freiheit haben, unter den Brücken zu schlafen.[25]

Der Schritt von einer innergesellschaftlichen Rechts*bildung*, die der Staat bloß absegnet, hin zu einer wirklich autoritativen Recht*setzung* gelingt daher erst im sittlichen Staat, gemeint: Verfassungsstaat – Hegel als Schwabe hatte dabei natürlich die Württembergische Verfassung von 1819 vor Augen. Hegels Verfassungsmodell entwickelt dann eine etwas eigenartige Konzeption von Gewaltenteilung. Die drei Gewalten sind bei ihm der Monarch (die „fürstliche Gewalt"), sodann die „Regierungsgewalt" (sagen wir also: die Exekutive), schließlich die „gesetzgebende Gewalt". Und wo bleibt da die Judikative? Nun, sie wird teils emporgehoben, teils erniedrigt zu einem der beiden Teile der staatlichen Exekutive – und kann als solche endlich *autoritativ* in die Gesellschaft hineinregieren. In Hegels Worten: Die Judikative wird zu einem Teil der

> „*Regierungsgewalt* [...], worunter ebenso die *richterlichen* und *polizeilichen* Gewalten begriffen sind [„Polizei" hier gleich „öffentliche Verwaltung"], welche unmittelbarer auf das Besondere der bürgerlichen Gesellschaft Beziehung haben [dies „Besondere" sind die Einzelnen!] und das allgemeine Interesse in diesen Zwecken geltend machen."[26]

Und *wie* machen die Regierungsgewalten das allgemeine Interesse geltend? Hegel sagt tatsächlich: durch Subsumtion! Und meint damit vor allem: Subsumtion unter die „vorhandenen Gesetze".[27] Und diese Gesetze haben im sittlichen Staat eben das Allgemeine im Sinn.[28]

V. Am Anfang war der Streit: Luhmann

Man wird Hegel für unsere Zwecke vielleicht so zusammenfassen dürfen: Wie und wodurch Recht entsteht – immer wieder entsteht –, das hängt ab von der Struktur der Gesellschaft. Eine Gesellschaft, die zu ihrem Ausgangspunkt die *Freiheit* nimmt, kann paradoxerweise gerade nicht allein auf Selbstregulierung setzen – ich sage immer: Ein Markt ist erst dann ein Markt, wenn er sich *nicht* selbst reguliert, sondern wenn es einen Marktveranstalter gibt, der die Regeln setzt (das kann, muss aber nicht der Staat sein).[29] Die innergesellschaftliche Rechts*bildung* muss

---

[25] Deshalb ist der Schritt zum „sittlichen" Staat denn auch, dies einmal entgegen *Willoweit* (Fn. 3), 198, nicht nur eine *staats*philosophische Frage, sondern auch eine Frage der *Rechts*philosophie: Ohne den modernen Verfassungsstaat keine Freiheit, wie wir sie verstehen (siehe auch bei Fußn. 21). – „Sittlich" übersetzt man heute am besten wohl mit: „an einer Wertordnung orientiert".

[26] *Hegel* (Fn. 15), § 287.

[27] *Hegel* (Fn. 15), § 287. Dies gilt übrigens nicht nur für die Judikative, sondern auch für die „Polizei", so dass man dies durchaus als die Gesetzesbindung der Verwaltung verstehen kann.

[28] *Hegel* (Fn. 15), § 298: „Die gesetzgebende Gewalt betrifft die Gesetze als solche [...] und die ihrem Inhalte nach ganz allgemeinen inneren Angelegenheiten."

[29] Siehe zum Beispiel *Lege*, „Markt oder Staat?" Über eine schiefe, ideologische Alternative, in: Belser/Waldmann (Hrsg.), Festschrift für Peter Hänni zum 60. Geburtstag, 2015, 339–350.

also durch hoheitlich-autoritative Recht*setzung* gebändigt[30] werden, sonst wird Recht zu Unrecht – jetzt kommen auch die Öffentlichrechtler auf ihre Kosten.

Aber wie ist es nun in Gesellschaften, in denen die individuelle Freiheit nicht das A und O der Rechtsentstehung bildet? Gibt es dort dann überhaupt Recht? Erinnern wir uns an die *big five*, an die fünf Elemente, die in der Großfamilie namens „Recht" mal mehr, mal weniger auftauchen, dann haben wir drei von ihnen schon mehrfach angetroffen: (Nummer 1) die Gesetze als Regeln in Gestalt von Wenn-dann-Sätzen, (Nummer 2) eine Macht, die sie durchsetzt – man denke auch an Kant: Das Recht „ist mit der Befugnis zu zwingen verbunden",[31] (Nummer 4) Richter und Gerichte, die Recht sprechen, sei es „innergesellschaftlich" oder staatlich-„autoritativ" (Hegel). Aber warum gibt es eigentlich diese *Regeln*? Nun, sagen wir es etwas flapsig in Anlehnung an Hobbes: weil die Menschen sonst nicht wüssten, was sich gehört. Oder genauer: wenn und weil die Menschen unterschiedlicher Meinung darüber sind, was sich gehört. Da meinen manche Leute doch wirklich, es hätte gegen Spanien eine Handelfmeter geben müssen.[32] Völlig daneben.

Vielleicht ist also wirklich dies bei der Entstehung von Recht der entscheidende Punkt: der Unterschied von streitig und unstreitig – Luhmann sagt: von streitigen und unstreitigen *Enttäuschungen* (das hängt mit seinem Begriff der Norm zusammen[33]), ich würde sagen: von streitigen und unstreitigen *Verhaltensregeln* (auf deren Einhaltung man vertraut). „Die Evolution des Rechts", sagt Luhmann,

> „beruht auf jener, zunächst kaum wahrnehmbaren Unterscheidung von unstreitigen und streitigen Enttäuschungsfällen. Denn nur wenn Konflikte verbalisiert werden, wenn Störer sich verteidigen, Anerkennung für Ausnahmelagen zu erreichen versuchen oder gar eigene Rechte behaupten, kann eine Beobachtung zweiter Ordnung entstehen, weil nur dann man entscheiden muss, wer im Recht und wer im Unrecht ist."[34]

Das ist, wie man sieht, das nächste und wohl zentrale Element bei der Entstehung von Recht: (Nummer 3) die Entscheidung von streitigen Fällen. Vielleicht kann man sogar sagen: Die Initialzündung für die Entstehung von Recht, wie wir es verstehen, ist der *Streit* über die Richtigkeit von Regeln und/oder deren Anwendung. Und – das ist nicht minder wichtig – die Entdeckung, dass dieser Streit *entschieden* werden kann. Aber *wie* soll man ihn entscheiden? Gut, würfeln ist eine Lösung, Abstimmungen eine andere, Gottesurteile eine dritte. Aber überzeugt uns das auch intellektuell?

---

[30] Heute heißt es im Politiker-Sprech (dem manche Juristen folgen) häufig „eingehegt". Das klingt waidmännisch-mild, trotzdem bleibt ein Gehege ein Zaun.

[31] *Kant*, Die Metaphysik der Sitten (1997), Einleitung in die Rechtslehre § D, zitiert nach der Werkausgabe Band VIII, 1977.

[32] Im Viertelfinalspiel Deutschland gegen Spanien bei der Fußball-Europameisterschaft 2024.

[33] *Luhmann*, Soziale Systeme, 1984 (das Jahr ist sicher kein Zufall, ebensowenig wie die Bandnummer in der Reihe stw – suhrkamp taschenbuch wissenschaft –, sie lautet: 666), 436 f.: „Lernbereite Erwartungen werden als *Kognitionen* stilisiert. […] Dagegen werden lernunwillige Erwartungen als *Normen* stilisiert."

[34] *Luhmann*, Das Recht der Gesellschaft, 1993, S. 260.

VI. Am Anfang war Methode: die antike Gerichtsrhetorik

Damit sind wir beim fünften Element des Begriffs „Recht“: (5) Anspruch, dass die Entscheidung eines streitigen Falls richtig ist, genauer: sachlich richtig.[35] So dass ihr jeder vernünftige Mensch (und sogar der liebe Gott) zustimmen müsste. Wie lässt sich dies erreichen?

Wir haben gesagt: Es gibt in der Großfamilie „Recht“ viele Spielarten. Wir sollten nun daran denken, dass es auch sehr viele Kulturkreise gibt – und vermutlich denken und fühlen die Menschen nicht in allen von ihnen so wie wir. Allerdings glaube ich, dass es überall, wo es Menschen gibt, auch Recht gibt, also den zumindest gelegentlichen Versuch, einen Streit über Verhaltensregeln nach sachlichen Kriterien zu entscheiden – ein solches Kriterium wäre etwa, mit Willoweit, das Prinzip der Reziprozität, des Handelns auf Gegenseitigkeit.[36] Recht gibt es immer schon, wo Menschen sind, weil Menschen schon immer über Regeln gestritten haben – rational gestritten, d.h. mit der Frage nach einem rechtfertigenden Grund (lateinisch *rationem reddere*). Nichtsdestoweniger ist das, was jetzt folgt, nicht mehr als ein *Beispiel* für die Art, in der man sich im Recht sachlich um die Richtigkeit des Rechts streitet. Ich meine die antike Gerichtsrhetorik.[37]

Die antike Rhetorik ist, das muss man immer wieder betonen, entstanden als Gerichtsrhetorik – nicht etwa als Anleitung zu Populismus oder Poesie.[38] Historischer Hintergrund: Nach gängiger Erzählung war im 5. Jahrhundert v. Chr. auf Sizilien, genauer: in der griechischen Kolonie Syrakus, der Tyrann Thrasybulos gestürzt worden. Thrasybulos hatte während seiner Herrschaft eine ganze Reihe von Gegnern vertrieben und/oder enteignet. Jedenfalls gab es nun in großem Umfang Streit um die Rückgabe von Eigentum. Um weiteres Blutvergießen zu vermeiden, kam man offenbar überein, die „offenen Vermögensfragen“ mit rationalen Argumenten zu klären, und zwar in Rede und Gegenrede. *Dies* war die Geburt der Rhetorik: Sie verhalf dazu, emotional hochbesetzte Themen einer *sachlichen* Auseinandersetzung zuzuführen[39] – was ganz im Gegensatz steht zum heutigen Vorurteil gegenüber der Rhetorik.

---

[35] Zur Frage, in welchem Sinn man von rechtlicher und juristischer Richtigkeit sprechen kann, jetzt *Lege*, Kritik der juristischen Vernunft. Zugleich eine Neue Juristische Methodenlehre (NJML), 2025, § 30 (zur Richtigkeit) und § 33 II (zu Vertretbarkeit und Gelungenheit). Bereits hier: Es sind „regulative Ideen“ im Sinne Kants (die man heute aber besser „regulative Ideale“ nennt, denn sie sind nur annäherungsweise zu erreichen).

[36] *Willoweit* (Fn. 15), 32 und dann durchgehend.

[37] Dazu *Lege* (Fn. 35), § 2. – Nach wie vor die wohl umfassendste systematische Darstellung aus allen Quellen: *Josef Martin*, Antike Rhetorik, 1974.

[38] Großartige und dabei knappe Einführung: *Manfred Fuhrmann*, Die antike Rhetorik, 6. Aufl., 2011, insb. 103–113 (zur Statuslehre). Nebenbei: Fuhrmann hat auch Rechtswissenschaft studiert, u.a. bei Franz Wieacker, und war sogar eine Weile dessen Assistent (1953–1956).

[39] Siehe *Katharina Sobota*, Sachlichkeit, Rhetorische Kunst der Juristen, 1990 – das Buch ist viel zu wenig bekannt. Nebenbei: Sobota ist die heutige *Katharina Gräfin von Schlieffen*, und sie ist die Hauptvertreterin der „Juristischen Rhetorik“ als seriöser akademischer Disziplin.

Aber *wie* hat die Rhetorik dies – eine sachliche Auseinandersetzung – ermöglicht? Nun, sie hat unter anderem das entwickelt, womit sich die Juristen bis heute ihre Arbeit teils erleichtern, teils erschweren, nämlich „Schemata", genauer: Prüfschemata, mit denen man wie ein Heizungsinspekteur an einen streitigen Fall herangeht.[40] Die Einzelpunkte, die in diesen Schemata abzuarbeiten waren, nannte man im Griechischen *stásis*, auf Latein *status* – vielleicht ist es kein Zufall, dass man in Deutschland bis heute bei der zivilgerichtlichen Aufbereitung eines Falls von „Stationen" spricht (Klägerstation, Beklagtenstation, Beweisstation etc.). Wie auch immer: In der antiken Rhetorik gab es eine sogenannte Statuslehre, genauer gesagt zwei, nämlich die *statūs rationales* und die *statūs legales*.[41]

In den *statūs rationales* ging es darum, den Fall tatsächlich und rechtlich einzuordnen. Insofern gab es vier *statūs*: Im *status coniecturalis* wurde gefragt, ob der Täter die Tat wirklich so begangen hatte, wie man es ihm vorwirft. Hat er wirklich im Tempelbezirk eine fremde Goldmünze an sich genommen? Im *status definitionis* wurde gefragt, welcher Tatbestand dadurch erfüllt wurde – schlichter Diebstahl oder sogar ein Religionsdelikt (*furtum* oder *sacrilegium*)? Im *status qualitatis* wurde gefragt, wie die Tat insgesamt zu bewerten ist – hat der Täter z.B. gedacht, die Münze gehört ihm, er hätte sie nur verloren? Der *status translationis* fragt schließlich nach dem zuständigen Gericht – wahrscheinlich sind für Diebstahl und Tempelschändung unterschiedliche Richter zuständig. Ich muss in diesem Kreis wohl nicht näher ausführen, wie sehr dies dem heutigen Prüfschema im Strafrecht ähnelt.[42]

Auch die zweite Statuslehre wird uns bekannt vorkommen: die *statūs legales*. Sie fragen danach, wie ein Gesetz, lateinisch *lex*, zu interpretieren ist. Allerdings muss man gleich betonen: Gemeint sind nicht nur staatliche Gesetze, sondern alle autoritativen Texte, z.B. auch Testamente. Im Einzelnen sind es dann wieder vier *statūs*: Der status *scriptum et voluntas* fragt, ob das, was sich aus dem Wortlaut ergibt, wirklich dem Willen des Gesetzes entspricht. Das Gesetz sagt: Jeder Ausländer, der die Stadtmauer betritt, ist mit dem Tod zu bestrafen. Bei einem Angriff der Nachbarstadt beteiligt sich ein Ausländer heldenhaft an der Verteidigung – von der Stadtmauer aus. Dessen Tod kann das Gesetz nicht gewollt haben. Der status *leges contrariae* thematisiert sich widersprechende Texte: Ein erstes Gesetz schreibt vor, dass demjenigen, der einen Tyrannen tötet, im *gymnásion* ein Standbild gewidmet werden soll. Das zweite Gesetz schreibt vor, dass es im *gymnásion* – das sind die städtischen Sportanlagen – keine Standbilder von Frauen geben soll. Wie verfährt man mit einer Tyrannenmörderin? Nächster status: *ambiguitas* – der Text ist doppeldeutig. Im Testament heißt es, der Erblasser wolle *inculto loco* begraben werden. Ist das nun ein geweihter Ort (*in culto*) oder ein nicht kultivierter

---

40 Zu diesen „Schemata" *Lege* (Fn. 35), § 23.

41 Auch dazu *Lege* (Fn. 35), § 2 Rn. 8–18.

42 Klassisch *Horak*, Die rhetorische Statuslehre und der moderne Aufbau des Verbrechensbegriffs, in: Horak/Waldstein (Hrsg.), Festgabe für Arnold Herdlitczka zum 75. Geburtstag, 1972, 121–142.

(*inculto*)? Letzter status: *syllogismus* oder auch *ratiocinatio* – analoge Anwendung eines Gesetzes. Das Gesetz sieht für Vatermord eine bestimmte Strafe vor, gilt dies dann auch für einen Muttermord?

Meine Damen und Herren: Das Thema dieses Vortrags lautet „Rechtsphilosophische Überlegungen zur Rechtsentstehung". Und man sieht nach dieser Geschichte wohl sehr gut: Am Anfang war Methode. Recht, wie wir es verstehen, entsteht durch Methode, also durch ein planmäßiges Durchprüfen der sachlich relevanten Gesichtspunkte. Das ist, wissenschaftstheoretisch gesprochen, der sogenannte Erfindungszusammenhang. Hinzu kommt dann der sogenannte Begründungszusammenhang, also eine sachlich einleuchtende *Darstellung* dessen, was man sich erarbeitet hat. Auch insofern hat die antike Gerichtsrhetorik schon eine Methode entwickelt, die bis heute fortwirkt, nämlich den sogenannten rhetorischen Syllogismus.[43] Er besteht aus fünf Sätzen, heißt deshalb auf Griechisch *epicheírēma* (was man zu Hand hat), und ich will die fünf Sätze oder besser Aussagen wie folgt paraphrasieren: (1) Obersatz oder Regel, die für den Fall einschlägig ist;[44] (2) Erläuterung der Regel, also etwa ihre Interpretation;[45] (3) Untersatz, in dem hinzugefügt wird, was aus dem Fall für den Obersatz relevant ist;[46] (4) Erläuterung, warum das so ist;[47] (5) Ergebnis.[48] Dies erinnert offensichtlich an das, was wir heute Justizsyllogismus plus Subsumtion nennen – ich fasse beides in meiner Neuen Juristischen Methodenlehre (NJML) zusammen zum sogenannten Vollständigen Juristischen Syllogismus (VJS).[49] Er hat ebenfalls fünf Glieder.

Um es also zu wiederholen: Wie entsteht Recht? Recht, wie wir es verstehen, entsteht durch Methode, und das ist auch gut so. Gerade die Entstehung der antiken Gerichtsrhetorik zeigt: Allein durch Methode kann man die Frage danach, wer im Recht ist, zu einer Frage machen, bei der es nicht um „Emotion pur" geht, nicht darum, wer sich am meisten im Recht *fühlt* – in jedem interessanten Rechtsfall sind dies beide Seiten! Sondern es geht darum, Regeln und Verfahren zu finden, auch: zu er-finden, mit denen beide Seiten leben können – so weit, so banal. Aber eben dies bedarf einer weiteren mentalen, zugleich intellektuellen und emotionalen Anstrengung – im Licht der neuen Kognitionswissenschaften könnte man sagen: Das Recht wird zu einer Sache von „System 2", dem System rationaler

---

[43] *Cicero*, De inventione/Über die Auffindung des Stoffes. De optimo genere oratorum/Über die beste Gattung von Rednern, 1998, Abschnitt I 37, 67; auch dazu *Lege* (Fn. 35), § 2 Rn. 20–22.

[44] Beispiel aus dem heutigen Strafrecht: Wer einen Menschen heimtückisch tötet, ist wegen Mordes mit lebenslanger Freiheitsstrafe zu bestrafen (§ 211 StGB).

[45] Beispiel: Heimtücke ist das Ausnutzen von Arg- und daher Wehrlosigkeit des Opfers.

[46] Beispiel: A hat den B heimtückisch getötet.

[47] Beispiel: Er hat B erschossen, als dieser sich voll auf ein Kartenspiel konzentrierte und daher arg- und wehrlos war. (Staatsanwälte alter Schule erkennen hier den sog. Indem-Satz aus der Anklageschrift.)

[48] Beispiel: A ist mit lebenslanger Freiheitsstrafe zu bestrafen. In diesem Fall dann aber wegen außergewöhnlicher Umstände doch nicht, siehe BGHSt (GS) 30, 105 – Türkischer Onkel (1981); dazu *Lege* (Fn. 35), § 27 Rn. 20–25.

[49] *Lege* (Fn. 35), § 8.

Überlegung[50] – und System 2 ist eigentlich faul. Vielleicht ist das Recht auch deshalb manchmal unbeliebt.

VII. Recht ist …

Blicken wir daher zurück: Wie entsteht, philosophisch betrachtet, Recht? Vielleicht geht es uns mit dem Recht wie Sokrates mit der Gerechtigkeit: Das Recht war immer schon da. Oder wie mein akademischer Lehrer Alexander Hollerbach zu sagen pflegte: *ubi homo ibi civitas, ubi civitas ibi ius.* Wenn man daher fragt, was vor dem Recht da war, blendet man zugleich anderes aus, das auch nicht da war: bei Platon die Herrschaft, bei Hobbes die Wirtschaft. Und wenn man fragt – wie Willoweit –, ob innergesellschaftliche Rechts*bildung* oder autoritative Recht*setzung* das Prius ist, kommt man mit Hegel vielleicht zu dem Ergebnis, dass beides aufeinander angewiesen ist (man hat auch einmal von öffentlichem Recht und Privatrecht als gegenseitigen Auffangordnungen gesprochen[51]). So bleibt denn am Ende das Geistigste übrig, also Luhmann und die Antike Rhetorik: Recht *entsteht* aus der Unterscheidung von streitigen und unstreitigen Fällen und aus der Entscheidung der streitigen Fälle mit Hilfe einer Methode, die beiden Seiten Raum gibt auf der Suche nach der richtigen Regel und ihrer richtigen Anwendung. Recht „ist" eben, zuallererst, eine Methode.

---

[50] Demgegenüber ist „System 1" das System der Bauchentscheidungen, der Intuition, der schnellen Kriterien („die bauen einfach tolle Autos", wenn es eigentlich und rational um den Börsenwert des Unternehmens geht). Klassiker: *Kahneman*, Thinking, Fast and Slow, 2011, deutsch: Schnelles Denken, langsames Denken, 2012. Auch dazu *Lege* (Fn. 35), § 35.

[51] *Hoffmann-Riem/Schmidt-Aßmann* (Hrsg.), Öffentliches Recht und Privatrecht als wechselseitige Auffangordnungen, 1996.

Die Formen der Rechtsentstehung am Beispiel des *ius in bello*

Steffen Schlinker

I. Einleitung: Gewaltanwendung und ihre Begrenzung

Nicht nur der Blick auf die Gegenwart, sondern auch die Betrachtung der Vergangenheit legt den Schluss nahe, dass – so unschön es klingt – die Gewaltausübung zum Leben dazu gehört.[1] Das Tierreich kennt teils blutig verlaufende Revierkämpfe.[2] Vor allem scheint der Mensch die Fähigkeit und Bereitschaft zur koordinierten kollektiven Ausübung von Gewalt perfektioniert zu haben. Aber seit langem begleitet die Geschichte der Menschheit auch das Bemühen, die Gewaltausübung zwischen menschlichen Gemeinschaften, zwischen Herrschaften und Staaten einzuschränken und Regeln zu unterwerfen.[3]

Dietmar Willoweit hat das Völkerrecht oder – wie man für die frühe Zeit sagen sollte – das Zwischen-Mächte-Recht in seinem posthum erschienenen Buch „Rechtsdenken" als ein Beispiel für die Formen der Rechtsentstehung erörtert.[4] Er hat sich gefragt, warum Gelehrte im späten Mittelalter begannen, sich über Kriegs-

---

[1] *von Eibl-Eibesfeldt*, Die Biologie des menschlichen Verhaltens, Grundriß der Humanethologie, 3. Aufl., 1997, 516 ff., 565 ff., 573 ff.; *ders.*, Krieg und Frieden aus der Sicht der Verhaltensforschung, 4. Aufl., 1997, 96 ff.; *von Stietencron*, Töten im Krieg, Grundlagen und Entwicklungen, in: ders./Rüpke (Hrsg.), Töten im Krieg, 1995, 17–56, 18 ff.

[2] Für die Schimpansen haben in Gombe/Tansania *Jane Godall*, Through a Window: My Thirty Years with the Chimpanzees of Gombe, 1990, sowie David Watts und John Mitani in Uganda kriegsähnliche Auseinandersetzungen und Eroberungszüge beschreiben können, The rise of the warrior apes, Dokumentation von Watts/Mitani unter der Regie von James Reed, Großbritannien 2016, dt.: Kampf der Kriegeraffen, auf arte gesehen am 24.10.2022.

[3] *Pinker*, Gewalt, Eine neue Geschichte der Menschheit, 2011, 107 ff., 136 ff., 296 ff., (engl. Original: The better angels of our nature, Why violence has declined, 2011); *Auer*, Formen des Krieges im abendländischen Mittelalter, in: Rauchensteiner/Schmiedl (Hrsg.), Formen des Krieges, Vom Mittelalter zum „Low Intensity Conflict", (Forschungen zur Militärgeschichte Bd. 1), 1991, 17–43; *Contamine*, War in the Middle Ages, übersetzt von Michael Jones, 1984, (franz. Originaltitel: La guerre au moyen Age, 1980); *Hoffmann*, Gottesfrieden und Treuga Dei, (MGH-Schriften Bd. 20), 1964, 11 ff., 70 ff.; *Erben*, Kriegsgeschichte des Mittelalters, 1929, 1 ff., 52 ff., 67 ff., 92 ff., zu den Quellen der Kriegsgeschichte 31 ff.; *Delbrück*, Geschichte der Kriegskunst im Rahmen der politischen Geschichte, Bd. I–VII, 1900–1936; *Köhler*, Entwicklung des Kriegswesens und der Kriegführung in der Ritterzeit von Mitte des 11. Jahrhunderts bis zu den Hussitenkriegen, Bd. I/II, 1886.

[4] *Willoweit*, Rechtsdenken, Zwischen innergesellschaftlicher Rechtsbildung und hoheitlicher Rechtssetzung, 2024, 74 ff., 79 ff., 202 f.; Überlegungen zum Geltungsgrund des Völkerrechts finden sich auch bei *Steiger*, Völkerrecht, in: Brunner/Conze/Koselleck (Hrsg.), Geschichtliche Grundbegriffe, Bd. VII, 1992, 97–140, 111 f.

völkerrecht Gedanken zu machen und Regeln zu formulieren, während ein *ius in bello* in der Antike kaum existent war.[5]

Im Dialog mit den Meliern legte Thukydides den Athenern folgende Worte in den Mund: Ihr wißt doch ebensogut wie wir,

> „dass das Gerechte in der Auseinandersetzung der Menschen miteinander nur dann entscheidend ist, wenn beide gleichmäßig in ihrer Handlungsfreiheit eingeschränkt sind, das Machbare jedoch die Überlegenden durchsetzen und die Schwachen hinnehmen."[6]

Die Athener sprachen hier allein von den gegenseitigen militärischen Machtmitteln und meinten damit gerade keine Reziprozität im Sinne einer Anerkennung des Mitmenschen als gleichrangiges Gegenüber, die nach der Überzeugung Dietmar Willoweits das grundlegende Prinzip der Rechtsentstehung war.[7] In der griechischen Antike lehnte nur Platon die Verwüstung von Land im Rahmen militärischer Auseinandersetzungen zwischen den griechischen Staaten ebenso ab wie die Versklavung oder Tötung der Besiegten mit Ausnahme derjenigen, die für den Streit verantwortlich waren.[8]

Die folgenden Überlegungen sollen daher die Formen der Rechtsentstehung auf dem Gebiet des Kriegsvölkerrechts für die Zeit vom hohen Mittelalter bis zum Beginn des 19. Jahrhunderts zum Gegenstand haben. Angesichts der Materialfülle kann es sich nur um eine erste Skizze handeln. Die Bausteine, aus denen das *ius in bello* über die Jahrhunderte entstand, sind zahlreich. Aber dabei werden bald der Vertrag, das Gebot und die Sitte erkennbar sein, ein Trivium, das Hasso Hofmann, Dietmar Willoweits hochgeschätzter Fakultätskollege und Dialogpartner, die „Urformen der Begründung von Rechtsverbindlichkeit" genannt hat.[9]

---

[5] Beispielhaft Deuteronomium 20, 13–18; *Thukydides*, Der peloponnesische Krieg, griech.-dt., übersetzt von Weißenberger, 2017, Buch V, Nr. 84 ff., 89; *Polybios*, Geschichte, übersetzt von Drexler, 2. Aufl., 1978, X, 15, 704 f. über die Einnahme Cartagenas im Jahr 209 v. Chr.; *Prokop*, Gotenkriege, Buch III, 10, 33, 40; *Gregor von Tours*, Buch VII, 38, benutzte Ausgabe: Historiarum Libri Decem/Zehn Bücher Geschichten, (Freiherr vom Stein-Gedächtnisausgabe Bd. 3), 9. Aufl., 2000, 146 f.; weitere Nachweise bei *Helm*, Die Rechtsstellung der Zivilbevölkerung im Kriege in ihrer geschichtlichen Entwicklung, Ein Beitrag zur Geschichte des Völkerrechts, 1957, 6 ff.

[6] *Thukydides* (Fn. 5), Buch V, Nr. 84 ff., 89.

[7] Dazu *Willoweit*, Rechtsdenken (Fn. 4), 18, 32 ff., 134, 317, 336; *ders.*, Gerechtigkeit und Recht, Zur Unterscheidung zweier Grundbegriffe der Jurisprudenz, Sitzungsberichte der Bayerischen Akademie der Wissenschaften, 2018, Heft 1, 2018, 55, 60 ff.

[8] *Platon*, Politeia, V, 16, verwendete Ausgabe: Der Staat, übersetzt und erläutert von Apelt, 11. Aufl., 1989, 207 ff. Platon unterscheidet die Zwietracht unter griechischen Staaten und den Krieg mit Barbaren. *Prokop*, Gotenkriege, Buch III, 20, berichtet von der Schonung der Priester und Frauen nach der Einnahme Roms durch Totilas gotische Truppen.

[9] *Hofmann*, Gebot, Vertrag, Sitte, Die Urformen der Begründung von Rechtsverbindlichkeit, Würzburger Vorträge zur Rechtsphilosophie, Rechtstheorie und Rechtssoziologie Bd. 17, 1993, 11.

II. Mittelalterliche Grundlagen eines *ius in bello*

Für die Zeit zwischen dem Untergang des weströmischen Reichs und dem späten Mittelalter spricht der Historiker Michael Howard davon, dass es „Frieden [...] nur in ganz ausnahmsweisen und stets gefährdeten räumlichen und zeitlichen Enklaven“ gegeben habe und „Krieg eher noch ein zu mildes Wort für die Kennzeichnung der Verhältnisse auf dem europäischen Kontinent“ gewesen sei.[10] Noch während des 14. Jahrhunderts war die Gewaltbereitschaft um ein Vielfaches höher als heute, die Hemmschwelle, Gewalt anzuwenden, folglich erheblich niedriger.[11] Aber doch begann im hohen und späten Mittelalter die Entwicklung des Kriegsvölkerrechts.

1. Der Vertrag: Die Gottes- und Landfrieden

Bereits Dietmar Willoweit hat den Blick auf die Gottes- und Landfrieden[12] gelenkt und überlegt, ob diese, die seit dem späten 10. Jahrhundert im Frankenreich und später auch im römisch-deutschen Reich anzutreffen sind, nicht eine theoretische Reflektion über die Eingrenzung von Gewalt angeregt und damit zur Ausbildung eines *ius in bello* beigetragen haben.[13] Die Gottes- und Landfrieden entstanden durch vertragliche Vereinbarungen, wenngleich ein gewisser kirchlicher und später auch ein herrschaftlich-königlicher Druck nicht zu leugnen ist. Zwar bezogen sich die genannten Beschränkungen der Gewaltanwendung auf die Fehde, sie dürften aber für jede gewalttätige Auseinandersetzung eine Vorbildfunktion gehabt haben, zumal sich eine Unterscheidung zwischen Fehde und Krieg erst langsam herausbildete.[14]

---

[10] *Howard*, Der Krieg in der europäischen Geschichte, Vom Mittelalter zu den neuen Kriegen der Gegenwart, 2. Aufl., 2010, 11, engl.: War in European History, 2. Ed., 2009.

[11] *Pinker* (Fn. 3), 107 ff., 136 ff., 296 ff.

[12] *Garnier*, Die Legitimierung von Gewalt durch die hoch- und spätmittelalterliche Friedensbewegung, 2008; *Ziegler*, Völkerrechtsgeschichte, 2. Aufl., 2007, 82; *ders.*, Kriegsrechtliche Literatur im Spätmittelalter, in: Brunner (Hrsg.), Der Krieg im Mittelalter und in der Frühen Neuzeit, Gründe, Begründungen, Bilder, Bräuche, Recht, 1999, 57–71; *Althoff*, Schranken der Gewalt, Wie gewalttätig war das „finstere Mittelalter“? in: ebenda, 1–23, 12 ff., 23; *Wadle*, Heinrich IV. und die deutsche Friedensbewegung, in: ders. (Hrsg.), Landfrieden, Strafe, Recht, Zwölf Studien zum Mittelalter, 2001, 41–74, 42 ff.; *ders.*, Zur Delegitimierung der Fehde durch die mittelalterliche Friedensbewegung, in: ebenda, 103–122, 109 ff.; *Nitschke*, Der Kampf gegen die Fehde und das Recht: Ein Weg zum Frieden, in: von Stietencron/Rüpke (Fn. 1), 317–338, 320 ff.; *Hoffmann* (Fn. 3), 11 ff., 70 ff.; *Helm* (Fn. 5), 43 ff., 52 ff.

[13] *Willoweit*, Rechtsdenken (Fn. 4), 220 ff.

[14] *Brunner*, Land und Herrschaft, Grundfragen der territorialen Verfassungsgeschichte Österreichs im Mittelalter, 5. Aufl., 1965, 39 ff.; *Wilhelm Janssen*, Krieg, in: Geschichtliche Grundbegriffe (Fn. 4), Bd. III, 567–615, 568 ff.; *Thorau*, Krieg, in: Lexikon des Mittelalters, Bd. V, 1999, 1525–1527; *Fehn-Claus*, Erste Ansätze einer Typologie der Fehdegründe, in: Brunner (Fn. 12), 93–138; *Wadle*, Zur Delegitimierung der Fehde (Fn. 12), 104 ff.; *Reinle*, Fehde, in: Handwörterbuch zur deutschen Rechtsgeschichte, Bd. I, 2. Aufl., 2008, 1515–1525, 1515; *Herfried Münkler*, Krieg, in: ebenda, Bd. III, 2. Aufl., 2016, 242–247, 243; *Auer* (Fn. 3), 21 ff., *ders.*, Krieg und Fehde

Indem die Gottes- und Landfrieden Priestern, Ordensleuten, Frauen, Kaufleuten und Bauern Schutz gewährten,[15] erkannten sie diesen Personengruppen – mit den Worten Dietmar Willoweits – „ursprüngliche Schutzrechte" zu.[16] Einige Texte erhielten zudem Verbote, bestimmte Gebäude, insbesondere Kirchen und Mühlen, sowie landwirtschaftliche Arbeitsgeräte zu beschädigen oder zu zerstören. Verstöße gegen die Friedensvereinbarungen wurden sanktioniert, zunächst mit der Exkommunikation und bald schon mit Strafen an Leib und Leben.[17]

Auch wenn die Vorgaben, an bestimmten Tagen keine Fehden zu führen oder Frauen, Geistliche und Bauern unversehrt zu lassen, viel zu selten eingehalten wurden,[18] lassen diese Vereinbarungen einen Wandel im Rechtsbewusstsein vermuten, der die Zeitgenossen zwischen erlaubter Gewaltanwendung und unerlaubten strafwürdigen Handlungen unterscheiden ließ.[19] Die Gewaltanwendung im Konflikt als ein bis dato rechtskonformes, ja sogar positiv konnotiertes Verhalten wurde nun – wenn auch zunächst zeitlich und geographisch beschränkt – als Unrecht qualifiziert.[20] Und in der Bereitschaft, bestimmten Personengruppen, die nicht aktiv in die Kampfhandlungen involviert waren, Schutz zu gewähren, zeichnete sich schon schwach und undeutlich die Differenzierung zwischen Kombattanten und Nichtkombattanten ab.

2. Das Gebot: Die kirchliche und kaiserliche Rechtsetzung

In etwa zeitgleich trat in der Kirche eine herrschaftliche Rechtsetzung neben die konsensuale Rechtsbildung. Dort, in einer den kriegführenden Mächten zumindest im lateinischen Westen übergeordneten Institution formulierten das zweite

als Mittel der Konfliktlösung im Mittelalter, in: Mikoletzky (Hrsg.), Bericht über den 18. Österreichischen Historikertag in Linz, 1991, 231–237.

[15] Gottesfriede für das Erzbistum Köln von 1083, in: Weinrich (Hrsg.), Quellen zur deutschen Verfassungs-, Wirtschafts- und Sozialgeschichte bis 1250, (Freiherr vom Stein-Gedächtnisausgabe, Bd. 32), 1977, Nr. 36, 140f.; Bericht über den Mainzer Reichsfrieden Kaiser Heinrich IV. von 1103, in: ebenda, Nr. 44, 166f.; Der Rheinfränkische Landfriede Kaiser Friedrich Barbarossas vom Februar 1179 bezieht den Landfrieden auf „Ville, villarum habitatores, clerici, monachi, femine, mercatores, agricole, molendina, Judei, qui ad fiscum imperatoris pertinent, venatores et ferarum indagatores" [Dörfer, Dorfbewohner, Geistliche, Mönche, Frauen, Kaufleute, Mühlen, Juden (die zur Kammer des Kaisers gehören), Jäger und Wildtreiber]" in: ebenda, Nr. 73, 290f.

[16] *Willoweit*, Gerechtigkeit und Recht (Fn. 7), 83; *ders./Schlinker/Schwarz*, Deutsche Verfassungsgeschichte, Vom Frankenreich bis zur Europäischen Union, 9. Aufl., 2024, § 1, Rdnr. 9.

[17] *Weinrich* (Fn. 15), Nr. 42, 160f., Nr. 44, 166f.

[18] *Erben*, Kriegsgeschichte (Fn. 3), 56.

[19] *Ziegler*, Völkerrechtsgeschichte (Fn. 12), 82.

[20] *Willoweit*, Unrechtsfolgen in Hof- und Dienstrechten des 11. und 12. Jahrhunderts, Mit einer Anmerkung zum Verhältnis von geistlicher Buße und weltlicher Sanktion vor der Ausbreitung des peinlichen Strafrechts, in: FS für Winfried Trusen, 1994, 109–127, 127; *Auer*, Krieg und Fehde (Fn. 14), 231–237; *Davies*, People and places of dispute in ninth century Brittany, in: dies./Fouracre (Hrsg.), The settlement of disputes in early medieval Europe, 1986, 65–84; *Norbert Elias*, Über den Prozeß der Zivilisation, Bd. 1: Wandlungen des Verhaltens in den weltlichen Oberschichten des Abendlandes, 17. Aufl., 1992, 266ff.

und dritte Laterankonzil in den Jahren 1139 und 1179[21] ebenfalls Regeln zum Schutz von Priestern und Ordensleuten, von kirchlichen Gütern, Pilgern, Kaufleuten sowie von Bauern auf den Feldern und ihren Tieren, die in die großen kirchlichen Rechtssammlungen, das Dekret Gratians und den Liber Extra Papst Gregors IX., sowie in die kanonistische Literatur Aufnahme fanden.[22] Wie die Landfrieden drohten diese Texte Sanktionen an. Wer gegen die Gebote verstieß und den Frieden brach, sollte exkommuniziert werden.[23]

Sogar in der noch seltenen weltlichen Rechtsetzung fanden Schutzbestimmungen Berücksichtigung. Das Heeresgesetz Kaiser Friedrich Barbarossas vom Juli 1158 verbot nach dem Vorbild der Landfrieden die Beraubung von Kaufleuten, die Plünderung von Kirchen sowie die Brandstiftung in Häusern und Dörfern.[24] Auf die Quellengattung der Kriegs- und Heeresordnungen ist später zurückzukommen. Den Anstoß für diese Regelungen dürften allerdings kaum humanitäre Erwägungen gegeben haben, sondern das Bedürfnis, die Disziplin im Heer aufrechtzuhalten und dessen Versorgung zu sichern. Dass der Kaiser gleich zu Beginn des Textes den Angehörigen seines Heeres untersagte, bei einem internen Konflikt mit Waffen herbeizulaufen, spricht für sich.[25] Ohnehin beschränkte sich die Rechtsetzung auf punktuelle Regeln. Trotz der Vorgaben zum Schutz bestimmter Gruppen vertraten beispielsweise Bartolus de Saxoferrato und Johannes von Legnano noch im 14. Jahrhundert unverdrossen die Ansicht, im Krieg dürfe jeder Mensch gefangen genommen werden, um Lösegeld zu erpressen.[26] Bartolus und Johannes verwendeten hier allerdings auch bereits den Ausdruck „innocentes", die Unschuldigen, mit dem sie abstrakt die Personengruppen bezeichnete, die im Kriege als schutzwürdig galten und die heute Nichtkombattanten heißen.

---

21 Zweites Laterankonzil von 1139, Nr. 11, und drittes Laterankonzil von 1179, Nr. 22, in: Wohlmuth (Hrsg.), Konzilien des Mittelalters: vom ersten Laterankonzil (1123) bis zum fünften Laterankonzil (1512–1517), (Dekrete der ökumenischen Konzilien, Bd. 2), 3. Aufl., 2000, 195 ff., 198 f., 205 ff., 222 f.

22 Decretum Gratiani pars II, causa 24, quaestio 3, canones 23 & 24: Kaufleute, Kleriker, Ordensleute, Pilger und Frauen sollen in Auseinandersetzungen Schutz genießen; liber Extra X. 1, 34, 2: „presbyteri, monachi, conversi, peregrini, mercatores, rustici"; *Henricus de Segusio* (*Hostiensis*), Summa Aurea, Lyon 1537, lib. I, tit. 34 (rubr. De treuga et pace), § 5 (quot sunt species treugae), fol. 59v.: „clerici, monachi, conversi, peregrini et rustici cum animalibus"; *Schrödl*, Das Kriegsrecht des Gelehrten Rechts im 15. Jahrhundert, Die Lehren der Kanonistik und der Legistik über De bello, de repressaliis, et de duello, 2006, 111 ff.

23 Alexander III., X. 1, 34, 2 vom Jahr 1179.

24 Monumenta Germaniae Historica, Constitutiones, Bd. I, 1893, Nr. 173, 239–241, Art. 5, 6, & 12.

25 MGH Constitutiones (Fn 24), Nr. 173, 239–241, Art. 1.

26 *Bartolus de Saxoferrato*, Consilia, Lyon 1552, Tractatus Repraesaliarum, qu. 6, ad nr. 4, fol. 129r: „Praeterea concedere repraesalias est quasi quoddam bellum particulare indicere: [...] sed inillo bello etiam innocentes capiuntur"; Johannes von Legnano, tractatus de bello, Kap. 161: „etiam in bello iusto capiuntur innocentes".

3. Die Sitte: Die Vorgaben ritterlicher Ethik

Inspirierend für das Kriegsvölkerrecht war nach Ansicht der Forschung auch die ritterliche Ethik, die sich auf der Basis der Fürstenspiegel sowohl in der höfischen Dichtung als auch in der Praxis des hohen Mittelalters ausgebildet hatte. Zu Vorbildern ritterlichen Verhaltens stilisierten die Dichter beispielsweise König David, Hektor, König Artus, Karl den Großen und Roland.[27] Dem Idealbild des christlichen Ritters entsprach es, diejenigen zu schirmen, die selbst die Waffe nicht führen konnten, die Kleriker sowie Witwen und Waisen. Wolfram von Eschenbach dichtete „Swer riterschafte will rehte pflegen, der sol witwen unde weisen beschirmen".[28] Nicht die blutige Rache, sondern die Milde („milte") sollte verhaltensleitend sein.[29] Zwar schildert die höfische Literatur ein „Märchenbild", das gar nicht selten eine erhebliche Diskrepanz zur Realität aufwies, aber dennoch habe – so der Germanist Joachim Bumke – „das poetische Idealbild [...] das reale gesellschaftliche Verhalten [...] beeinflußt",[30] zumal auch das ritterliche Turnier präzisen Regeln mit Sanktionsandrohungen unterworfen war.[31]

Vermutlich muss die Entstehung eines ritterlichen Verhaltenskodex für das Verhältnis der Kämpfer untereinander mit dem Phänomen der Lösegeldzahlung zusammengedacht werden. Ritter kämpften in kriegerischen Auseinandersetzungen im hohen und späten Mittelalter gegeneinander regelmäßig nicht auf Leben und Tod, sondern bis zu einer Niederlage, die den Unterlegenen in die Gefangenschaft führte.[32] Gefangengenommene Ritter hatten gewissermaßen einen „Preis", weil sie nach Zahlung eines Lösegelds wieder freigelassen wurden.[33] Für Ritter war es erheblich lukrativer, den Gegner lebendig in die Hände zu bekommen, als ihn zu töten. Es lag daher im eigenen Interesse des Siegers, seinen Gegner zu schonen und angemessen zu behandeln. Neben der Ehre dürfte für das ritterliche Miteinander daher auch der Eigennutz bestimmend gewesen sein.[34] So bildeten sich Regeln aus nicht nur für die Gefangennahme adeliger Kämpfer, sondern auch für deren Schutz

---

27 *Paravicini*, Die ritterlich-höfische Kultur des Mittelalters, (Enzyklopädie deutscher Geschichte Bd. 32), 3. Aufl., 2011, 6 ff.; *Bumke*, Höfische Kultur, Literatur und Gesellschaft im hohen Mittelalter, 11. Aufl., 2005, 381 ff., 384 f., 416 ff.; *Cram*, Iudicium Belli, Zum Rechtscharakter des Krieges im deutschen Mittelalter, 1955, 181.

28 *Wolfram von Eschenbach*, Willeham, hrsg. von Heinzle, 2009, Buch VI, 299, Z. 13 ff.

29 *Paravicini* (Fn. 27), 7.

30 *Bumke* (Fn. 27), 381; ebenso *Huizinga*, The Political and Military Significance of Chivalric Ideas in the late Middle Ages, in: Holmes/van Marle (Ed.), Johan Huizinga, Men and Ideas, History, the Middle Ages, The Renaissance, 1959, 196–206, 198 ff., 203; *Keen*, The Laws of War in the late Middle Ages, (Military and Naval History, vol. 16), 1965, 7, 239 ff., 247: „The only obligations which were universal were those which bound all Christian men alike, such as the rules of chivalrous conduct, for allegiance to the honour of knighthood was not limited by place or time." (Zitat 240).

31 *Paravicini* (Fn. 27), 12 f.

32 *Froissart*, Chroniques, in: Quevres, ed. Kervyn de Lettenhove, Brüssel 1869, tom. VIII, 43; *Althoff* (Fn. 12), 13; *Keen* (Fn. 30), 1, 156 ff., 243.

33 *Howard* (Fn. 10), 18 f.; *Keen* (Fn. 30), 164 ff.; *Huizinga* (Fn. 30), 204.

34 *Keen* (Fn. 30), 243 f.

in der Zeit, in der die Kampfhandlungen noch andauerten, für deren Freilassung auf Ehrenwort sowie für die Bestimmung und Bezahlung des Lösegelds.[35] Über die Höhe des Lösegelds sowie die Zahlungsbedingungen wurden bisweilen schriftliche Verträge abgeschlossen.[36]

Offenbar haben sich die ritterlichen Kombattanten als gleichrangig betrachtet. Maurice Hugh Keen spricht von „class solidarity".[37] Während die Behandlung der Gefangenen im frühen Mittelalter wohl im Belieben des Siegers gestanden hatte,[38] bildete sich nun die Vorstellung heraus, zwar nicht alle, aber bestimmte Gefangene nicht nur am Leben zu lassen, sondern auch gut zu behandeln, um im Gegenzug ein Lösegeld zu erhalten. In der Schlacht bei Mühldorf 1322 sollen rund 500 Kriegsteilnehmer, die für König Ludwig IV. gekämpft hatten, von seinem Gegner, Herzog Friedrich von Österreich und seinen Verbündeten, „gesichert" worden sein. Das bedeutete, dass die im Kampf Unterlegenen ein Versprechen abgaben, sich nicht mehr am Kampf zu beteiligen. Sie blieben daraufhin vermutlich ohne intensive Bewachung, dürften aber ihre Pferde und Waffen verloren haben.[39] Als jedoch der Burggraf von Nürnberg zur Unterstützung des Königs auf dem Schlachtfeld eintraf, sollen die Gefangenen dennoch wieder in den Kampf eingegriffen haben. Die Überzeugung, an ein Versprechen gebunden zu sein, schwand offenbar mit der Hoffnung auf einen Sieg schnell dahin.

So scheint sich die Vorstellung durchgesetzt zu haben, dass die Kriegsführung dem Recht unterworfen war, auch wenn rechtliche Regeln nur unter Gleichrangigen zu befolgen waren. Französische Ritter, die sich im Jahr 1370 von ihren englischen Gegnern gefangen nehmen lassen wollten, um sich gegen die Zahlung eines Lösegelds wieder freizukaufen, beriefen sich auf ein Kriegsrecht, ein „jus belli".[40] Mit den Worten von Maurice Hugh Keen: „The knights were clearly appealing to some sort of general code of military conduct, which they believed the combatants on either side in any war should feel bound to honour."[41] So haben sich wahrscheinlich auch bei Belagerungen von Burgen und Städten gewisse Regeln eingebürgert, so dass weitgehend Schutz genoss, wer sich beim Anrücken der feindlichen Truppen unterwarf, während der Beginn der Belagerung regelmäßig zur Folge hatte, dass nach der Eroberung der Stadt oder der Burg die waffenfähige

---

[35] *Keen* (Fn. 30), 156 ff., zu einem Prozess zwischen dem Earl of Salisbury und dem Prinzen von Wales über die Frage, wem ein Gefangener zusteht, siehe 164 ff.

[36] *Keen* (Fn. 30), 168 f.; *Balthasar de Ayala*, De Jure et Officiis bellicis et disciplina militaris, libri III, 1582, hrsg. von J. Westlake, übersetzt von Bate (Classics of International Law, Bde. I/II), 1912, lib. I, cap. V, Nr. 26 ff.

[37] *Schmidtchen*, Ius in bello und militärischer Alltag – Rechtliche Regelungen in Kriegsordnungen des 14. bis 16. Jahrhunderts, in: Brunner (Fn. 12), 25–56, 31; *Keen* (Fn. 30), 242 (Zitat).

[38] *Erben*, Kriegsgeschichte (Fn. 3), 1 ff., 52 ff.

[39] *Erben*, Die Schlacht bei Mühldorf, 28. September 1322, (Veröffentlichungen des historischen Seminars der Universität Graz, Bd. I), 1923, 83 f.

[40] *Froissart* (Fn. 32), 43: „Signeur, nous sommes vostres et nous avés conquis, si ouvrés de nous au droit d'armes"; Keen (Fn. 30), 1.

[41] *Keen* (Fn. 30), 1.

männliche Bevölkerung getötet wurde und Plünderungen stattfanden.[42] Ob Frauen, Kinder und Priester unversehrt blieben, war wohl allzu häufig dem Zufall überlassen. Gewisse Regeln scheint es außerdem für Geleitbriefe gegeben zu haben, auch wenn deren Wert wohl nicht zu hoch einzuschätzen ist.[43] Überliefert wird schließlich die Vorstellung, dass der Sieger auf dem Schlachtfeld drei Tage zu verweilen habe, um seinen Sieg zu dokumentieren. Als König Ludwig IV. nach der Schlacht von Mühldorf 1322 das Schlachtfeld verließ, ohne dort drei Tage verweilt zu haben, weil das für ihn in der konkreten Situation militärisch ungünstig gewesen wäre, sprach ein Chronist davon, dieses Verhalten sei gegen die Kriegssitte, „contra morem bellantium", gewesen.[44]

An einer Reziprozität im Sinne einer gegenseitigen Anerkennung als gleichwertig fehlte es jedoch im Verhältnis zwischen Rittern einerseits und Fußknechten, kämpfenden Bauern, Armbrust- und Bogenschützen andererseits. Bogenschützen wurden getötet oder verstümmelt, wenn sie in die Hand ihrer ritterlichen Gegner fielen.[45] Ihrerseits zeichneten sich Spießer und Schützen gegenüber ihren adeligen Gegnern durch Brutalität und Erbarmungslosigkeit aus.[46] Die Schlachten zwischen den Eidgenossen und den österreichischen oder burgundischen Ritterheeren sind dafür blutige Beispiele.[47] Die Eidgenössische Kriegsordnung von 1476 schrieb ausdrücklich vor, die Kriegsgegner zu töten. Die Angehörigen der eidgenössischen Truppen hatten sogar einen Schwur zu leisten, den Gegner soweit als möglich zu schaden und feindliche Kämpfer zu töten: „Mengklich solt schweren, den Feind an Leib und Guot zu schedigen, so ferr aller Leib und Guot gelangen möchte. [...] am Streit niemandts gefangen zuo nehmen, sonder so weit möglich, umbzuobringen".[48] Auch gegenüber Ungläubigen und Ketzern beanspruchte der ethische Verhaltenskodex keine Geltung, wie die Kreuzzüge und die Hussitenkriege zeigen.[49] Schutzlos war schließlich die Landbevölkerung. Von einer Rücksichtnahme der Ritter auf die Bauern war kaum etwas zu bemerken. Sie wurden drangsaliert, ausgepresst und beraubt, um Lebensmittel und Vieh oder bisweilen Geld und Kostbarkeiten zu bekommen.[50] Mit den Worten von Maurice Hugh Keen waren die Schutzbestimmungen zugunsten der Ackerleute „a dead letter from the start".[51]

---

[42] *Keen* (Fn. 30), 120ff.

[43] *Keen* (Fn. 30), 197ff.

[44] *Contamine* (Fn. 3), 261; *Erben*, Die Schlacht bei Mühldorf (Fn. 39), 79ff. 84.

[45] *Howard* (Fn. 10), 24ff.; *Schmidtchen* (Fn. 37), 38; *Keen* (Fn. 30), 242ff.

[46] *Schmidtchen* (Fn. 37), 38; *Contamine* (Fn. 3), 257f., 291f.; *von Frauenholz*, Das Heerwesen der Schweizer Eidgenossenschaft, (Entwicklungsgeschichte des Deutschen Heerwesens, Bd. II: Das Heerwesen in der Zeit des freien Söldnertums, Teil 1), 1936, 43, Beilage VIIII, 137–141.

[47] *Schmidtchen* (Fn. 37), 38; *Delbrück* (Fn. 3), Bd. III, 582ff., 598ff., 637ff.

[48] *von Frauenholz* (Fn. 46), 43, Beilage VIIII, 137–141, 141.

[49] *Schmidtchen* (Fn. 37), 42f., 51; *Erben*, Kriegsgeschichte (Fn. 3), 1ff., 52ff.

[50] *Keen* (Fn. 30), 241, 243; Aus der zeitgenössischen Literatur: *Honoré Bonet*, (richtig: Bouvet), The Tree of Battles, ed. and translated by G. W. Coopland, 1949, cap. 48, 153f.

[51] *Keen* (Fn. 30), 190: „The theoretical legal immunity of the labouring man was a dead letter from the start."

III. Herrschaftliche Rechtsetzung: Kriegs- und Heeresordnungen des späten Mittelalters und der frühen Neuzeit

Im späten Mittelalter änderte sich jedoch die Praxis der Kriegsführung, als Söldnerarmeen die Ritterheere ablösten.[52] Überwiegend waren die Söldnerheere zusammengewürfelte Haufen aus Personen unterschiedlicher Herkunft, die in verschiedenen Sprachen kommunizierten und ihre Dienste gegen Sold anboten.[53] Schon während eines Feldzuges war allerdings von einer regelmäßigen Soldzahlung häufig keine Rede. Endete der Krieg, waren die Söldner erst recht auf sich gestellt. Bis zum Ausbruch des nächsten Konflikts zogen sie plündernd durch das Land, überfielen die Dörfer und die Warenzüge der Kaufleute. Die Plünderung war für die Söldner nicht nur eine willkommene weitere Einnahmequelle, sondern vielfach sogar die Hauptintention, in den Kriegsdienst zu treten.[54] Niccolò Machiavelli schrieb: „Im Frieden wird das Land von ihnen ausgeplündert, im Krieg vom Feind."[55] Der Dauphin Karl versuchte während des Hundertjährigen Kriegs, 1358, Soldaten für sein Heer mit dem Versprechen zu gewinnen, Paris sei bei einem Sieg zur Plünderung freigegeben.[56] Ohnehin waren – wie oben schon erwähnt – das Leben und Eigentum der Gegner, aber auch der Frauen und Kinder der Willkür des Siegers ausgeliefert, wenn eine Stadt oder Burg erobert wurde, die zuvor das Angebot, sich zu unterwerfen, abgelehnt hatte.[57]

Seit dem späten Mittelalter begegnet nun mit den Kriegs- und Heeresordnungen[58] eine Phase lebhafter herrschaftlicher Normsetzung. Primär ging es in den Kriegs- und Heeresordnungen allerdings erst einmal darum, aus der Masse der Kriegsleute ein Heer zu formen, die Söldner zu disziplinieren, dadurch die Schlagkraft des Heeres zu steigern sowie die Versorgung der Armee durch das Verbot eigenmächtiger, unkontrollierter Plünderungen und Brandschatzungen sicher zu stellen.[59] Beispielsweise untersagte die eidgenössische Kriegsordnung von 1476 vorzeitiges Plündern, denn Plünderungen hielten die Soldaten vom Kämpfen ab:

> „Wann Gott einen Streit zuo behalten Glück gebe, solt niemandts den andern ausziehen noch plündern, biss der Streit gentzlich zergangen, der Sieg gewunnen und das Veld behalten. Dann erst solt man die Leute mit raht ausziehen, und was also eroberet, zuosammen thuon, damit einem jeden nach marchzal ertheilt wurde."[60]

---

[52] *Howard* (Fn. 10), 26 ff., 30 ff., 35 ff.

[53] *Keen* (Fn. 30), 244 f.

[54] *Howard* (Fn. 10), 19; *Redlich*, De praeda militari, Looting and booty, 1500–1815, 1956, 3.

[55] *Niccolò Machiavelli*, Der Fürst, übersetzt und hrsg. von Zorn, 1978, 50.

[56] Chronique des Quatre Premiers Valois (1327–1393), hrsg. von Luce, 1862, 80; *Keen* (Fn. 30), 122.

[57] *Howard* (Fn. 10), 18; *Keen* (Fn. 30), 120 ff., 190 ff.; *Huizinga* (Fn. 30), 205.

[58] *Keen* (Fn. 30), 239, spricht in Bezug auf die Heeresordnungen des 14. und 15. Jahrhunderts überzeugend nicht von Kriegsvölkerrecht, sondern von einem Militärrecht („military law").

[59] *Schmidtchen* (Fn. 37), 46 ff.; *Keen* (Fn. 30), 244 f.; *Redlich* (Fn. 54), 6 ff.; *von Frauenholz* (Fn. 46), 43 ff., 64 f.; *Borgert*, *Was damals rechtens war*, Anmerkungen zu dem inzwischen verfemten Begriff der „Manneszucht" beim deutschen Militär, in: Freundesgabe für Rainer Polley, 2014, 209–242, 217 ff.

[60] *von Frauenholz* (Fn. 46), 43, Beilage VIIII, 137–141, (Zitat 140).

Jedenfalls sollte zunächst die Nachhut vorübergezogen sein, denn andernfalls war die Versorgung der Nachhut gefährdet: „Keiner solt on des Hauptmans und Rähten erlaubnuss brennen; und ob es schon erlaubt, solt es doch der Vorzug nicht thuon, biss das Volck fürüber gezogen, damit die Nachhhuot an der speiss nicht gehinderet wurde."[61] Plünderungen waren daher keineswegs verboten, bedurften aber der Erlaubnis des Heerführers:[62] „It was essential for a commander to have power to limit the plundering of his soldiers; otherweis his army was likely, in the hour of victory, to dissolve into a disorderly rabble in the quest for loot."[63]

Eine Reihe von Normen diente der Disziplin im Heer. So wurden etwa Spiele, zu denken ist an die konfliktträchtigen Karten- oder Würfelspiele um Geld, verboten: „Keiner solt uberal Spielen, on eines Hauptmans erlaubung, dann vom Spielen viel unfreundschafft und zanck entstühnde".[64] Der Artikelbrief Kaiser Maximilians von 1508 verlangte von den Soldaten die Ableistung eines Eids, dem Heerführer und den Offizieren gehorsam zu sein und deren Befehle zu befolgen, untersagte Gotteslästerungen, „Säuffereyen, Rausch und Trunkenheit".[65] Die Aggression sollte sich vielmehr nach außen entladen: „Wann es zum Streit keme, sollte niemandt kein geschrey machen, sondern Gott etc. anruoffen, darnach die Augen auff, und die Hende hart zuothuon, wacker und mannlich drauff hauwen."[66]

Es handelte sich bei den Kriegs- und Heeresordnungen also in erster Linie um interne Vorgaben für die Kriegführung, die vorrangig auf die Disziplinierung der Soldaten abzielten. Sie enthielten daneben aber stets Bestimmungen zum Schutz von Kirchen, Geistlichen, Frauen und Kindern, teilweise auch von alten Leuten.[67] Kirchen und Klöster sollten Schutz erfahren, ebenso Mühlen, also Wirtschaftsbetriebe, die für die Ernährung sowohl der Zivilbevölkerung als auch des Heeres wichtig waren.[68] Wie die Landfriedensvereinbarungen drohten auch die Heeresordnungen bei Zuwiderhandeln Todes- und Leibesstrafen an. Ein frühes Beispiel für diese doppelte Zielrichtung ist der Sempacher Brief, den die Landgemeinden Uri, Schwyz, Unterwalden, Luzern, Zürich, Zug, Bern, Solothurn und Glarus im

---

[61] *von Frauenholz* (Fn. 46), 43, Beilage VIIII, 140 (Zitat); Eine Liste der zahlreichen disziplinarrechtlich-militärrechtlichen Texte findet sich bei *Beck*, Die ältesten Artikelsbriefe für das deutsche Fußvolk, 1908, 122f.

[62] *Beck* (Fn. 61), Nr. 14, 79: Heeresordnung König Maximilians für den Romzug 1507, Art. 9; Artikelbrief Kaiser Maximilians von 1508, in: *von Frauenholz*, Das Heerwesen des Reichs in der Landknechtszeit, (Entwicklungsgeschichte des Deutschen Heerwesens, Bd. II: Das Heerwesen in der Zeit des freien Söldnertums, Teil 2), 1937, Beilage XV, 180–183, 182f., Nr. 9, 10, 13–16.

[63] *Keen* (Fn. 30), 244.

[64] *von Frauenholz* (Fn. 46), 43, Beilage VIIII, 137–141 (Zitat 140).

[65] *von Frauenholz*, Landknechtszeit (Fn. 62), Beilage XV, 180–183, 182f., Nr. 9, 10, 13–16.

[66] *von Frauenholz* (Fn. 46), 43, Beilage VIIII, 137–141 (Zitat 140).

[67] *Beck* (Fn. 61), Nr. 2, 41: Vertrag zwischen der Reichsstadt Nürnberg und Schweizer Kriegsknechten von 1450, Art. 2; Nr. 5, 47: Feldordnung des Markgrafen Albrecht Achilles von Brandenburg-Ansbach von 1460, Art. 13 & 14; Nr. 8, 62: Feldordnung für Tirol von 1499, Art. 15; Nr. 10, 65: Feldordnung Herzog Albrechts von Bayern von 1504, Art. 1, 3, & 5; Nr. 12, 73: Heeresordnung König Maximilians von 1505, Art. 6; Nr. 14, 79: Heeresordnung König Maximilians für den Romzug 1507, Art. 12 & 13.

[68] *Schmidtchen* (Fn. 37), 39ff.; *Contamine* (Fn. 3), 290; *Helm* (Fn. 5), 79ff.

Jahr 1393 für ihre Truppen vereinbarten und der ausdrücklich sowohl Kirchen als auch Frauen Schutz verhieß sowie Plünderungen untersagte.[69] Rund sieben Jahre zuvor, in der Schlacht von Sempach, hatten eidgenössische Soldaten, während die Kampfhandlungen noch andauerten, mit Plünderungen begonnen und so den Sieg der Eidgenossen gefährdet. Das galt es für die Zukunft zu vermeiden. Auf Schutzverheißungen zugunsten der Kirchen und Frauen konzentrierte sich die Heeresordnung König Heinrich V. von England von 1415.[70] Etwas ausführlicher gerieten die Schutzbestimmungen in der soeben erwähnten eidgenössischen Kriegsordnung von 1476, die untersagte, Kirchen, Priester, Frauen und Kinder in Mitleidenschaft zu ziehen: „Niemandt solt frevenlich in eine Kirchen lauffen, die zuo entehren, oder zuo berauben, die wirdige Priesterschafft, Frauwen und Kinder nicht schmehen, noch frevele Hand an sie legen, sie nicht entehren, noch etwas args zuofügen."[71] Mühlen durften nicht zerstört werden.[72] Auch Kaiser Maximilian gebot im Jahr 1508, Kirchen und Klöster, Frauen, kleine Kinder und Priester unbehelligt zu lassen.[73]

Diese zentralen Inhalte erfuhren nun nach und nach Ergänzungen. Die Heeresordnung, die auf dem Reichstag von Speyer 1570 beschlossen wurde, enthielt beispielsweise einen umfangreichen Katalog schon recht detaillierter Verbote. Eine Plünderung oder Zerstörung landwirtschaftlicher Betriebe, Mühlen und Bäckereien sollte nun auch beim Feind bei Androhung von Leibesstrafen untersagt sein.[74]

---

69 Amtliche Sammlung der ältern Eidgenössischen Abschiede, Bd. I (1245–1420), bearb. von Anton Philipp von Segesser, 2. Aufl., 1874, Nr. 41, 327–329: „kein Eidgenoss [soll] dem andern oder den, die zuo inen gehörent gemeinlich, [...] frevenlich oder mit gewalt in ir hüser louffen sulent und Jemant dz sine dar inne nämen, es sy in kriege, in fride oder in suone, durch dz wir alle fürbaz als fridlich und als gütlich miteinander leben [...]. [...] dz keiner der unsern kein kloster, kilchen oder capelle beslossen ufbreche oder offenn dar in gange ze brennende, wüstende oder ze nämende, dz dar Inne ist dz zuo der kilchen gehöret, heimlich oder offenlich, es wer dann dz unser vynde oder ir guot in einer klichen wurde funden, dz mugend wir wol angriffen und schadgen. Wir setzen ouch unser lieben Frouwen ze Eren, dz keiner under uns dehein frouwen oder tochter mit gewaffneter hand stechen, slachen noch ungewonlich handeln sol, [...] es were denn dz ein Tochter oder frouw ze vil geschreyes machte, dz uns schaden möchte bringen gegen unsern vynden." *von Frauenholz* (Fn. 46), 43 f., Beilage II, 120–123.

70 Heeresordnung König Heinrichs V. von England vom Jahr 1415, in: Harris Nicolas, The History of the battle of Agincourt and of the Expedition of Henry the Fifth into France in 1415, 3. Aufl., 1833, Appendix Nr. VIII, 31: „Also that no maner of man be so hardey to robbe, ne to pille Holy Church of no good ne ornament that longeth to the Churche, ne to slee no man of Holy Churche, religious, ne non other, but if he be armed, upon payne of deathe. Nether that no man be so hardey to slee, ne enforce, no woman upon the same payne; And that no man take no woman p'soner, man of Holy Church, ne other religious, but if he be armed, upon payne of enprisonament, and his bodey at the Kinges will."

71 *von Frauenholz* (Fn. 46), 43, Beilage VIIII, 137–141 (Zitat 139).

72 *von Frauenholz* (Fn. 46), 43, Beilage VIIII, 137–141, 141.

73 *von Frauenholz*, Landknechtszeit (Fn. 62), Beilage XV, Artikelbrief Kaiser Maximilians von 1508, 180–183, 182 f., Nr. 9, 10, 13–16.

74 Deutsche Reichstagsakten, Reichsversammlungen 1556–1662, Der Reichstag von Speyer 1570, Teilbd. II Akten und Abschied, 1988, Nr. 69: „Item es soll auch kainer kain pflug berauben, noch müllen, backoffen und was zu gemeiner notturft dienstlich ist, es sey freunden oder feinden zuständig, on erlaubnuß beschedigen oder zerbrechen, noch kein wein, korn oder meel muhtwil-

Strafen an Leib und Leben musste auch gegenwärtigen, wer alte Menschen, Geistliche, Frauen oder Kinder tötete.[75]

Diese Vorgaben wurden offenbar auch durchgesetzt. Nachdem Schweizer Kriegsknechte im Jahr 1479 in Dole gegen die Vorgaben verstoßen hatten, beschloss der Kanton Bern im Juni 1479:

> „Vieles wird geredet der Knechte wegen, die bei der bösen Tat zu Dole gewesen sind, […]: Die Aufwiegler, wo man deren habhaft werde, sollen mit dem Tode gestraft, die Knechte aber, die so fortlaufen, sollen bei ihrer Rückkehr gefangen, im Fall sie böser Sachen als des Einbruches in Kirchen , der Schmähung von Priestern, der Entehrung der Sakramente, der Mißhandlung von Frauen schuldig erfunden würden, ebenfalls am Leben, andere Ungehorsame sonst nach Verdienen ohne alle Gnade gestraft werden."[76]

IV. Die Ausgestaltung des *ius in bello* im gelehrten Schrifttum

1. Drei Beispiele aus dem 14. Jahrhundert: Johannes von Legnano, Martinus Garatus, Honoré Bouvet

Seit dem späten Mittelalter trat neben die Sitte, die vertragliche Rechtsbildung und die herrschaftliche Rechtssetzung, die das *ius in bello* ausgestaltet hatten, die Wissenschaft. Die Gelehrten entwickelten ihre Regeln aus dem „Herkommen" und begründeten sie zugleich mit den „neuen Sitten". So setzte sich das Verbot, Kriegsgefangene zu versklaven, in der juristischen Literatur bald durch. Die kanonistisch gebildeten Autoren der spätmittelalterlichen Traktate über den Krieg, etwa Johannes von Legnano (gest. 1383) und Martinus Garatus (Anf. des 14. Jahrhunderts), vertraten die Ansicht, nach der Sitte „moderner Zeiten" („secundum mores moderni temporis") und alter christlicher Gewohnheiten („consuetudines antiquitus observatas inter Christianos") begründe die Kriegsgefangenschaft keine Sklaverei mehr („sed secundum mores moderni temporis, et consuetudines antiquitus observatas inter Christianos […] nec venduntur personae, nec servae efficiuntur").[77]

---

liger weiß außlaufen lassen, verderben oder zu schaden pringen, bey leibes straff." Nr. 90: Verbot der Plünderung bei der Bevölkerung des Reichs, ausgenommen, wenn die Truppen im Feld gegen den Feind liegen, dürfen sie „zimbliche futerung holen und geprauchen." Nr. 93: „Item da man in der feindt landt und auff des Reichs boden würdt ligen, so soll keiner hinauß reitten und die armen plündern, schätzen, vergwaltigen noc seinen dienern solches zuthun gestatten, […]. Da auch derwegen klag käme, sollen die Rittmeistern den armen leuthen an geld erstattung thun […]".

[75] Deutsche Reichstagsakten (Fn. 74), Nr. 70: „Item es soll kainer alte, erlebte leuth, priester, prediger oder weibsbilder, die auff keiner wehr befunden, deßgleichen keine unmündige kinder zu todt schlagen, bey straff leibs und lebens."

[76] *von Frauenholz* (Fn. 46), Beilage XVII, Nr. 53, 172.

[77] *Johannes de Legnano*, Tractatus de bello, de repressaliis, et de duello, 1360, in: Holland (Ed.), The Classics of International Law, 1917 mit engl. Übersetzung, cap. LX; *Martini Laudensis*, Tractatus de bello, Lovanii 1647, Quaestio 21: Auch Städte, die in Feindeshand fallen, geraten nur unter die Gerichtsbarkeit des Feindes („Civitates captae ab hostibus non efficiuntur servae hostium, sed subditae quoad iurisdictionem").

Ethische Postulate blieben nach Ansicht Johannes von Legnanos auch im Krieg verbindlich, denn den Kriegsgefangenen sei Barmherzigkeit („misericordia") geschuldet („ita victoris capto misericordia iam debetur, maxime in quo pacis perturbatio non timetur"), es sei denn, eine (weitere) Störung des Friedens sei zu befürchten („nisi parcendo timeatur perturbatio pacis").[78] Johannes nannte dafür als Beispiel die Enthauptung Konradins im Jahr 1268 in Neapel, wohl weil die Herrschaftsansprüche des Staufers in Süditalien als dauerhafter Unruhefaktor angesehen wurde. Dasselbe Geschehen diente dagegen in der Mitte des 18. Jahrhunderts, bei dem Schweizer Völkerrechtler Emer de Vattel, als negatives Beispiel für ein schändliches unerhörtes Kriegsverbrechen.[79]

Angesichts der Differenzierung zwischen einem Regel- und einem Ausnahmefall musste die Entscheidung abhängig von der konkreten Situation getroffen werden. Grundsätzlich sollten Kriegsgefangene ihr Leben und ihre Freiheit behalten, aber Ausnahmen waren erlaubt, wenn der Frieden nicht anders wiederhergestellt werden konnte. Überhaupt sollten Kriegshandlungen stets gleichwertig oder verhältnismäßig sein. Johannes von Legnano sprach von Äquivalenz. Die Verteidigung musste hinsichtlich der verwendeten Waffen und der Zeitdauer dem Angriff entsprechen („aequivalent illatae violentiae in qualitate armorum, in cursu temporis").[80] Das Prinzip der Gleichwertigkeit ermöglichte es, Verhaltensalternativen für spezifische Situationen zu bedenken. Die Kriegspraxis bot den Gelehrten bald genügend Anschauungsmaterial, um aus allgemeinen Grundsätzen spezielle Normen zu entwickeln.

Wohl nicht zufällig begann das Nachdenken über das *ius in bello* mit den gelehrten Juristen, denen angesichts des göttlichen Schöpfungsplans die Vorstellung einer objektiven Rechtsordnung bereits vertraut war.[81] In der Zeit einer Juridifizierung der Kirche[82] lag es nahe, sich auch die gewalttätigen Auseinandersetzungen zwischen den zahlreichen mittelalterlichen Herrschaften als rechtlich geordnet und als normgebunden vorzustellen,[83] zumal der gerichtliche Prozess im spätmittelalterlichen und frühneuzeitlichen juristischen Schrifttum als „Krieg Rechtens" bezeichnet wurde.[84]

Die Regeln des Kriegsrechts fasste Honoré Bouvet, selbst Doktor des kanonischen Rechts,[85] am Ende des 14. Jahrhunderts für den „gebildeten ritterlichen Lai-

---

[78] *Johannes de Legnano* (Fn. 77), cap. LXIX.

[79] *Emer de Vattel*, Le Droit de Gens ou Principes de la Loi Naturelle, 1758, übersetzt von Euler, 1959, Buch III, § 149, 440.

[80] *Johannes de Legnano* (Fn. 77), cap. CXI.

[81] *Willoweit*, Rechtsdenken (Fn. 4), 102.

[82] Statt aller: *Link*, Kirchliche Rechtsgeschichte, 3. Aufl., 2017, 41 ff.; *Feine*, Kirchliche Rechtsgeschichte, Bd. I, 1955, 241 ff.

[83] *Keen* (Fn. 30), 241; *Huizinga* (Fn. 30), 200.

[84] Quellennachweise aus der prozessualen Literatur und der Gesetzgebung der frühen Neuzeit bei *Schlinker*, Litis Contestatio, Eine Untersuchung über die Grundlagen des gelehrten Zivilprozesses in der Zeit vom 12. bis zum 19. Jahrhundert, 2008, 329, 343 f., 346, 351 f., 355, 410, passim.

[85] *Honoré Bonet* (Fn. 50), 15.

en"[86] zusammen. Seine Aufzählung der Personengruppen, die während des Krieges Schutz genießen sollten, fällt erheblich umfangreicher aus als die seiner Vorgänger. Er nennt Geistliche, Pilger, Frauen, Kinder, Kaufleute, Bauern, Schäfer, Studenten, alte Leute, Blinde, Stumme, Taube und Wahnsinnige.[87] Bouvet begründete seine Auswahl mit dem Argument, es handele sich um am Krieg Unbeteiligte, die den Kriegsgegner nicht unterstützten und daher auch nicht in Gefangenschaft geraten oder ausgeraubt werden dürften.[88] Wie Bartolus und Johannes von Legnano verwendete er den Ausdruck „innocentes", um die Unbeteiligten zusammenfassend zu bezeichnen.[89] Die Unterscheidung zwischen Kombattanten und Nichtkombattanten begann sich in der gelehrten Literatur zu verfestigen.

2. Die großen Werke des Völkerrechts in der frühen Neuzeit

a) Auf dieser Basis und in der Tradition der spätmittelalterlichen Kriegstraktate entstanden seit der Wende zum 16. Jahrhundert umfangreiche Schriften zum Völkerrecht, die bald autoritative Wirkung entfalteten. So ging Franciscus de Vitoria (1483–1546), der hier als Beispiel für die spanische Spätscholastik dienen soll, zunächst davon aus, die Tötung von Gefangenen sei rechtmäßig,[90] verwies aber sogleich auf das schon von Johannes von Legnano gebrauchte Argument der neuen Sitten und Anschauungen. Es habe sich nämlich mittlerweile der Kriegsbrauch herausgebildet, Gefangene nicht zu töten.[91] Franciscus de Vitoria mahnte, das Völkerrecht mit dem Inhalt anzuwenden, wie es unter guten, gesitteten Menschen Brauch sei.[92]

---

[86] *Ziegler*, Völkerrechtsgeschichte (Fn. 12), 110.

[87] *Honoré Bonet* (Fn. 50), cap. 48, 153 ff., cap. 86 ff., 179 ff., cap. 93 ff., 183 ff.

[88] *Honoré Bonet* (Fn. 50), cap. 48, 153 f.: „such men have non concern with the business of war", cap. 93, 183: „a man may very well be taken prisoner in his Lord's war, if he helps in this war either by his person or his goods"; *Schrödl* (Fn. 22), 114 f. mit Fn 498 verweist auf frühere Schriften, in denen sich dieser Gedanke bereits findet; *Helm* (Fn. 5), 71 ff.

[89] *Honoré Bonet* (richtig: Bouvet), L'Arbre des Batailles, hrsg. von Ernest Nys, Brüssel 1883, cap. 48, 140 ff.: „les simple gens et innocens", cap. 94, 201: „que cest enfant de ceste guerre est innocent"; *ders.* (Fn. 50), cap. 48, 154: „the humble and innocent [...] simple and innocent folk", cap. 94, 185: „innocent of the war"; ebenso später *Franciscus de Vitoria*, De indis recenter inventis et de iure belli Hispanorum in Barbaros, 1539, Nr. 34 ff., 148 ff.; *Ayala* (Fn. 36), lib. I, cap. IV, Nr. 9.

[90] *Cornelis van Bynkershoek*, Quaestionum Juris Publici libri duo, Leyden 1737, liber I, caput III, 18, hielt noch fest, dass dem Sieger das Recht über Leben und Tod der Besiegten zustand: „Quia in victum victori licent omnia, jus quoque vitae & necis penes victorem esse, nemo dubitaverit."

[91] *Franciscus de Vitoria* (Fn. 89), Nr. 49, 160 ff.; *Ayala* (Fn. 36), lib. I, cap. V, Nr. 28; *Vattel* (Fn. 79), Buch III, § 140, 434.

[92] *Franciscus de Vitoria* (Fn. 89), Nr. 49, 160 f.: „quia in bello multa iure gentium constituta sunt, videtur receptum consuetudine et usu belli ut captivi, parta victoria [...] et pericolo transeunte, non interficiantur, et servandum est ius gentium eo modo, quo inter bonos viros servari consuetum est."

Daraus folgerte Franciscus de Vitoria zweitens, die Kriegsgefangenschaft unter Christen begründe nach heutigem Kriegsbrauch und christlichem Naturrecht nicht mehr die Sklaverei: „Sed quia iure gentium inter Christianos videtur receptum ut Christiani iure belli non fiant servi“.[93] Zwar durften in einer kriegerischen Auseinandersetzung die Kombattanten getötet werden, aber verboten war die absichtliche Tötung Unschuldiger.[94] Dazu zählten Frauen und Kinder, Priester und Ordensleute, Bauern und die übrige friedliche Bevölkerung („alia gente pacifica“) und zwar sogar im Krieg gegen die Türken. Damit erweiterte Franciscus de Vitoria den Kreis der geschützten Personen über die Angehörigen der christlichen Religion hinaus. Eine Ausnahme betraf nur den Fall, dass Frauen und Kinder beim Beschuss einer Stadt zu Schaden kamen. Frauen und Kinder durften jedoch weiterhin gefangen genommen werden, um Lösegeld zu erpressen.[95]

Der bereits bei Johannes von Legnano anzutreffende Gedanke der Äquivalenz, der Gleichwertigkeit oder Verhältnismäßigkeit, wurde nun auch von Franciscus de Vitoria bemüht: Aus dem Krieg sollte kein größeres Übel hervorgehen als das Übel, das durch die Kriegsführung verhindert werden sollte. Das erläuterte Franciscus an zwei Beispielen: Wenn es für den Sieg nicht entscheidend war, eine Burg oder eine Stadt zu erobern, dann war es nicht erlaubt, viele Unschuldige durch Feuer und Wurfgeschosse zu töten, um nur wenige Schuldige zu besiegen.[96] Ein anderes Beispiel war das Beuterecht: In einem gerechten Krieg durften auch den „Unschuldigen“ im Feindesland, den Nichtkombattanten, Nahrungsmittel, Pferde und Schiffe weggenommen werden, weil die Feinde diese Gegenstände im Krieg zu ihren Gunsten gebrauchen konnten. Unzulässig war dagegen die Wegnahme ziviler Güter, wenn das militärisch nicht notwendig war, etwa weil der Krieg auch ohne die Konfiskation gewonnen werden konnte.[97]

Aber auch die Kombattanten durften nun Schutz erwarten. Ausgangspunkt der Betrachtung war wieder die Feststellung, dass bei Kampfhandlungen jeder getötet werden durfte, der auf der Gegenseite kämpfte. Diese Sichtweise konnte sich auf die Vorgaben stützen, die das 5. Buch Moses enthielt.[98] Das Recht, die Schuldigen, d.h. die Kombattanten, zu töten, blieb grundsätzlich sogar noch nach Abschluss der Kampfhandlungen erhalten. Aber nun folgt im Text eine wichtige Einschränkung: Alle Schuldigen im Sinne der Kombattanten zu töten, sei nicht in jeder Lage zulässig. Zur Begründung verwies Franciscus auf Kaiser Theodosius, der gegen Ende des 4. Jahrhunderts an den Einwohnern von Thessaloniki ein blutiges Strafgericht vollzogen und dem deshalb der Kirchenvater Ambrosius von Mailand den

[93] *Franciscus de Vitoria* (Fn. 89), Nr. 42, 156f.; ebenso *Ayala* (Fn. 36), lib. I, cap. V, Nr. 19; *Hugo Grotius*, De Jure Belli ac Pacis libri tres, Marburg 1734, liber III, cap. 7, art. 1 & 9, 630f., 636f., nach der Ausgabe Paris 1625 übersetzt von Schätzel, (Die Klassiker des Völkerrechts Bd. I), 1950, 480, 484; *van Bynkershoek* (Fn. 90), liber I, caput III, 19.

[94] *Franciscus de Vitoria* (Fn. 89), Nr. 34ff., 148ff.; ebenso *Ayala* (Fn. 36), lib. I, cap. IV, Nr. 9.

[95] *Ayala* (Fn. 36), lib. I, cap. V, Nr. 25.

[96] *Franciscus de Vitoria* (Fn. 89), Nr. 37, 150ff.

[97] *Franciscus de Vitoria* (Fn. 89), Nr. 39f., 154ff.

[98] Deuteronomium 20, 10–14; *Franciscus de Vitoria* (Fn. 89), Nr. 45ff., 158ff.

Eintritt in eine Kirche und den Besuch des Gottesdienstes verwehrt hatte.[99] Theodosius hatte es nämlich bei seiner Reaktion an der Gleichwertigkeit, der Äquivalenz, fehlen lassen. Der Maßstab für die Behandlung der Feinde sollte der vom Feind verursachte Schaden sein. Alle Feinde zu töten, war deshalb unter Christen nicht zulässig, wohl aber gegenüber den Ungläubigen, denn – so Franciscus – von diesen kann ein dauerhafter Frieden nicht erwartet werden. Anders als im Verhalten gegenüber Frauen und Kindern begründete die Religion insoweit ein differenziertes Vorgehen.

Bemerkenswert ist aber auch eine weitere Überlegung, die Franciscus de Vitoria zum Schutz der Kombattanten anstellte: Er argumentierte, Untertanen könnten nicht selbst prüfen, ob der Krieg, in den sie als Soldaten ziehen, gerecht oder ungerecht ist. Militärangehörige müssten sich vielmehr auf die Entscheidung ihres Fürsten verlassen, diesem Glauben schenken und seien ihm zum Gehorsam verpflichtet. Daher sollten alle Soldaten in Gefangenschaft „auf beiden Seiten unschuldig" sein, auch wenn sich eine Kriegspartei im Unrecht befand.[100]

b) Ethische Postulate als Argument zur Einschränkung kriegerischer Gewalt verwendete intensiv Hugo Grotius, der als Richtschnur für Kriegshandlungen und als Maßstab erlaubter Gewaltanwendung den Anstand und das Ehrgefühl („pudor") bezeichnete.[101] Der Anstand, das Ehrgefühl, verbot – so Grotius – manches, was die *lex* erlaubte („Quo sensu pudor vetare dicatur quod lex permittit").[102] Den Begriff *pudor* erläuterte Grotius mit der „Rücksicht auf das Billige und Gute" („in loco pudor [...] aequi et boni, aut certe eius quod aequius meliusque est, [...] significat")[103] und er verwies auf ein Zitat in Senecas Schrift „De clementia": „Bei dem Sklaven ist nicht an das zu denken, was du ihm ungestraft antun darfst, sondern was dir die Regel des Billigen und Guten gestattet".[104] So appellierte Grotius bei seinen Überlegungen zum Schicksal der Kriegsgefangenen an die Barmherzigkeit: Auch den besiegten Feinden gegenüber sollte der Sieger möglichst Gnade walten lassen.[105] „Unschuldige", dazu rechnete Grotius die Frauen und Kinder, alte Leute, Geistliche und Gelehrte, Bauern, Kaufleute und Handwerker sowie schließlich die Gefangenen und diejenigen, die sich ergeben hatten, sollten möglichst geschont werden.[106]

c) Auf den Kieler Gelehrten Samuel Rachel (1628–1691) hat bereits Karl Heinz Ziegler hingewiesen, der die autonome Entstehung des Völkerrechts einerseits auf

---

[99] *Franciscus de Vitoria* (Fn. 89), Nr. 45 ff., 158 ff.; *Ayala* (Fn. 36), lib. I, cap. IV, Nr. 7 & 8.

[100] *Franciscus de Vitoria* (Fn. 89), Nr. 48, 160 f.

[101] Der Schweizer Völkerrechtler Vattel sprach ein Jahrhundert ebenfalls von „Anstand und Menschlichkeit": *Vattel* (Fn. 79), Buch III, § 150, 440.

[102] *Grotius* (Fn. 93), liber III, cap. 10, art. 1, 653, bei Schätzel 498.

[103] *Grotius* (Fn. 93), liber III, cap. 10, art. 1, 654, bei Schätzel 498.

[104] *Grotius* (Fn. 93), liber III, cap. 10, art. 1, 655, bei Schätzel 499; *Seneca*, De clementia, liber I, cap. 18: „In mancipio cogitantum est, non quantum illud impune pati possit; sed quantum tibi permittat aequi bonique natura".

[105] *Grotius* (Fn. 93), liber III, cap. 11, art. 7, 672 ff., bei Schätzel 508 f.

[106] *Grotius* (Fn. 93), liber III, cap. 11, art. 8–15, 674 ff., bei Schätzel 510 ff.

Vereinbarungen („ius arbitrarium") und andererseits auf eine Gewohnheit kraft stillschweigender Übereinkunft („tacitum pactum") zurückführte.[107] Dieses Völkerrecht, das *ius gentium*, nennt Rachel ein „universale vinculum", durch das sich die Menschen gegenseitig und mithin vertraglich verpflichten.[108] Die Menschen hätten selbst nach ihrem Willen positives Recht gesetzt: „ipsum genus humanum varia Jura positiva pro suo arbitratu constituit".[109] Insofern kann als Geltungsgrund des Völkerrechts der „consensus omnium" gedacht werden.[110] Die Versuche, eine Begründung für das Völkerrecht zu finden, führten bei Christian Wolff (1679–1754) schließlich zur Annahme einer „civitas maxima",[111] die er als „politische, organisierte Einheit" verstand[112] und die Rechtsetzungskompetenz innehatte: „Universis gentibus in civitate maxima competit jus cogendi singulas, si obligationi suae satisfacere nolint".[113]

d) Sitte und Gewohnheit wurden in der frühen Neuzeit nun teils aus der Bibel, vor allem jedoch aus der griechischen und römischen Literatur geschöpft. Die antiken Geschichtsschreiber und Dichter (insbesondere Homer, Thukydides, Sophokles, Livius, Vergil, Tacitus und Plutarch) hatten zwar keine Regeln formuliert, aber über reale oder legendäre Kriegsereignisse berichtet, die teils als positive, teils als negative Beispiele und damit als normbegründende Faktoren dienten.[114] Methodisch ist von Interesse, dass die Rückbindung an die biblischen Texte und die antike Literatur eine selbständige wertende Betrachtung verlangte, denn einerseits fanden sich dort Beispiele für Formen archaischer Kriegsführung wie die Sklaverei und die Tötung von Gefangenen. Aus der Fülle der Zitate sollen hier nur ein Satz von Vergil aus der Aeneis, „dann mag lodern der Haß, dann mag man plündern und rauben"[115] sowie von Tacitus aus den Annalen genannt werden, der seinem Publikum mitteilte, Germanicus habe einen germanischen Volksstamm vollständig ausgelöscht und niemanden verschont.[116] Andererseits berichteten die antiken Schriftsteller über humanitäre Tendenzen. Seneca war überzeugt, Frauen und Kinder seien stets zu schonen.[117] Plutarch überlieferte, dass die Römer König

---

[107] *Samuel Rachel*, De Jure Naturae et Gentium Dissertationes, Kiel 1676, Dissertatio altera De Jure Gentium, 233–334, cap. II, 233: „Pactis itaque gentium Jus Gentium est constitutum." cap. 34, 262: „ex tacito pacto per continuatum sive propagatum inter eas Usum etiam autoritatem Juris et Obligationis inter illas obtinuisse." *Ziegler*, Völkerrechtsgeschichte (Fn. 12), 161.

[108] *Rachel* (Fn. 107), cap. I, 233: „invicem obligarentur".

[109] *Rachel* (Fn. 107), cap. I, 233.

[110] *Steiger* (Fn. 4), 112.

[111] *Christian Wolff*, Jus gentium methodo scientifica pertractatum, Halle/Magdeburg 1749, = Gesammelte Werke, Abt. II, Bd. 25, 1972, 8, § 10: „Civitas in quam Gentes coivisse intelliguntur et cuius ipsae sunt membra, seu cives, vocatur civitas maxima."

[112] *Steiger* (Fn. 4), 114.

[113] *Wolff* (Fn. 111), 11, § 13. Zur Kritik an dieser Konzeption zusammenfassend *Steiger* (Fn. 4), 115.

[114] *Alberico Gentili*, De iure belli libri tres, 1598/1612, in: Scott, (Ed.), The Classics of International Law, übersetzt von Rolfe, 1933, cap. 16 ff., 208 ff.

[115] *Vergil*, Aeneis, lat./dt., übersetzt von Johannes Götte, 10. Aufl., 2002, Buch X, Z. 14.

[116] *Tacitus*, Annalen, lat./dt., hrsg. von Erich Heller, 3. Aufl., 1997, Buch I, Kap. 51.

[117] *Gentili* (Fn. 114), cap. 21, 251.

Pyrrhus warnten, als ihnen dessen Leibarzt das Angebot machte, den König zu vergiften: „Nicht um euch zu gefallen, geben wir euch diese Nachricht, sondern um nicht selbst ehrlos zu sein.“[118] Die völlige Zerstörung Korinths durch die Römer nach der Ermordung des römischen Gesandten wurde etwa von Cicero als übermäßig getadelt,[119] und Augustinus berichtete lobend, dass die Goten nach der Eroberung Roms diejenigen verschonten, die zu den heiligen Stätten geflohen waren.[120]

Gleichermaßen diente – wie oben schon erwähnt – die mittelalterliche und zeitgenössische frühneuzeitliche Kriegspraxis dazu, Regeln oder Regelverstöße zu illustrieren. Ein spätes Beispiel ist Emer de Vattel (1714–1767), der berichtet, König Gustav Adolf von Schweden hätte nach der Eroberung Münchens die Zerstörung der Münchener Residenz ausdrücklich abgelehnt.[121] Und als negatives Beispiel erwähnte er die zweimalige Verwüstung der Pfalz durch französische Truppen.[122]

Aus diesem Erfahrungsschatz der Taten einzelner Feldherren oder Völker wurden auch unter Rückgriff auf ethische Ideale, etwa auf die Barmherzigkeit oder die Humanität, im wissenschaftlichen Schrifttum Regeln formuliert, die als Gewohnheit und Sitte Geltung beanspruchten. Die Kriegspraxis selbst trug auf diese Weise zur Entstehung weiterer spezifischer Regeln des Kriegsvölkerrechts bei.

e) Johann Jacob Moser (1701–1785) erlaubt uns in der Mitte des 18. Jahrhunderts in seinem Lehrbuch einen Blick in die völkerrechtliche Werkstatt. Zunächst zählte er noch die schützenswerten Personengruppen einzeln auf und nannte unbewehrte Standespersonen, Geistliche, Bauern, Frauen sowie Kranke,[123] doch sollten Leib, Gut und Leben aller feindlichen Untertanen unversehrt bleiben, solange diese die auferlegten Verpflichtungen, insbesondere die Kontributionen erbrachten.[124] Unnötige Verwüstungen waren ebenfalls verboten. So genossen geistliche Gebäude, Schulen, Obstbäume und Weinberge Schutz.[125] Den Kreis der geschützten Personen beschrieb Christian Wolff zeitgleich nur noch abstrakt. Die Tötung der Menschen, die im feindlichen Territorium lebten, aber nicht an den Kriegshandlungen teilnahmen, sowie der Gefangenen hielt er generell nicht für rechtmäßig.[126] Dieser allgemeine Gedanke, dass diejenigen schutzwürdig sind, die gar keine Intention haben, am Kampf mit Waffen teilzunehmen, war schon von Honoré Bouvet herangezogen worden und findet sich mehrfach in der Literatur des 18. Jahr-

---

118 *Vattel* (Fn. 79), Buch III, § 155, 446.

119 *Vattel* (Fn 79), Buch III, § 141, 434 f.

120 *Augustinus*, Episcopus Hipponensis, De civitate Dei, Corpus Christianorum, Series latina XLVII, 1955, I, 1.

121 *Vattel* (Fn. 79), Buch III, § 168, 454.

122 *Vattel* (Fn. 79), Buch III, § 167, 453.

123 *Johann Jacob Moser*, Grundsätze des europäischen Völkerrechts in Kriegszeiten, 1752, Buch II, Kap. 6, §§ 14 ff., 103.

124 *Moser* (Fn. 123), Buch II, Kap. 6, §§ 29, 32, 104 f., Kap. 8, 113 ff.

125 *Moser* (Fn. 123), Buch II, Kap. 6, §§ 22, 26, 28, 103 f., Kap. 7, §§ 17 & 19, 110.

126 *Wolff* (Fn. 111), 646 f., §§ 793 & 794.

hunderts[127]. Moser scheint dagegen weiterhin vom Einzelfall ausgegangen zu sein. Auf manche Fragen gab es seiner Ansicht nach jedoch noch keine eindeutige Antwort. So hielt es Moser noch für ungeklärt, ob Bergwerke, Hafenanlagen, Dämme und Wälder des Feindes zerstört werden durften oder Schutz genossen.[128] Seine Stellungnahme ließ jedenfalls bisweilen einen erheblichen Interpretationsspielraum offen: „Es muß [bei Belagerungen] dabey dasjenige beobachtet werden, was die Kriegs-Manier mit sich bringt."[129]

Aber was erlaubte die Kriegsmanier? Nach Ansicht des Schweizers Emer de Vattel musste das Gewissen befragt und mit Hilfe der Vernunft entschieden werden.[130] Vattel notierte im Jahr 1758: „Das legitime Ziel gibt ein wahres Recht nur auf die zur Erreichung dieses Ziels notwendigen Mittel; alles was darüber hinausgeht, wird durch das Naturrecht mißbilligt und ist vor dem Gewissen verwerflich und fehlerhaft."[131] Dazu ein Beispiel: Es sei – so Vattel weiter – „in einem aufgeklärten Jahrhundert" auch nicht mehr vertretbar, dass ein Festungskommandant, der eine Festung bis zuletzt verteidigt hat, von den Eroberern hingerichtet wird.[132] Diese Überlegungen flossen auch in die praktische Literatur ein:

> „Wie weit sich die Verwüstung der feindlichen Sachen und Güter nach der Billigkeit erstrecke, ist ebenfalls aus dem Endzweck des Kriegs zu beurteilen. Denn, wenn sie weder zu unsern Vortheil, noch zu des Feindes Abbruch etwas beyträgt oder der Sieg bereits erhalten ist, so wäre es wider die Regeln der Billigkeit und Klugheit, wenn man alles verwüsten oder verheren wollte, indem man wohl aus Rachgier dem anderen schadete, sich aber nicht den geringsten Nutzen schaffte."[133]

f) Nur kurz soll hier erwähnt werden, dass die Ausgestaltung des Kriegsvölkerrechts mit einer erneuten Veränderung des Heerwesens einher ging. Seit dem späten 17. Jahrhundert wurden die Kriege nicht mehr mit Söldnerarmeen, sondern mit einem stehenden Heer aus Berufssoldaten geführt, die regulären, steuerfinanzierten Sold erhielten[134] und durch Drill einer eisernen Disziplin unterworfen worden waren.[135] Beide Aspekte, der Drill und die regelmäßige Soldzahlung, dürften für die Zivilisierung der Kriegsführung im 18. Jahrhundert von erheblicher Bedeu-

---

127 *Hans Friedrich von Fleming*, Der vollkommene Teutsche Soldat, Leipzig 1726, Nachdruck 1967, 309, § 3; *Joachim Ernst von Beust*, Observationes militares oder Kriegs-Anmerckungen, Bd. I, Gotha 1743, caput II, obs. 20, § 1, 24.

128 *Moser* (Fn. 123), Buch II, Kap. 7, §§ 14 f., 107; Zeitgleich hielt *von Beust* (Fn. 127), caput XVI, obs. 291 & 292, 422 ff.; caput II, obs. 20, § 2, 25, neben Kirchen und Schulen, auch öffentliche Gebäude wie Rathäuser, sowie fruchttragende Bäume und Gewächse, im Regelfall auch Mühlen, Öfen, Bergwerke, Brunnen, Schmieden und Brücken für schützenswert.

129 *Moser* (Fn. 123), Buch II, Kap. 14, § 6, 138.

130 *Vattel* (Fn. 79), Buch III, §§ 188 f., 467 f.

131 *Vattel* (Fn. 79), Buch III, § 137, 432.

132 *Vattel* (Fn. 79), Buch III, § 143, 435 f.

133 *von Beust* (Fn. 127), caput II, obs. 20, § 3, 25.

134 *Howard* (Fn. 10), 79 ff.; *Delbrück* (Fn. 3), Bd. IV, 288 ff.; *von Beust* (Fn. 127), caput XIII, obs. 219 & 220, 329 f., caput XIV, obs. 227 ff., 339 ff.

135 *Howard* (Fn. 10), 81 ff.

tung gewesen sein.[136] Die Existenz der stehenden Heere ist ihrerseits ohne die Intensivierung der Staatstätigkeit im Übergang vom 17. auf das 18. Jahrhundert kaum denkbar,[137] denn für die notwendigen Finanzmittel musste das gewerblich tätige oder Handel treibende Bürgertum in Anspruch genommen werden. Wahrscheinlich hielten es die Regierungen für wünschenswert, die Zivilbevölkerung durch die militärischen Operationen möglichst wenig zu belasten, denn je weniger die Steuerzahler durch Kriege in Mitleidenschaft gezogen wurden, desto reichlicher floss das Geld in die Staatskasse.[138] Die Intensivierung der Staatsgewalt, die Disziplinierung der Armee und die Ausgestaltung der völkerrechtlichen Regeln zum Schutz aller Beteiligten, standen daher in einer Wechselbeziehung zueinander. Und noch ein weiterer Aspekt trat hinzu: Nach den Lehren des Merkantilismus wollte sich der Eroberer das neu erworbene Land nutzbringend und möglichst unversehrt aneignen.[139]

3. Kriegs- und Heeresordnungen sowie vertragliche Vereinbarungen des späten 17. und 18. Jahrhunderts

Die Ausführungen in der gelehrten Literatur blieben nicht auf die akademische Diskussion beschränkt, sondern fanden ihren Widerhall in den Kriegs- und Heeresordnungen, die seit dem späten 17. Jahrhundert erlassen wurden. Sie enthielten – wie bisher – erstens ausführliche Verhaltenskataloge, um die Disziplin im Heer selbst herzustellen und aufrecht zu erhalten, wie das Verbot der Gotteslästerung und das strafbewehrte Gebot, dem Fürsten und seinen Offizieren gehorsam zu sein.[140] Die Pflichten und Aufgaben der Soldaten wurden ebenso klar beschrieben wie die strafbewehrten Handlungen, insbesondere Desertation, Verrat oder Meuterei.[141] Bei Notzucht ging die Strafe beispielsweise an das Leben.[142] Ausdrücklich verboten waren auch Brandstiftung, Raub und Diebstahl in Städten und Dörfern „in fremden Landen", insbesondere die Zerstörung, Beschädigung oder Plünderung von Kirchen sowie der zivilen Infrastruktur, Hospitälern, Schulen, Schmieden, Backöfen oder bäuerlichen Gerätschaften.[143] Übertretungen wurden streng, häufig mit der Todesstrafe sanktioniert:

---

[136] *Howard* (Fn. 10), 87; *Helm* (Fn. 5), 118 ff., 130 f.; *von Beust* (Fn. 127), caput IV, obs. 60 & 62, 87 ff., obs. 67 & 68, 100 ff., caput XIII, obs. 219, 329.

[137] *Willoweit/Schlinker/Schwarz* (Fn. 16), § 23 II, 182 ff.

[138] *Howard* (Fn. 10), 103.

[139] *Helm* (Fn. 5), 132.

[140] Kriegs-Recht und Articuls-Brief des Kurfürsten Friedrich Wilhelm von Brandenburg von 1673, in: Corpus Juris Militaris Novissimum oder neuestes Kriegs-Recht, Leipzig 1724, 361–452, Art. 1 ff., 8 ff., Sp. 361 ff., 366 ff.; Kurfürstlich-sächsische Kriegsartikel von 1700, in: *Fleming* (Fn. 127), 139–142, Nr. 1 ff.; Im Corpus Juris Militaris finden sich auch viele weitere Kriegs- und Heeresordnungen des Kaisers und der Reichsstände.

[141] Kriegs-Recht und Articuls-Brief des Kurfürsten Friedrich Wilhelm (Fn. 140), 361–452, Art. 21 ff., 32 ff., 365 ff., 391 ff.; Kurfürstlich-sächsische Kriegsartikel von 1700 (Fn. 140), Nr. 5 ff.

[142] Kriegs-Recht und Articuls-Brief des Kurfürsten Friedrich Wilhelm (Fn. 140), Art. 51, 416.

[143] Kriegs-Recht und Articuls-Brief des Kurfürsten Friedrich Wilhelm (Fn. 140), Art. 59 f.,

„Die Kriegs-Ordren des Feld-Herrn verbinden alle Soldaten zu einen genauen Respect und Gehorsam. [...] Die sich also denen Ordren wiedersetzen, oder ohne dieselben handeln, werden sehr scharff und gemeiniglich am Leben gestrafft, wie solches von den ältesten Zeiten her stets also gehalten worden."[144]

Johann Friedrich Schulz hat in seinem Kommentar zum kurfürstlich-brandenburgischen Kriegsrecht von 1673 die Regeln für die Praxis zusammengestellt. Zwar hätten – so Schulz – nach Naturrecht alle Menschen, die in einem besiegten Land leben, getötet werden dürfen, aber:

„So wol sonsten ex licentia belli die Kirchen und andere geistliche Güter dem arbitrio victoris nicht weniger als alle andere profan-sachen exponiret seyn, [...] ex eadem belli licentia auch nicht allein alle diejenigen Personen, so würklich soldaten seyn, sondern auch alle andere, so unter des feindes bothmäßigkeit begriffen, lege naturali indulgente getödtet werden können, so ist doch heutigen tages in der Christenheit moribus gentium moratorium dieser rigor juris ex aequitate et intuitu humanitatis dergestalt temperiret, dass niemand solche licentieuse Freyheiten impune mehr exerciren darff, sondern es ist allenthalben denen victoribus ziel und maß gesetzet, wie weit sie hierinnen gehen sollen, worunter dann auch dieses mit begriffen, [...] dass niemand die kirchen und geistlichen stifftungen plündern noch die bürger und bauern berauben solle, [...] item Weiber und kinder oder quorum quaestus pacem amat, non bellum, worunter die bauern, kauf- und handwerksleute etc. gehören, allerdings verschonen und ihnen kein Leid zufügen lassen solle, es wäre dann, dass diese und dergleichen leute sich des krieges mit teilhafftig gemacht".[145]

Außerdem waren kriegsrechtliche Regeln in zwischenstaatlichen Verträgen enthalten, beispielsweise in einer vertraglichen Vereinbarung zwischen Spanien und den Niederlanden, die die Gefangennahme von Kindern männlichen Geschlechts unter 12 Jahren untersagte, weil beide Kriegsparteien „aus der Erfahrung befunden", dass viele Soldaten „anstatt, daß sie ihren Feind suchen solten, sich unterstanden, den Krieg gegen das schwache Geschlecht zu wenden, nähmlich wider Weibes-Bilder und kleiner Kinder".[146]

423; Art. 61 ff., 424 ff., Art. 65, 431; Kurfürstlich-sächsische Kriegsartikel von 1700 (Fn. 140), Nr. 19; von Beust (Fn. 127), caput XVI, obs. 291 & 292, 422 ff.; caput II, obs. 20, § 1, 24: Schutz von Frauen, alten Leuten, Kinder, Feldpredigern, Gefangenen, die sich ergeben haben, Handwerkern, es sei denn, sie kommen bei einer Belagerung ums Leben oder tragen zu Feindseligkeiten bei; caput II, obs. 20, § 2, 25: Geschützt sind Kirchen, Schulen, öffentliche Gebäude wie Rathäuser, fruchttragende Bäume und Gewächse, im Regelfall auch Mühlen, Öfen, Bergwerke, Brunnen, Schmieden und Brücken.

[144] *von Beust* (Fn. 127), caput IV, obs. 66, § 1, 97 (Zitat) mit verschiedenen zeitgenössischen Beispielen; Kriegs-Recht und Articuls-Brief des Kurfürsten Friedrich Wilhelm (Fn. 140), Art. 59 f., 423; Art. 61 ff., 424 ff., Art. 65, 431.

[145] *Johann Friedrich Schulz*, Compendium additionale zu den brandenburgischen Kriegsartikeln von 1673 (Kriegs-Recht und Articuls-Brief des Kurfürsten Friedrich Wilhelm von Brandenburg von 1673), in: Corpus Juris Militaris Novissimum (Fn. 140), 361–452 zu Art. 65, 431 f.

[146] *Fleming* (Fn. 127), 309, § 2.

V. Schluss

1. Das *ius in bello* stellt daher ein Beispiel für eine innergesellschaftliche Rechtsbildung dar. Zunächst sind von den Gottes- und Landfrieden, der ritterlichen Ethik, den Kriegs- und Heeresordnungen sowie den spätmittelalterlichen Traktaten über den Krieg wichtige Impulse für die Entstehung des *ius in bello* ausgegangen. Die weitere Ausgestaltung des Kriegsvölkerrecht beruhte teils auf kirchlichen und herrschaftlichen Geboten sowie auf Verträgen, bis zum 18. Jahrhundert aber überwiegend auf Herkommen und Sitte. Die kriegsrechtlichen Regeln, die als Herkommen und Sitte galten, arbeiteten die Gelehrten aus den verschriftlichten Erfahrungen kriegerischer Gewaltanwendung am Maßstab ethischer Postulate heraus und formulierten sie jedenfalls für die Christenheit als allgemeingültig. Nach und nach verfestigten sich die in der Wissenschaft entwickelten Regeln zu einer Rechtsüberzeugung, die stets für eine weitere Ausgestaltung offen war.

Auch im 17. Jahrhundert kam es zu vertraglichen Vereinbarungen kriegsvölkerrechtlichen Inhalts,[147] aber erst im späten 18., im 19. und 20. Jahrhundert wurden kriegsvölkerrechtliche Regeln vor allem durch Verträge begründet. Zu denken ist etwa an den kaum praktisch gewordenen Vertrag zwischen Preußen und den Vereinigten Staaten von 1785,[148] die Pariser Seerechtsdeklaration vom 16. April 1856, die Genfer Konvention zur Verbesserung des Loses der verwundeten Soldaten der Armeen im Felde vom 22. August 1864, die St. Petersburger Erklärung betreffend Nichtanwendung der Sprenggeschosse im Krieg vom 29.11./11.12 1868 und schließlich die Haager Landkriegsordnung von 1907.[149]

2. Ich möchte mit einem Ausblick schließen: Die Lektüre völkerrechtlicher Lehrbücher des 19. Jahrhunderts legt den Gedanken nahe, dass die Formulierung und die Akzeptanz von Menschenrechten und deren innerstaatlicher Schutz die inhaltliche Weiterentwicklung des Kriegsvölkerrechts nicht unerheblich gefördert hat.[150] Schon Wolfgang Preiser hat 1956 vermutet, dass das Kriegsvölkerrecht ein

---

[147] Zu denken ist an die Vertrag zwischen Spanien und den Niederlanden von 1673, von dem *Fleming* (Fn. 127), 309, berichtet.

[148] *Grewe*, Fontes Historiae Iuris Gentium, Quellen zur Geschichte des Völkerrechts Bd. II, 1988, Nr. 71, 556–569 sowie in: *Arndt* (Hrsg.), Der Freundschafts- und Handelsvertrag von 1785 zwischen Seiner Majestät dem König von Preußen und den Vereinigten Staaten von Amerika, 1977, 11–21, Art. 12 ff., insbesondere Art. 23 zum Schutz der Kaufleute und Art. 24 mit Schutzbestimmungen zur Behandlung von Kriegsgefangenen.

[149] Abdruck in: Deutsches Rotes Kreuz/Auswärtiges Amt/Bundesministerium der Verteidigung, Dokumente zum Humanitären Völkerrecht/Documents on International Humanitarian Law, 3. Aufl., 2016, Nr. 1, 3, 4, 8 ff.

[150] *Johann Caspar Bluntschli*, Das moderne Völkerrecht der civilisierten Staaten als Rechtsbuch dargestellt, 2. Aufl., 1872, § 529, 295; *August Wilhelm Heffter*, Das europäische Völkerrecht der Gegenwart, 1844, § 122, 207: „Allgemeine Menschenrechte der Einzelnen werden an sich durch den Krieg nicht aufgehoben. Sie unterliegen nur den Zufälligkeiten der Kriegsgeißel, welche ohne Wahl trifft, auch müssen sie sich den Beschränkungen unterwerfen, welche die kriegführenden Mächte dem Verkehr ihrer Unterthanen unter Einander oder mit Neutralen zu setzen für gut finden. So weit dies nicht ausdrücklich geschieht, darf in den Privatrechten der Einzelnen,

Abbild der innerstaatlichen Verfassungsordnung ist.[151] So schrieb etwa Johann Caspar Bluntschli (1808–1881) im Jahr 1872:

> „wir erkennen an, dass es natürliche Menschenrechte gibt, die im Krieg wie im Frieden zu beachten sind, [...]. So wenig die Sprache und Civilisation einer Nation in Folge einer Kriegserklärung plötzlich verschwindet und in die ursprüngliche Roheit und Barbarei zurücksinkt, ebenso wenig kann die Rechtscultur, das Erzeugnis einer Arbeit von Jahrhunderten auf einmal wieder erlöschen und ein Zustand völliger Rechtlosigkeit an seine Stelle treten. Da der Krieg wesentlich Rechtshülfe ist, so darf er nicht die Rechtsordnung verneinen, welcher er dienen will."[152]

Bluntschli betonte vehement, es sei „kein absolutes Recht der Kriegsgewalt [...] weder über die friedlichen Bewohner in dem feindlichen Lande, noch selbst über die kriegerischen Angehörigen des feindlichen Stats" anerkannt:

> „Dieses angebliche Recht des Siegers steht aber in offenbarem Widerspruch mit dem natürlichen Menschenrecht, welches im Krieg nicht aufhört, und mit der natürlichen Beschränkung aller Statsgewalt auf die Bedürfnisse des Gemeinlebens der Menschen, folglich auch mit der Beschränkung der Kriegsgewalt, welche nur Ausübung der Statsgewalt ist."[153]

Die Rechtsordnung wird eben durch den Krieg nicht aufgehoben, sondern wird als objektive Ordnung, die jeden Staat bindet, gedacht.[154] Bluntschli folgerte daraus: „Das heutige Kriegs- wie das Friedensrecht erkennt die grosse Rechtsregel an: Der Mensch ist niemals rechtlos."[155]

Während Reziprozität in der Antike als Gegenseitigkeit der militärischen Machtmittel und damit als militärische Gleichheit bezeichnet wurde, wird die Gegenseitigkeit im 19. Jahrhundert als Anerkennung des anderen Menschen als gleichrangiges Gegenüber verstanden. Die Akzeptanz der Gleichwertigkeit und die Überzeugung, sich zum gegenseitigen Nutzen einer Norm zu unterwerfen, zeitigt unmittelbare Auswirkungen auf die inhaltliche Ausgestaltung und Befolgung des Kriegsvölkerrechts. August Wilhelm Heffter nennt das in seinem 1844 erschienenen Lehrbuch des Völkerrechts „das äußerliche Princip der Reciprocität".[156] Die inhaltliche Ausgestaltung des Kriegsvölkerrechts hängt entscheidend davon ab, inwieweit sich die Kriegsparteien, das sind in einem späteren Zustand die Staaten und ihre Regierungen, gegenseitig als gleichwertige und gleichberechtigte Völkerrechtssubjekte anerkennen. Inwieweit dazu die verstärkte Hinwendung zur christlichen Religion im 19. Jahrhundert beigetragen hat, es ist etwa an

---

ja selbst in der Rechtsverfolgung desselben in Feindesland nach neuerem Kriegsrecht keine Veränderung vermuthet werden."

151 *Preiser*, Die Epochen der antiken Völkerrechtsgeschichte, in: JZ 1956, 737–744, 738.

152 *Bluntschli* (Fn. 150), § 529, 295; *Heffter* (Fn. 150), § 122, 207.

153 *Bluntschli* (Fn. 150), § 568, 318.

154 *Bluntschli* (Fn. 150), § 563, 316: „Das Völkerrecht achtet auch im Kriege die gemeine Rechtsordnung und verabscheut das Verbrechen."

155 *Bluntschli* (Fn. 150), § 562, 315; ähnlich *Heffter* (Fn. 150), § 122, 207.

156 *Heffter* (Fn. 150), § 139, 235.

Henri Dunat oder Florence Nightingale zu denken, muss hier offen bleiben.[157] Religiöse Überzeugungen können einerseits die Ausbildung des Kriegsvölkerrechts fördern, andererseits aber auch die Anerkennung der Kriegsparteien als gleichwertig verhindern. Der Blick in die Vergangenheit als auch die Betrachtung der Gegenwart lehrt jedoch, dass es – anders als in der griechischen Tragödie – noch nicht gelungen ist, die Rachegöttinnen, die Erynnien, in die Eumeniden zu verwandeln.

[157] Zur Erweckungsbewegung und zum Beginn der inneren Mission im westlichen Europa und in Nordamerika siehe statt aller *Hauschild*, Lehrbuch der Kirchen- und Dogmengeschichte, Bd. 2, 3. Aufl., 2005, 765 ff., 791 ff.

Rechtsgeschichtsschreibung und Wertfreiheitspostulat

Am Beispiel der Juristischen Zeitgeschichte[1]

Eric Hilgendorf

I. Einleitung

Beginnen will ich mit einer persönlichen Reminiszenz: Ich bin Dietmar Willoweit zu unterschiedlichen Zeiten und in ganz unterschiedlichen Rollen begegnet, einmal als Student Anfang der 80er Jahre in Tübingen, und dann ein zweites Mal als Kollege Anfang der 2000er Jahre in Würzburg. Meine heutigen Bemerkungen lassen mich sozusagen in eine dritte Rolle schlüpfen, die des Betrachters und Kritikers, wobei Kritik ihrem Wortsinn nach ja nicht Ablehnung, sondern Differenzierung und Analyse bedeutet.

Dietmar Willoweit war ohne Zweifel einer der großen Rechtshistoriker unserer Zeit. In seinem letzten Werk mit dem Titel „Rechtsdenken" legt er nicht weniger als den Versuch einer an den Gesichtspunkten „innergesellschaftliche Rechtsbildung" versus „staatliche Rechtssetzung" orientierten Universalgeschichte des Rechts vor.[2] Bemerkenswert ist nicht bloß die Detailtiefe von Willoweits Analysen und das erstaunlich breite Spektrum seiner Arbeiten, sondern auch seine sogar für einen Rechtshistoriker nicht selbstverständliche interdisziplinäre Offenheit und seine Bereitschaft, methodologische Fragestellungen ernst zu nehmen. Die beiden letztgenannten Faktoren – interdisziplinäre Offenheit und methodologische Sensibilität – lassen es als nicht fernliegend erscheinen, Willoweits Werk mit einem Kernproblem der Geschichtsschreibung zu konfrontieren, vielleicht dem Kernproblem der Sozialwissenschaften überhaupt: der Forderung nach Wertfreiheit der Wissenschaft.

1. Das Postulat der Wertfreiheit bei Max Weber

Sie ist heute vor allem mit dem Namen Max Webers verbunden, der zu Beginn des 20. Jahrhunderts mit großer Leidenschaft dafür eintrat, Wissenschaftler sollten deutlich machen, ob sie als Wissenschaftler die Tatsachen ihrer Disziplin darstellen oder ob sie als Privatpersonen persönliche Werturteile abgeben. Diese Position fin-

[1] Die Vortragsfassung wurde beibehalten, aber durch einen Anmerkungsapparat ergänzt.

[2] *Willoweit*, Rechtsdenken. Zwischen innergesellschaftlicher Rechtsbildung und hoheitlicher Rechtssetzung. Herausgegeben und auf Grundlage des vom Autor nahezu vollständig vollendeten Manuskipts ergänzt von Steffen Schlinker, 2024.

det in der juristischen Unterscheidung zwischen Darstellungen de lege lata und de lege ferenda ihre Entsprechung.[3] Im Methodenartikel des HRG, publiziert im Jahr 2016, bezeichnet Michael Stolleis die „Trennung von historisch-deskriptiven und normativen Aussagen" als „strenge methodische Regel".[4] Hintergrund von Webers Forderung nach Werturteilsfreiheit war die gerade vor dem ersten Weltkrieg weit verbreitete Praxis vieler Wissenschaftler, vom Katheder herab fachliche Ausführungen mit Wertungen politischer Natur, etwa Bekenntnissen zur nationalen Größe Deutschlands, zu verknüpfen, und zwar in einer Weise, die beim Publikum den Eindruck erwecken musste, die politischen Stellungnahmen seien von der fachlichen Autorität des Gelehrten gedeckt. Doch Politik und Wissenschaft sind unterschiedliche Tätigkeitsfelder, und es wäre, so Weber, unredlich, das Publikum über die Qualität der eigenen Äußerungen zu täuschen.[5]

Webers Forderung beruht auf zwei Prämissen, die er selbst nie ausführlicher begründet hat: zum einen der Annahme eines kategorischen Unterschieds zwischen Tatsachenaussagen und Wertungen bzw. Werturteilen, zum anderen der These von der Unmöglichkeit, Wertungen wissenschaftlich zu begründen. Beide Annahmen sind nicht unproblematisch, sollen hier aber akzeptiert werden. In seiner allerkürzesten Form lautet das Wertfreiheitspostulat also, Wissenschaftler sollten wissenschaftliche Aussagen von politischen Stellungnahmen trennen und ihr Publikum über den semantischen Status ihrer Äußerungen nicht in die Irre führen.

2. Präzisierung des Wertfreiheitskonzepts bei Hans Albert

40 Jahre nach Weber hat Hans Albert Webers Analysen fortgeführt und vorgeschlagen, das Wertfreiheitsproblem in vier Teilprobleme zu unterteilen, die auch in unserem Zusammenhang helfen können, die Problemsituation zu klären.[6]

---

[3] Es ist sogar denkbar, dass Max Weber, der zunächst Jura studiert hatte, dadurch zu seinem berühmten Postulat angeregt wurde.

[4] *Stolleis*, Methode der Rechtsgeschichte, in: Handwörterbuch zur deutschen Rechtsgeschichte, Band 3, 2. Aufl., 2016, Sp. 1476–1484, 1480.

[5] *Max Weber*, Der Sinn der „Wertfreiheit" der soziologischen und ökonomischen Wissenschaften (1917), in: ders., Gesammelte Aufsätze zur Wissenschaftslehre, hrsg. von Johannes Winckelmann, 7. Aufl., 1988, 489, 500, spricht von einer im Kern „triviale(n) Forderung: Dass der Forscher und Darsteller die Feststellung empirischer Tatsachen (einschließlich des von ihm festgestellten ‚wertenden' Verhaltens der von ihm untersuchten empirischen Menschen) und *seine* praktisch wertende, d. h. diese Tatsachen [...] als erfreulich oder unerfreulich *beurteilende*, in diesem Sinn. ‚bewertende' Stellungnahme unbedingt *auseinanderhalten* solle, weil es sich da nun einmal um heterogene Probleme handelt". Für eine umfassende Auseinandersetzung mit Webers Position *Horst Dreier*, Max Webers Postulat der Wertfreiheit in der Wissenschaft und die Politik, in: ders./Willoweit (Hrsg.), Wissenschaft und Politik, 2010, 37–70.

[6] *Albert*, Das Wertfreiheitsproblem im Lichte der logischen Analyse, Zeitschrift für die gesamte Staatswissenschaft, Band 112 (1956), 410–439.

(1) Ein erstes Teilproblem betrifft die Frage, ob man, wie es das Wertfreiheitspostulat fordert, Tatsachen und Tatsachenaussagen einerseits, Werte und Wertaussagen (oder Werturteile[7]) andererseits überhaupt voneinander unterscheiden kann. In der Sozialphilosophie ist dies gelegentlich in Zweifel gezogen worden. Für Juristen, die sich mit der Unterscheidung auch z. B. bei den §§ 185 ff. StGB oder 263 StGB zu beschäftigen haben, dürfte die Beantwortung der Frage weniger problematisch sein: Tatsachenaussagen sind Aussagen über Tatsachen; sie können wahr oder falsch sein. Dagegen sind ästhetische oder moralische Wertungen so sehr durch einen Akt der persönlichen Stellungnahmen geprägt, dass sie nicht wahrheitsfähig sind. Stattdessen könnte man sie als mehr oder weniger „vertretbar" oder „überzeugend" bezeichnen.

(2) Die zweite Teilfrage des Wertfreiheitsproblems betrifft die Wertbasis zeitgeschichtlicher Forschung. Es ist mehr oder weniger offenkundig, dass schon die Entscheidung, sich überhaupt mit Juristischer Zeitgeschichte zu beschäftigen, ferner die Wahl eines konkreten Themas, aber auch die Entscheidung für bestimmte Methoden eine Wertung als „wichtig", „relevant", „vorzugswürdig" usw. enthält. Ähnliches gilt für jede Form wissenschaftlicher Tätigkeit. Darin liegt kein Verstoß gegen das Postulat der Wertfreiheit.

(3) Die dritte Teilfrage führt näher an das eigentliche Wertfreiheitsproblem heran: Darf man eine Disziplin, in deren Gegenstandsbereich Wertungen oder Werturteile vorkommen, als „wissenschaftlich" bezeichnen? Anders als Naturwissenschaften wie z. B. die Physik oder die Chemie hat es die Juristische Zeitgeschichte (ebenso wie die Soziologie oder die Politologie) permanent mit Wertungen zu tun, etwa mit politischen Stellungnahmen oder gesetzlichen Wertungen. Aber kein Vertreter des Wertfreiheitspostulats hat jemals bezweifelt, dass Wertungen und Werturteile zum Gegenstand wissenschaftlichen Arbeitens gemacht werden können und dürfen. Die gegenteilige Ansicht liefe darauf hinaus, Wertungen und Werturteile aus dem möglichen Gegenstandsbereich kritischer wissenschaftlicher Analyse herauszunehmen, was den Intentionen der führenden Vertreter des Werturteilspostulats gerade nicht entspricht.

(4) Im Zentrum des Wertfreiheitsproblems liegt deshalb die vierte Teilfrage: Ist es zulässig, wenn Wissenschaftlerinnen und Wissenschaftler ihr Publikum „im Namen der Wissenschaft" nicht bloß über die Tatsachen ihrer Disziplin informieren, sondern auch persönliche Meinungen z. B. zu moralischen oder politischen Problemen abgeben? Von Max Weber und anderen Vertretern des Wertfreiheitspostulats wird diese Frage verneint.[8]

---

[7] „Wertaussage" und „Werturteil" werden üblicherweise als Synonyme verwendet. Das Besondere eines Werturteils (im Unterschied zu einer offenen Wertung wie „gut!" oder „schön!") liegt darin, dass das Werturteil („Dies ist ein guter Mensch") in der Form einer Aussage auftritt und deshalb nach seiner Oberflächengrammatik nicht ohne Weiteres von einer Tatsachenaussage unterschieden werden kann.

[8] Sehr deutlich *Weber* (Fn. 5), 492: „Von „allen Arten der Prophetie [ist] die in diesem Sinne persönlich gefärbte *Professoren-Prophetie* die einzige ganz und gar unerträgliche" (H. i. O.). Und

3. Zur Aktualität des Wertfreiheitspostulats

Die Aktualität des Wertfreiheitspostulats braucht nicht weiter betont zu werden: Wir alle erinnern uns an Virologen und andere Naturwissenschaftler, die während der Corona-Pandemie „im Namen der Wissenschaft" weitreichende, tief in die Grundrechte der Bürgerinnen und Bürger eingreifende politische Empfehlungen aussprachen, die sie nicht selten sogar als alternativlos darstellten. Noch weniger überzeugend wirkten die Juristen, die in der Corona-Zeit vor laufender Kamera den Eindruck erweckten, aus der grundgesetzlichen Menschenwürdegarantie, dem Recht auf körperliche Unversehrtheit oder dem Recht auf informationelle Selbstbestimmung in großem Detail zwingende Vorgaben der Pandemiebekämpfung herleiten zu können. Nach dem Überfall der Hamas auf Israel und den israelischen Gegenmaßnahmen im Gaza-Streifen erregten Wissenschaftlerinnen und Wissenschaftler mit aktivistischen pro-palästinensischen Verlautbarungen Aufsehen, wobei offenbar sogar bewusst wissenschaftliche Autorität und persönliche Stellungnahmen vermischt wurden. Alle genannten Verhaltensweisen lassen sich als Verstöße gegen das Postulat der Werturteilsfreiheit wissenschaftlichen Arbeitens deuten.

Es ist bemerkenswert, dass Dietmar Willoweit das Problem in aller Deutlichkeit in einem anderen Kontext schon einige Jahre vorher angesprochen hatte:

> „Die Feststellung eines Ist-Zustandes, des ‚Seins', ist von der Empfehlung, in bestimmter Weise tätig zu werden, vom ‚Sollen' also, logisch strikt zu unterscheiden – auch wenn sich angesichts eines empirisch festgestellten Sachverhaltes zuweilen eine normative Schlussfolgerung scheinbar zwingend aufdrängen möchte. Nicht jedem Wissenschaftler scheint das wirklich klar zu sein. Im Spektrum der Wissenschaften ist zwischen empirischen Forschungen, zu denen auch die Sozialwissenschaften und weitgehend die Arbeiten der Historiker gehören, und eher handlungsorientierten Disziplinen wie Jurisprudenz und Ethik zu unterscheiden. Wer glaubt, den naturwissenschaftlichen Fakten mit ‚Empfehlungen' Handlungsnormen entnehmen zu können, missachtet bewusst oder übersieht unbewusst diese Unterscheidung."[9]

Freilich scheint das Wertfreiheitspostulat je nach ins Auge gefasster Wissenschaftsdisziplin unterschiedlich überzeugend zu sein. Für die Naturwissenschaften leuchtet die Forderung nach Trennung von Faktendarstellung und eigenen moralischen oder politischen Stellungnahmen unmittelbar ein. Problematischer sind da schon die empirischen Sozialwissenschaften, für die Max Weber das Wertfreiheits-

---

a. a. O., 493 warnt er davor, „die bestehende *Zwangslage* des Studenten, um seines Fortkommens im Leben willen bestimmte Lehrveranstaltungen und also: deren Lehrer, aufsuchen zu müssen, dazu auszubeuten, um ihm neben dem, was er hierzu braucht: Weckung und Schulung seiner Auffassungsgabe und seines Denkens, und daneben: Kenntnisse, auch noch, vor jedem Widerspruch sicher, die eigene zuweilen gewiß ganz interessante (oft auch recht gleichgültige) sogenannte ‚Weltanschauung' einzuflößen."

[9] *Willoweit*, Zu viel Beratung, in: Süddeutsche Zeitung vom 20. Januar 2011, https://www.sueddeutsche.de/wissen/politik-und-beratung-zu-viel-beratung -1.1057110, zuletzt abgerufen am 05.05.2025.

postulat so leidenschaftlich formulierte. Noch unsicherer ist die Überzeugungskraft des Wertfreiheitspostulats in der Rechtswissenschaft, vor allem dann, wenn man, wie in der deutschen Rechtswissenschaft üblich, zwischen Rechtsdogmatik und Rechtsanwendung allenfalls theoretisch, nicht aber in den wissenschaftlichen Texten und auch nicht in der Lehre trennt.[10] Besonders problematisch erscheint die Befolgung des Wertfreiheitspostulats schließlich in der Geschichtsschreibung, und zwar unabhängig davon, ob man die Geschichtswissenschaft als empirische Sozialwissenschaft oder als hermeneutische Geisteswissenschaft eigener Art versteht.[11] Das gilt gerade für die Rechtsgeschichte.

Die Probleme kulminieren in der Juristischen Zeitgeschichte, einem Teilgebiet der allgemeinen Rechtsgeschichte, zu dem Dietmar Willoweit immer wieder scharfsinnige und erhellende Beiträge geliefert hat. Hier sind die historischen Entwicklungen meist noch nicht abgeschlossen und wissenschaftliche und politische Stellungnahmen lassen sich oft kaum voneinander trennen. Zu Recht bezeichnet Stolleis deshalb in seinem bereits erwähnten Methodenartikel die „besondere Subjektivität der Bewertung durch Zeitgenossen" als für die Juristische Zeitgeschichtsschreibung charakteristisches Methodenproblem,[12] und auch Willoweit hat auf das Problem mangelnder historischer Distanz hingewiesen.[13]

Die hier vorgelegte methodenkritische Skizze steht in der Tradition zahlreicher älterer Versuche, Geschichtsforschung, also die systematisch betriebene, auf Erlangung von begründetem Wissen gerichtete Beschäftigung mit der Vergangenheit, transparent zu machen, sie in methodologischer Perspektive zu analysieren und den Forschungsakteuren sozusagen einen Spiegel vorzuhalten. Nach einem bekannten Wort von Gustav Radbruch deutet ein Hang zur Selbstreflexion in einer Wissenschaft allerdings auf Verunsicherung oder gar Erkrankung hin. In vielerlei Hinsicht mag das tatsächlich zutreffen. Gelegentlich ist Selbstreflexion aber auch nötig, um sich der eigenen Leistungen, Aufgaben, Chancen, Gefährdungen und vielleicht auch Schwächen bewusst zu werden.

Anders als die deutsche Rechtsphilosophie befindet sich die Rechtsgeschichte zwar nicht in einer Krise; angesichts immer weiter reichender Mittel- und Stellenkürzungen und einem starken Trend zu einer ausschließlich falllösungsorientierten Rechtsausbildung ist es aber wohl nur noch eine Frage der Zeit, bis auch die

---

[10] *Hilgendorf*, Das Problem der Wertfreiheit in der Jurisprudenz, Konstanzer Begegnung: Dialog zwischen der Juristischen Fakultät der Universität Konstanz und Richtern des Bundesgerichtshofs, 2000, 21 ff.

[11] Dazu etwa *Faber*, Theorie der Geschichtswissenschaft, 3. Aufl., 1974, 109 ff.; *Jordan*, Theorien und Methoden der Geschichtswissenschaft, 5. Aufl., 2021, 118 ff.; *Nagl-Docekal*, Die Objektivität der Geschichtswissenschaft, Systematische Studien zum wissenschaftlichen Status der Historie, 1982, 86 ff.; *Schieder*, in: ders./Gräubig (Hrsg.), Theorienprobleme der Geschichtswissenschaft, 1977, 352–384; ferner die Beiträge in: Koselleck/Mommsen/Rüsen (Hrsg.), Objektivität und Parteilichkeit in der Geschichtswissenschaft, 1977 (Theorie der Geschichte, Band 1), und Acham/Schulze (Hrsg.), Teil und Ganzes, 1990 (Theorie der Geschichte, Band 6).

[12] *Stolleis*, Methode der Rechtsgeschichte (Fn. 4), Sp. 1476.

[13] *Willoweit*, Vorwort, in: ders. (Hrsg.), Rechtswissenschaft und Rechtsliteratur im 20. Jahrhundert. Mit Beiträgen zur Entwicklung des Verlags C.H. Beck, 2007, VIII.

akademisch betriebene Rechtsgeschichte ihre Daseinsberechtigung an juristischen Fakultäten wird verteidigen müssen. Deshalb erscheint es durchaus sinnvoll, sozusagen aus der Meta-Perspektive am Beispiel des Werturteilsproblems auf Leistungen, aber eben auch auf mögliche Probleme der Rechtsgeschichte als akademischer Disziplin zu reflektieren, um sie gegen den Zugriff eines nur noch auf unmittelbare praktische Verwertbarkeit ausgerichteten Zeitgeistes zu wappnen.

II. Die Leistungen der Rechtsgeschichte

In einem berühmten Text aus dem Jahr 1947 fragte Heinrich Mitteis – noch unter dem unmittelbaren Eindruck der NS-Zeit – nach dem „Lebenswert der Rechtsgeschichte“[14] und schrieb:

> „In einer Zeit, die zur Neubewertung unseres geistigen Besitzes zwingt, tritt an jeden Zweig der Wissenschaft das Gebot heran, sich vor sich selbst und der Allgemeinheit zu rechtfertigen und den Anspruch auf Anerkennung neu zu begründen. Kritische Besinnung muss zu der Frage führen: Wie ist Rechtsgeschichte überhaupt möglich? Was leistet sie für das Ganze der historischen Wissenschaften und der Rechtswissenschaft, worin liegt ihr Sinn und Wert für das Leben der Gegenwart, wie lohnt sich die auf sie verwandte Mühe und Arbeit? Hat sie überhaupt einen Lebenswert oder ist sie nur eine tote Materie für Spezialisten, eine Wissenschaft vom Nichtwissenswerten [...]?“

Und weiter:

> „Welche Rolle spielt in ihr die Persönlichkeit, was bedeutet sie selbst für die Persönlichkeit dessen, der sie zu einem Lebenswerk macht? Ist es möglich von ihr mehr zu erlangen als nur gelegentliche Aufklärung über Einzelfragen? Kann sie zu höherem Menschentum, zur Selbstbefreiung, zum Vertrauen auf die Kraft zur Schicksalsüberwindung führen? Lassen sich aus ihr die Gesetze erschließen, nach denen das Gemeinschaftsleben geordnet ist? Kann sie dem Historiker oder dem Juristen Einsichten in größere Zusammenhänge vermitteln, ist sie überhaupt wert als eigene Disziplin bezeichnet zu werden oder ist sie bloß eine Hilfswissenschaft? So laden wir die Rechtsgeschichte vor das Forum des Lebens und fordern ihr den Nachweis ab, dass sich ihre Ergebnisse unmittelbar in Gegenwartswerte umsetzen lassen.“[15]

Das Zitat verdeutlicht eindrucksvoll, wie viele Aspekte unsere Fragestellung aufweist. Einige davon, etwa der Aufstieg zu höherem Menschentum oder die Anleitung zur Selbstbefreiung, scheinen für unsere Problemstellung heute nicht besonders relevant zu sein. Dagegen rühren Fragen wie die nach dem Wert der Rechtsgeschichte für die Rechtswissenschaft als solcher unmittelbar an das Selbstverständnis der Disziplin. Dabei möchte ich davon ausgehen, dass die Juristische Zeitgeschichte, mit der ich mich hier pars pro toto beschäftigen möchte, ein Teilgebiet der Rechtsgeschichte ist, also mittelbar, wie auch Willoweit immer wieder her-

[14] *Mitteis*, Vom Lebenswert der Rechtsgeschichte, 1947.
[15] *Mitteis* (Fn. 14), 8.

vorgehoben hat,[16] ein Teilgebiet der allgemeinen Geschichtswissenschaft darstellt. Sie gehört also nicht zur dogmatisch betriebenen Rechtswissenschaft i. e. S.[17] Als Gebiet der Rechtsgeschichte zeichnet sich auch die Juristische Zeitgeschichte durch eine gewisse Zurückhaltung gegenüber Methodenfragen aus, eine Reserviertheit, die schon Heinrich Mitteis bemerkt hat:

> Die Rechtsgeschichte, so schreibt er, ist „sich selbst noch nicht zum Problem geworden, sie hat sich methodischen Fragen gegenüber gleichgültiger verhalten als andere Teile der Geschichtswissenschaft. [...] Die Rechtsgeschichte verrichtete bisher ihr Werk anscheinend – oder nur scheinbar? – mit nachtwandlerischer Selbstsicherheit. Sie ließ sich in immer erneuter Entdeckerfreude von einem Stoffgebiet zum anderen tragen, häufte ihr Material zu Bergen von schwindelerregender Höhe, interpretierte ihre Quellen eingehend – aber doch meist unreflektiert, vom Standpunkt eines naiven Realismus aus; sie verwandte juristische, wirtschaftliche, manchmal auch naturwissenschaftliche Begriffe ohne erschöpfende Nachprüfung ihres Sinngehaltes. Sie war sich selbst genug und suchte nur wenig Berührung mit den Nachbarwissenschaften, ihre Darstellungen wandten und wenden sich meist nur an einige wenige Fachleute“.[18]

Mitteis’ Diagnose scheint mir auch heute noch zuzutreffen, und zwar nicht nur für die Rechtsgeschichte im Allgemeinen, sondern auch für die Juristische Zeitgeschichte.

III. Versuch einer Charakteristik der Juristischen Zeitgeschichte

1. Was ist Juristische Zeitgeschichte?

Unter juristischer Zeitgeschichte möchte ich, einem Vorschlag Thomas Vormbaums folgend, „eine Rechtsgeschichte der gegenwärtigen Rechtsepoche [verstehen, E.H.], die sich allgemeingeschichtlichen Fragestellungen einerseits, rechtsphilosophischen und –theoretischen Fragstellungen andererseits öffnet und aus den letzteren auch Maßstäbe für die Bewertung des geltenden Rechts entwickelt. Die gegenwärtige Rechtsepoche beginnt mit der Epochenschwelle in der zweiten Hälfte des 18. Jahrhunderts.“[19]

Es ist bemerkenswert, dass eine so gefasste Zeitgeschichte von manchen Historikern, auch Historikern des Rechts oder des Rechtsdenkens, mehr oder weniger deutlich abgelehnt wird. So heißt es bei Stig Strömholm in seiner bis heute lesenswerten „Kurzen Geschichte der abendländischen Rechtsphilosophie“, „‚Geschichte‘ zu weit auszudehnen und darunter auch ‚Zeitgenössisches‘ zu verstehen, dürfte eine besonders verräterische Art intellektueller Unredlichkeit sein, nämlich Ideen

---

[16] Vgl. nur *Willoweit*, in: Dreier (Hrsg.), Rechtssoziologie am Ende des 20. Jahrhunderts. Gedächtnissymposion für Edgar Michael Wenz, 2000, 342f.

[17] Zum Selbstverständnis der deutschen Rechtswissenschaft siehe die Beiträge in Hilgendorf/Schulze-Fielitz (Hrsg.), Selbstreflexion der Rechtswissenschaft, 2. Aufl., 2021.

[18] *Mitteis* (Fn. 14), 7.

[19] *Vormbaum*, Juristische Zeitgeschichte. Darstellungen und Deutungen, 2011, 1.

und Theorien, die noch akademischen oder politischen Staub aufwirbeln, mit der angeblichen Objektivität, Ausgewogenheit, Distanziertheit und Überschau des Historikers darzustellen".[20] Ähnlich erklärt Willoweit im Vorwort zu einer 2007 erschienenen Übersicht über die deutsche Rechtswissenschaft der letzten 100 Jahre, es sei noch zu früh, um „die Europäisierung der nationalen Rechtsordnung [...] aus der erforderlichen historischen Distanz" zu thematisieren.[21]

Was Strömholm anspricht und Willoweit andeutet, ist offenkundig die Versuchung, unter dem Deckmantel geschichtswissenschaftlicher Objektivität eigene politische oder moralische Stellungnahmen zu Gegenwartsfragen abzugeben, m.a.W. das klassische Problem der Werturteilsfreiheit der Wissenschaft.[22]

2. Der Gegenstandsbereich der juristischen Zeitgeschichte

Eine andere kritische Anfrage im Kontext des Wertfreiheitsproblems lässt sich mit Blick auf die Auswahl des von der Juristischen Zeitgeschichte bearbeiteten Zeithorizonts formulieren. Wo verläuft eigentlich die Grenze zwischen juristischer Zeitgeschichte und „normaler Rechtsgeschichte", und impliziert eine Grenzziehung nicht notwendigerweise eine Wertung und damit einen Verstoß gegen das Postulat wissenschaftlicher Wertfreiheit? Richtigerweise wird man festzustellen haben, dass es eine scharfe Grenze zwischen Juristischer Zeitgeschichte und allgemeiner Rechtsgeschichte nicht gibt. Es handelt sich vielmehr um zwei sich inhaltlich überschneidende Konzepte, deren Abgrenzung in ganz unterschiedlicher Weise vorgenommen werden kann. Die Abgrenzungsproblematik verdeutlicht die Gefahren des Essentialismus, in unserem Kontext also der Vorstellung, es gebe sozusagen a priori eine feste Abgrenzung zwischen juristischer Zeitgeschichte und allgemeiner Rechtsgeschichte, die es nur zu erkennen und darzustellen gelte.

Mit derartigen Problemen schlagen sich in der Regel weniger Rechtshistoriker als vielmehr die Rechts- und Wissenschaftsphilosophen herum. Man wird hier allerdings von einem philosophischen Scheinproblem sprechen müssen. Welchen Gegenstandsbereich die Juristische Zeitgeschichte hat, ist nicht vorgegeben, sondern eine Frage der Konvention, der wertungsgeleiteten Setzung. Die Entscheidung für die 2. Hälfte des 18. Jahrhunderts als „Achsenzeit" für das Verständnis unseres heutigen Rechts[23] ist sehr gut vertretbar, auch wenn der auf diese Weise für die Juristische Zeitgeschichte reservierte Zeitraum sehr umfangreich ist, zumal dann, wenn man nicht nur Deutschland, sondern ganz Europa in den Blick zu nehmen gedenkt, von den Schwierigkeiten der Definition einer „globalen juristischen Zeitgeschichte" ganz zu schweigen. Letztere lässt sich sinnvoll wohl nur für bestimmte Gegenstandsbereiche, etwa die Entwicklung der Menschenrechte nach 1945, behandeln.

---

[20] *Strömhom*, Kurze Geschichte der abendländischen Rechtsphilosophie, 1991, 276.
[21] *Willoweit* (Fn. 13), VIII.
[22] Siehe oben I.1.
[23] So *Vormbaum* (Fn. 19), 1.

Die Begrenzung des zeitlichen Horizonts der Juristischen Zeitgeschichte beruht also auf einer Entscheidung, mithin auf einer Wertung. Dies stellt aber keinen Verstoß gegen das Postulat der Wertfreiheit dar, wenn man darunter mit Max Weber und Hans Albert die Trennung von fachlich-deskriptiven und moralisch oder politisch wertenden Aussagen versteht. Ebenso wenig involvieren die Wahl eines bestimmten Themas oder einer bestimmten Methode einen Verstoß gegen das Wertfreiheitspostulat. Dass derartige Behauptungen dennoch bis heute immer wieder aufgestellt werden, zeigt, wie recht Max Weber mit seiner Klage über die Fülle der mit dem Wertfreiheitspostulat verbundenen Missverständnisse hatte.[24]

3. Die Akteure der juristischen Zeitgeschichte

Wer sind die Akteure der juristischen Zeitgeschichtsforschung und damit die Adressaten des Wertfreiheitspostulats? Sind es Historiker, oder Juristen? Mit Blick auf die organisatorische Verortung der Rechtsgeschichte jedenfalls in Deutschland wird man eher letzteres vermuten dürfen. Dass die Rechtsgeschichte gerade in den juristischen Fakultäten so stark vertreten ist oder jedenfalls war, ist wohl vor allem der Tatsache zu verdanken, dass Anfang des 19. Jahrhunderts mit Savigny und der von ihm inspirierten Historischen Rechtsschule eine Strömung die Rechtswissenschaft beherrschte, die Rechtsgeschichte und Rechtswissenschaft im Wesentlichen gleichsetzte. Nach dem Zerfall der Historischen Rechtsschule blieben die Rechtshistoriker an den Juristischen Fakultäten, weniger aus sachlichen Gründen, sondern wohl schlichtweg infolge der Unbeweglichkeit des Universitätssystems. Thematisch und auch methodologisch stehen, wie auch Dietmar Willoweit anmerkt, die Rechtsgeschichte und damit auch die Juristische Zeitgeschichte der allgemeinen Geschichtswissenschaft erheblich näher als der juristischen Königsdisziplin, der Rechtsdogmatik.[25]

Rechtsgeschichte als Teil der allgemeinen Geschichte kann und wird aber auch von Historikern und Historikerinnen ohne spezifisch juristische Ausbildung betrieben. Klassische Beispiele hierfür sind etwa Arbeiten von Franz Schnabel[26] oder Fritz Hartung.[27] Bei der Juristischen Zeitgeschichte verhält sich dies anders. Da sie als eines ihrer Hauptelemente die Dogmengeschichte enthält, deren Darstellung, Systematisierung und Analyse wiederum spezifisch juristische Fähigkeiten erfordert, sind die Vertreter der Juristischen Zeitgeschichte zumindest derzeit ganz überwiegend Angehörige der juristischen Fakultäten. Darin scheint ein durchaus bemerkenswerter Unterschied zwischen der Juristischen Zeitgeschichte und der Rechtsgeschichte als solcher zu liegen.

---

24 *Weber* (Fn. 5), 499 ff.

25 Siehe oben Fn. 16.

26 Deutsche Geschichte im neunzehnten Jahrhundert, 8. Bände, 1964/1965, v. a. Band 3, 62 ff.

27 Deutsche Verfassungsgeschichte, 9. Aufl. 1969.

4. Textformen der Juristischen Zeitgeschichte

Mit Blick auf das Wertfreiheitspostulat sind auch die gewählten Textformen von großer Bedeutung. Man wird zunächst an Geschichtsschreibung in der einfachsten Form zu denken haben. Der Autor bzw. die Autorin reflektiert hier nicht über den darzustellenden Stoff, sondern wählt „intuitiv" aus und „berichtet, wie es gewesen ist". Methodologisch ist dies schon deshalb naiv,[28] weil die Wirklichkeit, die historischen „Tatsachen", durch die Perspektive des Historikers erst „konstruiert" werden. Dabei spielen Wertungen eine ausschlaggebende Rolle, auch dann, wenn sie unbewusst erfolgen. Ein Verstoß gegen das Weber´sche Wertfreiheitspostulat liegt darin jedoch nicht. In jeder Auswahl eines bestimmten Gegenstandsbereichs wissenschaftlicher Arbeit liegt eine Entscheidung und damit eine (bewusste oder unbewusste) Wertung.[29]

Daneben tritt die – wesentlich anspruchsvollere – Dogmengeschichte als spezifische Form der Juristischen Zeitgeschichte. Es geht hierbei um die historische Aufarbeitung der Genese juristischer Regelungen bzw. Regelungsbereiche, also etwa des Rechts der Gefährdungshaftung, des Straßenverkehrsrechts oder auch der Todesstrafe oder des Rechts der Sterbehilfe. Derartige Darstellungen helfen, die ursprüngliche Zielsetzung einer Regelung besser zu verstehen, und können darüber hinaus zum Verständnis aktueller Interpretationsmöglichkeiten beitragen. Bei der Bewertung älterer Regelungsmodelle ist Vorsicht angebracht: Wer dem Postulat der Werturteilsfreiheit folgen will, muss sicherstellen, dass die Maßstäbe der Bewertung offengelegt werden. Wertungen „unter der Hand" schaffen die Gefahr, dass unbemerkt persönliche Wertungen einfließen.

Eine dritte Form zeitgeschichtlichen Arbeitens sind Werke, die man als „zeitgeschichtliche Aktualisierungen" bezeichnen könnte: ein historischer Stoff wird so aufbereitet, dass er eine besondere zeitgeschichtliche Relevanz erkennen lässt. Beispielhaft erwähnt sei in diesem Zusammenhang etwa Willoweits schon etwas ältere Studie über die „Geschichtliche[n] Wandlungen der Eigentumsordnung und ihre Bedeutung für die Menschenrechtsdiskussion", worin er, bis zum Neolithikum zurückgehend, den Zusammenhang von Eigentum und Freiheit aufzeigt.[30] Vergleichbare Themen mit spezifischem Aktualitätsbezug könnten sein: die Geschichte der Finanzmarktkrise von 2008, ihre Vorgeschichte und ihre juristischen Begleitumstände, die Geschichte des § 217 StGB und seine Vorgeschichte, aber auch die Geschichte der Auseinandersetzung der katholischen Kirche mit dem Ju-

---

28 Man denke an Mitteis Bemerkung zum „naiven Realismus", oben II. am Ende.

29 Siehe oben Teilfrage 2 der Albert'schen Unterteilung des Wertfreiheitsproblems.

30 Geschichtliche Wandlungen der Eigentumsordnung und ihre Bedeutung für die Menschenrechtsdiskussion, in: Schwartländer/Willoweit (Hrsg.), Das Recht des Menschen auf Eigentum, 1983, 7 ff. Ein anderes Beispiel bildet das Werk von Koch über das Feindstrafrecht und seine Parallelen zur Hexenverfolgung („Wider ein Feindstrafrecht: Juristische Kritik am Hexereiverfahren", 2012). Koch zeigt, dass die Mechanismen der Diskriminierung und Ausgrenzung, die den Hexenverfolgungen zugrunde lagen, mutatis mutandis auch im Kontext des „Feindstrafrechts" wieder auftauchen.

dentum oder mit Homosexualität und die Antworten der Rechtsordnung darauf. Es bedarf keiner näheren Ausführung, dass bei derartigen Themenstellungen die Versuchung, unter der Hand Eigenwertungen einfließen zu lassen und damit gegen das Wertfreiheitspostulat zu verstoßen, besonders groß ist.

Ein anderes Genre der Juristischen Zeitgeschichte, welches in den vergangenen 20 Jahren erheblich an Bedeutung gewonnen hat, ist die Biografie. Gerade Dietmar Willoweit hat zahlreiche Biographien verfasst, die meist herausragenden Juristen gewidmet sind.[31] Verwandt damit, aber doch in wesentlichen Hinsichten von der Biographie zu unterscheiden ist die Autobiographie, also die Selbstbeschreibung von Lebenslauf und beruflichem Werdegang. Gerade die Autobiographie hat in der Rechtwissenschaft in den letzten Jahren einen erheblichen Aufschwung erlebt.[32] Kennzeichnend für sie ist, dass der Autor selbst auswählt, welche Fakten und Geschehnisse in Bezug auf seine Person relevant sind. Dadurch gewinnt die (auto-) biographische Darstellung eine einzigartige Authentizität; auch als Quelle und Vergleichsmaßstab späterer Biographien ist sie von überragendem Wert.

Andererseits lässt sich kaum bestreiten, dass Selbsttäuschungen, nachträgliche Rationalisierungen und auch bewusste Fehldarstellungen bei der Autobiographie ein notorisches Problem darstellen. Es liegt auf der Hand, dass die Einhaltung des Postulats der Wertfreiheit schon in der Biographie problematisch wird. Bei der Autobiographie dürfte das Wertfreiheitspostulat nur noch stark eingeschränkt sinnvoll sein. Immerhin wird man von einem Wissenschaftler auch in einer Autobiographie verlangen können, deskriptive Passagen (etwa über ein politisches Geschehen oder persönliche Beziehungen) nicht unter der Hand mit persönlichen Bewertungen in Gestalt von Pseudo-Tatsachenaussagen anzureichern.

IV. Methodenfragen

Der knappe Überblick über verschiedene Texttypen der Zeitgeschichte und sich dabei ergebende Probleme erlaubt es, im Anschluss an Dietmar Willoweit einige methodologische Herausforderungen der Zeitgeschichte und der Geschichtswissenschaft etwas genauer in den Blick zu nehmen.

---

[31] Siehe etwa *Willoweit*, Hermann Conring, in: Stolleis (Hrsg.), Staatsdenker im 17. und 18. Jahrhundert, 1977, 129; *ders.*, Zur Grundlegung der Jurisprudenz an der Universität Dorpat durch Chr. Chr. Dabelow, in: Kronauer (Hrsg.), Aufklärer im Baltikum, 2011, 187–202; sowie den von Willoweit herausgegebenen Sammelband: Denker, Forscher und Entdecker. Eine Geschichte der Bayerischen Akademie der Wissenschaften in historischen Portraits, unter Mitarbeit von Ellen Latzin, 2009.

[32] Auch ich selbst habe zu dem Genre als Herausgeber von Strafrechtslehrerautobiographien einen bescheidenen Beitrag zu leisten versucht, vgl. etwa Hilgendorf (Hrsg.), Die deutsche Strafrechtswissenschaft in Selbstdarstellungen, 2010.

1. Sein und Sollen: Anthropologische Konstanten bei Dietmar Willoweit

Es ist zunächst sehr bemerkenswert, dass Willoweit in einer seiner letzten Publikationen, dem bereits erwähnten Buch über das Rechtsdenken, ausführlich zum „Sein-Sollen"-Thema Stellung bezogen hat. Dies geschieht im Zusammenhang mit einer Diskussion der Erforschung der biologischen Wurzeln von Kooperation und Aggression, also der sogenannten Soziobiologie. Soziobiologie spürt u. a. den Zusammenhängen zwischen unseren evolutionär entwickelten Verhaltensdispositionen einerseits und Kulturerscheinungen wie Ethik und Recht andererseits nach,[33] wobei sie eine konsequent naturalistische Perspektive einnimmt.[34]

Eine zentrale Konsequenz dieses Forschungsansatzes für das Recht fasst Willoweit wie folgt zusammen: Die Soziobiologie, so schreibt er, „versteht […] nicht den beliebigen Willen des Menschen, sondern die mit seiner biologischen Ausstattung verbundenen sozialen Gegebenheiten als wahren Grund des Rechts, das sie widerspiegelt und allenfalls modifizieren, nicht aber völlig ignorieren kann."[35] Und er fährt fort: „Biologische Fakten und soziobiologische Überlegungen eignen sich in der Tat, bekanntes Verhalten besser zu verstehen: die Kooperation überhaupt, aber auch die dabei zu beobachtende Herausbildung einer Rangordnung, das Dominanzverhalten konkurrierender Männer, die Tendenz zur Schaffung von Territorialität als ökonomische Basis der eigenen Kleingruppe, deren Überlebenschancen weitaus größer sind als die von isolierten Individuen."[36]

Aber droht hier nicht ein (Fehl-)Schluss vom Sein auf ein Sollen, ein unbegründetes Vermengen von Fakten mit unausgewiesenen normativen Gesichtspunkten? Darin würde ein Verstoß gegen Webers Wertfreiheitspostulat liegen. Völlig zu Recht verweist Willoweit deswegen auf David Hume und dessen Darlegung, dass aus der Beobachtung eines Seins nicht auf das Vorliegen eines moralphilosophischen oder rechtlichen Sollens geschlossen werden darf,[37] und fährt fort:

> „Der entscheidende Schritt zur Wahrnehmung eines gesollten Satzes als einer Rechtsnorm bedarf einer weiteren gedanklichen Operation, einer irgendwie gearteten Legitimation, wenigstens der sozialen Akzeptanz einer Gruppe, die solche Normen als für sie grundsätzlich verbindliche befolgt".[38]

Soziobiologie kann also, so wird man Willoweit interpretieren dürfen, menschliches Verhalten erklären und sie kann uns helfen, bekanntes Verhalten besser zu verstehen.[39] Biologische Erkenntnisse vermögen Recht jedoch nicht zwingend zu

---

[33] *Voland*, Die Evolution von Kooperation und Konkurrenz, 5. Aufl., 2023. Sehr aufgeschlossen gegenüber der Soziobiologie schon *Willoweit*, in: Festschrift für Jan Schröder zum 70. Geburtstag, 2013, 799–807.

[34] Zum Naturalismus im Recht *Hilgendorf*, Naturalismus im (Straf-)Recht: Ein Beitrag zum Thema „Recht und Wissenschaft", in: Jahrbuch für Recht und Ethik, Band 11 (2003), 83–102.

[35] *Willoweit* (Fn. 2), 25.

[36] *Willoweit* (Fn. 2), 27.

[37] *Willoweit* (Fn. 2), 24.

[38] *Willoweit* (Fn. 2), 27.

[39] *Willoweit* (Fn. 2), 26.

legitimieren. Immerhin scheint mir, diese Zwischenbemerkung sei erlaubt, der Rekurs auf möglicherweise empirisch erwiesene universelle menschliche Bedürfnisse ein starkes Argument dafür zu sein, entsprechende Bedürfnisse auch rechtlich zu schützen.[40]

2. Verstehen und Erklären

Ein anderes interessantes methodologisches Problem, das sich im Zusammenhang mit der Juristischen Zeitgeschichte stellt und an die eben erörterte Problemstellung unmittelbar anknüpft, ist die Auseinandersetzung um „Verstehen" und „Erklären". Auch dieses Problem wurde schon in den sechziger und siebziger Jahren intensiv diskutiert.[41] Seine Bedeutung gerade für neue Forschungsgebiete wie die Juristische Zeitgeschichte sollte nicht unterschätzt werden. Der Streit lässt sich dahingehend zusammenfassen, dass für die Einen das Verstehen im Sinn eines (meist wertenden) Einfühlens in eine fremde Gedankenwelt, das mitfühlende Einordnen in einen fremden Überlieferungszusammenhang im Mittelpunkt der historischen Forschung steht, während die Anderen, insoweit den empirischen Wissenschaften folgend, auch für die Geschichte die Notwendigkeit von Erklärungen betonen, die frei von Eigenwertung sind, also die (wertfreie) Deutung einzelner Geschehnisse als Ausdruck einer allgemeineren Gesetzmäßigkeit.[42] Wie eben ausgeführt, ist Willoweit der Meinung, dass soziobiologische Erkenntnisse jedenfalls dabei helfen können, menschliches Verhalten durch Rückführung auf Gesetzmäßigkeiten zu erklären.[43]

Diese Ansicht verdient Zustimmung. Dass derartige Gesetzmäßigkeiten gerade in den historischen und den Sozialwissenschaften so gut wie nie in exakter quantifizierter Form vorliegen, ist kein Argument gegen den Erklärungsansatz, da auch einfache, relativ unbestimmte Annahmen über Gesetzmäßigkeiten als Grundlage von Erklärungen benutzt werden können. Oft lässt sich das Verstehen deshalb als Vorstufe einer Erklärung deuten. Im Ergebnis kann jedenfalls keine Rede davon sein, dass sich Verstehen und Erklären gegenseitig ausschließen. Gerade die Juristische Zeitgeschichte sollte auf die Erklärung von Entwicklungen und Phänomenen und damit auf die Verwendung nomologischen Wissens nicht verzichten.

---

[40] Zu Willoweits Perspektive auf diesen Problemkreis siehe *dens.*, in: Willoweit (Hrsg.), Die Begründung des Rechts als historisches Problem, 2000, 315–322 (unter Rückgriff auf Rudolf Stammler). Dazu auch *Willoweit*, Der richtige Kern der Lehre vom richtigen Recht, JZ 2010, 373 ff.

[41] *Faber* (Fn. 11), 109 ff.; *Nagl-Docekal* (Fn. 11), 86 ff.

[42] Dieses Verständnis von „Erklärung" wird üblicherweise auf den Wissenschaftsphilosophen Carl Gustav Hempel zurückgeführt, dazu *Nagl-Docekal* (Fn. 11), S. 86 – 94.

[43] Siehe oben Fn. 39 und den zugehörigen Text.

3. Juristische Zeitgeschichte und Prognosen

Eine weiteres interessantes, wenngleich bisher wenig behandeltes Problem ist das Verhältnis der Juristischen Zeitgeschichte zur wissenschaftlichen Prognose. Während die Erstellung von Prognosen in den Sozialwissenschaften durchaus üblich ist und viele Prognosen zuverlässig sind (man denke nur an die meist sehr zuverlässigen Prognosen von Wahlergebnissen), ist das Feld der juristischen Prognose noch kaum bearbeitet.[44] Dabei könnten Informationen z. B. über wahrscheinliche künftige Rechtsentwicklungen im eigenen oder einem fremden Land von größtem praktischem Interesse sein.

Die Formulierung begründeter Prognosen setzt nomologisches Wissen voraus. Dadurch unterscheidet sich die begründete Prognose etwa von Voraussagungen „aus dem Bauch heraus" und von religiös untermauerten Prophetien. Natürlich sind Prognosen niemals sicher, genauso wenig wie unser empirisches Wissen jemals sicher ist, mögen sich die Historiker, Soziologen und Naturwissenschaftler auch noch so sehr darum bemühen. Doch auch wenn man die grundsätzliche Fallibilität menschlicher Erkenntnis akzeptiert, bleibt doch offenkundig, dass in weiten Teilen der Soziologie die Formulierung von Prognosen zum Alltagsgeschäft gehört, und dass diese Prognosen durchaus ernst zu nehmen sind und auch ernst genommen werden. Warum also verzichtet die Juristische Zeitgeschichte auf Prognosen? M.E. sind überzeugende Gründe dafür noch nicht vorgebracht worden.

Zukunftsorientiert ist immerhin die Gesetzesfolgenabschätzung, bei der es darum geht, begründete Prognosen über die zu erwartenden Folgen einer gesetzlichen Regulierung zu formulieren. Dagegen scheint die Juristische Zeitgeschichte bislang davor zurückzuschrecken, den Gegenwartshorizont zu überschreiten und ihr nomologisches Wissen – sofern sie über ein solches überhaupt verfügt – zur Formulierung von Prognosen über die zu erwartende künftige Rechtsentwicklung zu verwenden.[45]

4. Juristische Zeitgeschichte und Gesellschaftsdiagnose

Ungeklärt ist auch das Verhältnis der Juristischen Zeitgeschichte zu dem weiten Feld der Zeit- oder Gesellschaftsdiagnosen. Derartige Gesellschaftsdiagnosen haben die Soziologie seit ihrer Entstehung im 18. Jahrhundert begleitet. Eine frühe Diagnose dieser Art, möglicherweise die berühmteste von allen, stammt von Marx und Engels, die in ihrem „Kommunistischen Manifest" um die Mitte des 19. Jh. in

---

[44] Ausnahmen bilden etwa die bei der Strafzumessung und bei Bewährungsentscheidungen erforderlichen Prognosen über das zukünftige Verhalten des Straftäters, die aber, sofern sie (wie bei psychisch kranken Delinquenten) über eher intuitiv gestützte Aussagen hinausgehen, üblicherweise nicht der Rechtswissenschaft, sondern der forensischen Psychiatrie zugeordnet werden.

[45] Siehe immerhin *Meier*, in: ders., Das Verschwinden der Gegenwart, Über Geschichte und Politik, 2001, 209–246.

ganz Europa das Gespenst des Kommunismus zu erblicken meinten.[46] Auch das vielleicht bekannteste Werk der Kritischen Theorie, die „Dialektik der Aufklärung" von Adorno und Horkheimer, lässt sich als Beitrag zur Diagnose der (seinerzeitigen) Gegenwart deuten.[47]

Gesellschaftsdiagnosen der erwähnten Art zeichnen sich zunächst dadurch aus, dass sie „die ganze Gesellschaft" oder zumindest wesentliche Teilbereiche davon in den Blick nehmen. Sie ähneln damit den Gesellschaftsromanen. Schon diese Nähe zur „schönen Literatur" mag ein Grund dafür sein, weshalb Gesellschaftsdiagnosen unter nach wissenschaftlicher Exaktheit strebenden, empirisch arbeitenden Historikern und Soziologen gelegentlich einen schlechten Ruf genießen. Damit hängt eine zweite Eigenheit von Gesellschaftsdiagnosen eng zusammen, nämlich eine Tendenz zu starker Vereinfachung, Kritiker würden sagen: zur Oberflächlichkeit, verbunden mit einer Vorliebe für starke, für weniger bekenntnisfreudige Fachkollegen vielleicht zu starken Thesen. Es überrascht deshalb nicht, dass sich auch und gerade im Feuilleton häufig scharfzüngig formulierte Gesellschaftsdiagnosen finden, nicht immer zur Freude der Fachhistoriker und streng empirisch arbeitenden Soziologen. Eine dritte Eigenheit der Gesellschaftsdiagnose ist die häufige Vermengung von Beschreibung und Analyse mit Bewertung und Kritik. Prominente Vertreter der Gesellschaftsdiagnose, auch und gerade Autoren aus dem Umfeld der Kritischen Theorie, hatten sich deshalb immer wieder mit dem Vorwurf auseinanderzusetzen, sie verletzten das Gebot wissenschaftlicher Wert(ungs)freiheit.[48]

Wie verhält sich die Juristische Zeitgeschichte, wie sie Willoweit so meisterhaft betrieben hat, zur Gesellschaftsdiagnose? Ein wichtiger Unterschied ist darin zu sehen, dass Arbeiten zur Juristischen Zeitgeschichte in aller Regel nicht versuchen, ihre Epoche insgesamt in den Blick zu nehmen, sondern sich auf einzelne Themenstellungen, und zwar solche mit juristischem Bezug, beschränken. Auch das andere Charakteristikum der Zeitdiagnostik, die Vorliebe für „starke Thesen", weist die Juristische Zeitgeschichte als solche nicht auf. Mögen auch manche ihrer Vertreter durchaus bekenntnisfreudig sein und mit ihrer eigenen Meinung nicht hinter dem Berg halten, so scheint mir doch die Juristische Zeitgeschichte insgesamt eher von einem gegenteiligen Zug geprägt zu sein, nämlich von politischer Zurückhaltung und einer Vorliebe für Detailfragen.

5. Zur Rolle von Voreingenommenheiten

Eine offenkundige Schwierigkeit der Zeitgeschichte, nicht bloß der juristischen, liegt darin, dass sie ihrem Gegenstand, dem Zeitgeschehen, so nah ist, dass es häufig sehr schwierig wird, Relevantes von Irrelevantem, Modisches von Dauerhaf-

---

46 *Marx/Engels*, Das Kommunistische Manifest, 1848.

47 *Adorno/Horkheimer*, Dialektik der Aufklärung: Philosophische Fragmente (1944), 1988.

48 Sehr kritisch etwa *Schelsky*, Die Arbeit tun die anderen: Klassenkampf und Priesterherrschaft der Intellektuellen, 1975.

tem, Sein von Schein zu unterscheiden. Die große Nähe von Forschungssubjekt und Forschungsobjekt führt dazu, dass eigene moralische und politische Positionen des Autors bzw. der Autorin gelegentlich eine Rolle spielen, die ihnen in einem wissenschaftlichen Kontext nicht zukommen sollte. Die Zeitgeschichte droht dann im politischen Meinungskampf auf- und unterzugehen. Darin liegt eine nicht unerhebliche methodologische Schwierigkeit.

Um ihr zu begegnen, sollten Vorurteile und Voreingenommenheiten, die die sachliche und objektiv zeithistorische Arbeit stark beeinträchtigen können, so früh wie möglich identifiziert werden. Zu denken ist dabei zum einen an individuelle Einstellungen, aber auch an kollektive Prägungen. Es gibt durchaus so etwas wie generationenspezifische Vorurteile, die erst aus einer größeren historischen Distanz als solche erkennbar sind. So hat Joachim Rückert darauf hingewiesen, dass manche der großen Autoren der deutschen Rechtsgeschichte des 20. Jahrhunderts, etwa Franz Wieacker, oder auch historisch arbeitende Dogmatiker wie Karl Larenz, ihre geistige Prägung in den dreißiger Jahren erhalten und viele dieser Prägungen bis in ihre späten Werke hinein fortgesetzt haben.[49] Dies betrifft etwa die Abwehrhaltung gegen den Liberalismus oder den Positivismus. Hans Kelsen, um ein besonders prominentes Opfer dieser fatalen Vorverurteilung zu benennen, war nicht nur während des Dritten Reiches geächtet, sondern auch nach 1945, als man ihm bzw. dem von ihm repräsentierten Positivismus sogar teilweise eine Mitschuld an den Geschehnissen zwischen 1933 und 1945 zuwies. Dies änderte sich erst ab den 70er Jahren im Zuge der „Renaissance der Rechtstheorie."[50]

Zu den kollektiven Vorurteilen der darauffolgenden Generation wird man die Distanz vieler „68er" zur Gedankenwelt der westeuropäischen Aufklärung anzusehen haben. Vieles davon geht einher mit einem emphatischen, aber wenig durchdachten Rekurs auf die „Dialektik der Aufklärung" von Adorno und Horkheimer, ein Buch, welches im amerikanischen Exil geschrieben, aber erst in den späten sechziger Jahren in Deutschland zu einem Bestseller wurde.[51] Adorno und Horkheimer verfassten ihr Werk unter dem Eindruck der Entwicklung des sowjetischen Kommunismus von einer der Aufklärung und ihrem Ideal der Humanität zumindest im Grundsatz verpflichteten Lehre hin zum menschenverachtenden Totalitarismus Stalins. Es war jedoch nie überzeugend, die Degenerationsgeschichte des Sozialismus sowjetischer Prägung als Verfallsgeschichte der Aufklärung zu deuten. Erst recht hatte Hitlers Deutschland mit der Aufklärung nichts zu tun; das Denken der Jahren 1933 bis 1945 lässt sich vielmehr geradezu als Aufstand gegen die Aufklärung deuten. Dass dann in den sechziger Jahren viele Intellektuelle unter Verwendung des Schlagworts „Dialektik der Aufklärung" hinter die westeuropäische Aufklärung ein Fragezeichen setzen zu müssen glaubten, kann nur als

[49] *Rückert*, in: Acham/Nörr und Schefold (Hrsg.), Erkenntnisgewinne, Erkenntnisverluste. Kontinuitäten und Diskontinuitäten in den Wirtschafts-, Rechts- und Sozialwissenschaften zwischen den 20er und 50er Jahren, 1998, 113–168, 145 ff.

[50] *Hilgendorf*, Die Renaissance der Rechtstheorie zwischen 1965 und 1985, 2005, 58 ff.

[51] Siehe oben Fn. 47.

Ausdruck eines fatalen Missverständnisses gedeutet werden. Möglicherweise spielte dabei immer noch die Abwehrhaltung gegen das liberale Denken des Westens eine Rolle, das auch das Denken ihrer Väter und Mütter belastet hatte.

Es wäre faszinierend, nach individuellen „Vorverständnissen" Dietmar Willoweits zu fahnden und sie mit entsprechenden Haltungen prominenter zeitgenössischer Fachkollegen, etwa Uwe Wesels,[52] zu vergleichen. Damit geriete mein kleiner Vortrag jedoch zu sehr in die Nähe einer biographischen Darstellung, eine Herausforderung, die ich fachkundigeren Kolleginnen und Kollegen überlassen möchte. Stattdessen möchte ich am Ende meines Vortrags noch kurz auf die Herausforderungen der Interdisziplinarität für die Juristische Zeitgeschichte eingehen.

6. Juristische Zeitgeschichte und die Herausforderungen der Interdisziplinarität

Eine Juristische Zeitgeschichte, die sich zutraut, Phänomene nicht bloß einfühlend zu verstehen, sondern Entwicklungen auch zu erklären und vielleicht sogar vorauszusagen, tritt in Konkurrenz zu anderen Disziplinen, die sich mit Zeitdiagnosen beschäftigen, also etwa der Ökonomie, der Soziologie, der Psychologie oder der Politologie. Daraus ergibt sich die Notwendigkeit, man könnte sogar sagen: der Zwang zu interdisziplinären Arbeiten. Interdisziplinarität ist heute allerdings ein Modebegriff. Man versteht darunter allgemein die Zusammenarbeit einer wissenschaftlichen Disziplin mit anderen Disziplinen an einem gemeinsamen Problem. Eine derartige interdisziplinäre Zusammenarbeit ist häufig fast zwingend geworden, man denke etwa an die Erforschung der Entwicklung des Marktgeschehens, die juristische Analyse der medizinischen Praxis oder der Technik. Hinzu kommt, dass Interdisziplinarität oft heuristisch außerordentlich fruchtbar ist, weil sie es erlaubt, Probleme aus unterschiedlicher Perspektive zu sehen und für die eigene Disziplin neue Fragestellungen zu entwickeln.

Man sollte aber nicht übersehen, dass mit interdisziplinärem Arbeiten nicht nur Vor-, sondern auch erhebliche Nachteile verbunden sein können.[53] Interdisziplinäre Kontakte stehen zunächst oft vor Sprach- und Kommunikationsproblemen, da die Beteiligten die Sprache der jeweils anderen Disziplin(en) nicht verstehen. In dieser Situation wird oft ein Ausweg darin gesehen, in sehr abstrakte, und damit auch allgemeine und nichtssagende Sprachformen auszuweichen, oder sich auf sehr schlichte Grundaussagen zu beschränken. In dieser Tendenz zur Abstraktion und Trivialisierung liegt eine erste Gefahr interdisziplinären Arbeitens. Ein anderes Problem, das mit interdisziplinären Kontakten oft verbunden ist, liegt darin, dass man, um zu einer anderen Disziplin anschlussfähig zu sein, bestimmte Standards der eigenen Disziplin in Frage stellt. So mag man etwa, um ein Beispiel zu nennen,

---

52 Siehe dazu Wesels 2021 unter dem Titel „Wozu Latein, wenn man gesund ist?" erschienene Autobiographie.

53 *Hilgendorf*, Bedingungen gelingender Interdisziplinarität – am Beispiel der Rechtswissenschaft, JZ 2010, 913–922.

geneigt sein, das strafrechtliche Gesetzlichkeitsprinzip oder den Schuldgrundsatz zu relativieren, um für Vertreter der ökonomischen Analyse des (Straf-)Rechts attraktiver zu werden.

Doch ein solches „Abschleifen" juristischer und rechtswissenschaftlicher Standards hat seinen Preis, da die genannten Grundsätze selbst Ergebnis historischer Lernprozesse und für das Recht oft geradezu konstitutiv sind. Ihre Flexibilisierung oder Uminterpretation kann deshalb mehr Schaden stiften als Nutzen bringen. Ein warnendes Beispiel ist ein großer Teil der sich „postmodern" gebenden philosophischen und sozialwissenschaftlichen Literatur, bei der häufig schon die sprachliche Form eine inhaltliche Auseinandersetzung mit dem Gemeinten fast unmöglich macht.[54] Gelegentlich wird Unverständlichkeit möglicherweise sogar strategisch eingesetzt, um sich gegen Kritik zu immunisieren. Die wichtigste Bedingung für das Gelingen von Interdisziplinarität ist der Wille zu unbedingter Klarheit und das Beharren auf den Standards der eigenen Disziplin, die nicht vorschnell aufgegeben werden sollten. Auch hierin bleibt Dietmar Willoweit ein Vorbild.

V. Epilog: Was leistet die Juristische Zeitgeschichte?

Juristische Zeitgeschichte zielt auf Orientierung über die Tagespolitik hinaus, und auf ein besseres Verständnis der rechtlichen Entwicklung. Sie vermag zu helfen, die Ziele der Akteure der Rechtspolitik besser zu verstehen, und sie ist Grundlage für Transparenz und damit Kritik der politischen Bewegungen. Juristische Zeitgeschichte kann damit zur kritischen Instanz der Rechtspolitik werden. Im Vorstehenden habe ich zu zeigen versucht, dass methodologische Reflexion auch und gerade in der Rechtsgeschichtsschreibung unter Einschluss der Juristischen Zeitgeschichte fruchtbar sein kann. Es wurde vielleicht deutlich, dass sich Rechtsgeschichte durchaus so behandeln lässt, dass der Unterschied zwischen der Darstellung und Analyse historischer Tatsachen einerseits, der Bewertung dieser Tatsachen andererseits gewahrt bleibt. Allerdings sind die Übergänge fließend, was nicht zuletzt darin begründet liegt, dass das Recht selbst etwa in Form der Grundrechte zentrale normative Vorgaben formuliert, an denen die tatsächlichen Entwicklungen zu messen sind. Wie sich die damit nur angedeuteten Schwierigkeiten meistern lassen, hat Dietmar Willoweit gezeigt. Auch aus diesem Grund wird sein Werk weit über die Gegenwart hinaus Bestand haben.

---

[54] *Hilgendorf*, in: ders. u.a. (Hrsg.), Liberalität und Verantwortung, Festschrift für Jan C. Joerden zum 70. Geburtstag, 2023, 91–107, 103 f.

Kapitalanlagefreiheit versus Kapitalanlegerschutz am historischen Beispiel der Beurkundungspflicht des Gründungsakts bei Aktiengesellschaften

Matthias Heilmeier

Weshalb sieht das geltende Recht in Deutschland bei Gründungen von Aktiengesellschaften die notarielle Beurkundung der Gründungssatzung[1] vor, wohingegen Gesellschaften bürgerlichen Rechts, offene Handelsgesellschaften, Kommanditgesellschaften und Genossenschaften ohne notarielle Beurkundung errichtet werden können? Die Warn- und Belehrungsfunktion der notariellen Beurkundung – so vermutet der Praktiker – kann jedenfalls angesichts der den Gründungsgesellschaftern einer GbR oder OHG ohne Formerfordernis drohenden unbeschränkten Haftung für die Verbindlichkeiten dieser Gesellschaften nicht der Grund für das Bestehen der besagten Formvorschrift sein. Geht es daher vielmehr um das Produkt der Beurkundung? Aber wozu wird eine notarielle Urkunde samt der ihr innewohnenden Beweiskraft benötigt? Um dem Handelsregister die Prüfung der Originalität zu erleichtern? Dies erscheint angesichts der Regelung von § 11 Abs. 2 Nr. 1 GenG[2] verwunderlich. Sind Aktionäre schutzwürdiger als Genossen? Warum also die Gründung einer Aktiengesellschaft sonst erschweren? Die Vermutung liegt nahe, dass der Grund in der Vergangenheit, d. h. der Geschichte des Aktienrechts[3] zu finden ist – mit den Worten Dietmar Willoweits: Ein historischer Vergleich macht „nur Sinn, wenn er befragt wird."[4]

---

1 § 23 Abs. 1 Satz 1 AktG.

2 § 11 Abs. 2 Nr. 1 GenG: „[...] (2) Der Anmeldung sind beizufügen:
1. die Satzung, die
   a) mindestens von drei Mitgliedern unterzeichnet sein muss oder
   b) verbunden sein muss mit einer Versicherung des Vorstands, dass die eingereichte Satzung der von der Gründungsversammlung beschlossenen Satzung entspricht, sowie die Erklärung von mindestens drei Personen in Textform, dass sie in der Gründungsversammlung Mitglied der Genossenschaft geworden sind; [...]."

3 Umfassend hierzu *Heilmeier*, Der Notar im Aktienrecht, 2019, 1 ff.

4 *Willoweit*, Probleme und Aufgaben einer europäischen Verfassungsgeschichte, in: Schulze (Hrsg.), Europäische Rechts- und Verfassungsgeschichte, Ergebnisse und Perspektiven der Forschung, Berlin 1991, 141, 146.

I. Die Entwicklung in Frankreich

Bereits im Rahmen der ersten Kodifikation des Aktienrechts im Rahmen des Code de Commerce findet sich in Art. 40 des Code de Commerce eine Vorläufervorschrift von § 23 Abs. 1 Satz 1 AktG:

> „Les sociétés anonymes ne peuvent être formées que par des actes publics."[5] Oder wie es in einer zeitgenössischen deutschen Übersetzung heißt: „Anonyme Gesellschaften koennen nur durch oeffentliche Akte gestiftet werden."[6]

Die Entstehung dieser Vorschrift und der gesamten Kodifikation des Aktienrechts im Code de Commerce von 1808 fand unter besonderen Vorzeichen statt: Während außerhalb des französischen Einflussbereichs aktiengesellschaftsartige Handelskompagnien weiterhin grundsätzlich nur aufgrund von Einzelfallgesetzen gegründet werden konnten, durften in Frankreich nach Proklamation der Gewerbefreiheit vom 2. März 1791 Aktiengesellschaften frei gegründet werden. Dies führte umgehend zu erheblichen Missständen, sodass mit Dekret vom 26. Germinal des Jahres II (1793) die Gründung neuer Aktiengesellschaften verboten wurde. Schon knappe zwei Jahre später wurde allerdings die freie Errichtung von Aktiengesellschaften wieder zugelassen. Eine gesetzliche Regelung dieser Gesellschaftsform unterblieb jedoch vorerst. Die hieraus folgende Rechtsunsicherheit wurde durch eine insbesondere in Bezug auf Haftungsbeschränkungen schwankende Rechtsprechung weiter geschürt.[7] Auf Befehl von Napoleon Bonaparte wurden 1806 die zwischenzeitlich ruhenden Arbeiten am Code de Commerce im Zuge einer teils vorsätzlich verursachten Konkurswelle wieder aufgenommen,[8] sodass der Code de Commerce (CdC) schließlich mit Wirkung zum 1. Januar 1808, konzipiert als ein Handelsrecht für Europa,[9] in ganz Frankreich in Kraft treten konnte.[10]

---

[5] Code de Commerce, édition originale et seule officielle, Paris 1807, 11.

[6] *Lassaulx*, Handlungsgesetzbuch nach der einzig offiziellen Original-Ausgabe aus der Kaiserl. Druckerei uebersetzt, 1808, 12.

[7] *Vincens*, Exposition raisonnée de la législation commerciale, et examen critique du Code de Commerce, Tome 1, 1821, 327 ff.; *Lehmann*, Das Recht der Aktiengesellschaften, Bd. 1, 1898, 66 f.; *Rothweiler/Geyer*, Von der Compagnie de commerce zur société anonyme: Die Geschichte der Aktiengesellschaft in Frankreich bis zum Code de Commerce, in: Bayer/Habersack (Hrsg.), Aktienrecht im Wandel, Entwicklung des Aktienrechts, Bd. 1, 2007, 23, 36 ff.; *Dippel*, DRiZ 1965, 315 f.; vgl. auch m. w. N. *Primker*, in: Endemann (Hrsg.), Handbuch des Deutschen Handels-, See- und Wechselrechts, Bd. 1, 1881, 501.

[8] *Locré*, La législation civile, commerciale et criminelle de la France ou commentaire et complément des codes français, tome 1, 1827, 126; *Schioppa*, Kapitel Handelsrecht Frankreich, in: Coing (Hrsg.), Handbuch der Quellen und Literatur der neueren europäischen Privatrechtsgeschichte, Bd. III/3, 1986, 3152, 3160 f.

[9] Exposé des Motifs des titres Ier à VII inclusivement du livre Ier du Code de commerce, présenté au corps legislative par le conseiller d'État Regnaud (de Saint-Jean d'Angely). Séance du 1er septembre 1807, abgedruckt in: *Thieriet*, Corps de droit commercial français, 1841, 167; vgl. auch die Äußerungen des Staatsrats Corvetto im Moniteur 1807, Nr. 253, abgedruckt in: *Seidensticker*, Einleitung in den Codex Napoleon, 1808, 452.

[10] Loi du 15 Septembre 1807 qui fixe l'époque à laquelle le Code de Commerce sera exécutoire, abgedruckt in: *Thieriet* (Fn. 9), 296.

Vor diesem Hintergrund also entschied sich der französische Gesetzgeber dazu, das Recht der Aktiengesellschaften im Code de Commerce zu kodifizieren und dabei die Errichtung der Aktiengesellschaft mittels öffentlicher Urkunde, die im Rahmen der Erteilung der Erlaubnis der Regierung (mit) zu genehmigen war, vgl. Art. 37 und 40 CdC, vorzusehen.

Die Motive für die Einführung des Art. 40 CdC lassen sich den Äußerungen des Staatsrats Regnaud bei Gelegenheit der Vorstellung des Code de Commerce entnehmen: Anspielend auf die Konkurswelle des Jahres 1806, legte er in seinen Ausführungen zu den Motiven des Code de Commerce dar, dass in der Vergangenheit sowohl eine schlechte Führung als auch wahlweise eine schlechte Gesamtanlage der Aktiengesellschaften nicht nur das Vermögen der Aktionäre und Verwalter der Gesellschaften gefährdet hätten. Vielmehr sei hierdurch auch die allgemeine Kreditwürdigkeit gemindert worden und die öffentliche Ordnung in Gefahr geraten. Aus diesem Grunde habe man sowohl die Errichtung von Aktiengesellschaften mittels öffentlicher Urkunde als auch die präventive Einschaltung der Regierungsbehörden eingeführt.[11] In der rechtlichen Literatur wurden diese Äußerungen einhellig dahingehend aufgefasst, dass die notarielle Beurkundung der Errichtung einer Aktiengesellschaft im Interesse der Aktionäre notwendig sei.[12] Da nicht alle (auch später sukzessiv zeichnenden) Aktionäre, sondern nur die Gründer des Unternehmens den Gründungsakt unterzeichneten, wäre es sehr gefährlich, diesen Gründern eine privatschriftliche Errichtung zu gestatten. Denn bei privatschriftlichem Abschluss des Gründungsvertrages durch die Gründer als dessen alleinige Unterzeichner wäre es den Gründern ein Leichtes, diesen Vertrag zum Nachteil später zeichnender Aktionäre jederzeit zu ändern, wenn sie unredlich handeln wollten.[13] Da diese Auffassung auch von Locré vertreten wurde, der als Generalsekretär des Staatsrates dessen Beratungen über den Code de Commerce protokollierte[14] und damit den unmittelbarsten Zugang zu den Motiven des Gesetzgebers hatte, erscheint es vertretbar, diese Begründung als Willen des historischen Gesetzgebers zu bezeichnen, zumal die spätere französische Literatur dies ebenfalls tat.[15]

---

[11] Exposé des Motifs des titres Ier à VII inclusivement du livre Ier du Code de commerce, présenté au corps legislative par le conseiller d'État Regnaud (de Saint-Jean d'Angely). Séance du 1er septembre 1807, abgedruckt in: *Thieriet* (Fn. 9), 171.

[12] *Fournel,* Code de Commerce accompagné de notes et observations, 1807, 32; s. a. *Persil,* Des sociétés commerciales, 1833, 210; zur Erstellung der öffentlichen Urkunde durch einen Notar *Pardessus,* Cours de droit commercial, tome 3, 1815, 120f.; *Molinier,* Traité de droit commercial, tome 1, 1846, 393 Rn. 453; in der Praxis erfolgte die Beurkundung durch zwei Notare, Reskript der Königl. Hannoverschen Gesandtschaft in Paris, NiedersHStA Hannover Dep. 103, VI Nr. 2634 Bl. 7.

[13] *Locré,* Esprit du Code de Commerce, tome 1, 1807, 159, 173; *Schiebe,* Die Lehre von den Handels-Gesellschaften, 1841, 151.

[14] *Schioppa* (Fn. 8), 3152, 3162.

[15] Vgl. nur *Persil* (Fn. 12), 210.

Erst verhältnismäßig spät entstand in Frankreich im Zuge eines veränderten Gesetzes- und Auslegungsverständnisses[16] und vermehrter Aktiengesellschaftsgründungen eine Diskussion um die Sinnhaftigkeit der Regelung des Art. 40 CdC.[17] Während die eine Seite nach wie vor die weise Vorsorge des Gesetzgebers lobte, welche sich in der Kodifikation dieser Vorschrift zum Schutz der Aktionäre offenbare[18] – und damit nicht mehr als die Motive des Gesetzgebers wiederholte – bezweifelten andere die Nützlichkeit dieser ihrer Ansicht nach untragbaren und nicht nachvollziehbaren Regelung.[19] Sowohl das Konzessionsverfahren an sich sowie die sich hieran anschließende, mittlerweile vom Staatsrat verpflichtend vorgeschriebene Publikation des Gesellschaftsvertrages im „Bulletin des Lois"[20] stellten ihrer Ansicht nach einen sicheren Schutz vor (nachträglicher) Abänderung des Gesellschaftsvertrages dar.[21] Da zudem der Gesellschaftsvertrag untrennbar mit der Genehmigungserklärung der Regierung verbunden sei, könne er alleine durch eine Änderung der Genehmigung verändert werden. Die Bekanntmachung der genehmigten Statuten im Gesetzblatt sei überdies die authentischste und sicherste Feststellung der Statuten, die man sich vorstellen könne.[22] Darüber hinaus seien die Aktionäre durch die Vorschriften der Art. 32[23] und 33[24] CdC ausreichend geschützt.[25] Nicht zuletzt seien schließlich Änderungen des ursprünglichen Gesellschaftsvertrages im Rahmen des Genehmigungsverfahrens derart üblich geworden, dass die originäre, notariell bestätigte Urkunde zum Ende des Verfahrens nur noch einen sehr begrenzten Aussagewert habe.[26]

Erstaunlich ist angesichts der eingangs aufgeworfenen Frage jedenfalls, dass ein Gründer einer Aktiengesellschaft, welcher zusammen mit den anderen Gründern die Statuten vor der Beurkundung privatschriftlich abgefasst hatte, und sich später ohne Grund weigerte, zur Beurkundung vor dem Notar zu erscheinen oder seine

---

16 Vgl. hierzu *Bürge,* Der Code de commerce in Frankreich – traditionaler Geist im liberalen Umbruch, in: Scherner (Hrsg.), Modernisierung des Handelsrechts im 19. Jahrhundert, 1993, 119ff.

17 Vgl. hierzu *Deutsch,* Die Aktiengesellschaft des Code de Commerce von 1807 und ihre Vorbildfunktion für die Entwicklung in Deutschland, in: Bayer/Habersack (Fn. 7), 46, 79f., 87f.

18 *Persil* (Fn. 12), 210.

19 Vgl. *Delangle,* Des Sociétés commerciales, commentaire du titre III, livre Ier du Code de Commerce, Tome 2, 1843, 150f.; *Dalloz/Dalloz* (Hrsg.), Répertoire méthodique et alphabétique de Législation de Doctrine et de Jurisprudence en matière de droit civil, commercial, criminel, administratif de droit des gens et de droit public, Nouvelle édition, 1859, Rn. 1450.

20 *Vincens*, Exposition raisonnée de la législation commerciale, et examen critique du Code de Commerce, Tome 1, 1821, 325.

21 *Dalloz/Dalloz* (Fn. 19), Rn. 1450.

22 *Delangle* (Fn. 19), 150f.

23 „32. Les administrateurs ne sont pas responsables que de l'exécution du mandat qu'ils ont reçu. Ils ne contractent, à raison de leur gestion, aucune obligation personelle ni solidaire relativement aux engagements de la société."

24 „33. Les associés ne sont pas passibles que de la perte du montant de leur intérêt dans la société."

25 *Delangle* (Fn. 19), 150.

26 M.w.N. *Deutsch* (Fn. 17), 46, 79.

Unterschrift vor dem Notar zu leisten, weiter als verpflichtet betrachtet wurde, an der Errichtung der Gesellschaft mitzuwirken.[27]

Ob es diese vorstehende Kritik war, die schließlich im Jahr 1867 zur Abschaffung des Beurkundungserfordernisses des Errichtungsaktes von Aktiengesellschaften in Frankreich führte, lässt sich nicht nachweisen. Mit Gesetz vom 24. Juli 1867 jedenfalls schaffte der französische Gesetzgeber das Beurkundungserfordernis der Gründungsstatuten (zusammen mit dem Erfordernis der Genehmigung der Gesellschaft durch die Regierungsbehörden) ab. Zur Gründung einer Aktiengesellschaft in Frankreich bedurfte es von da an eines einfach schriftlichen Gründungsakts in zweifacher Originalausfertigung,[28] was Otto von Gierke als Aufgabe des „anstaltlichen Charakters“[29] lobte.

II. Die Entwicklung in den „deutschen“ Gebieten

Nach der Niederlage Napoleons 1814 wurde die zum Teil zwangsweise Geltung, zum Teil freiwillige Einführung des Code de Commerce in weiten Teilen der betroffenen Gebiete rückgängig gemacht; in nur wenigen Gebieten wurde der Code de Commerce weiterhin beibehalten: Preußen hatte mit Patent vom 9. September 1814[30] die Geltung der ALR „in den von den Preußischen Staaten getrennt gewesenen, mit denselben wiedervereinigten Provinzen“ angeordnet. In der Folge gelang es jedoch nicht, das preußische Recht in der gesamten Rheinprovinz einzuführen. Das sich anschließende, lange und zähe Ringen, den sogenannten „Kampf ums Rheinische Recht“, verlor die preußische Seite in den ehemals französischen Gebieten links des Rheins.[31] Auch im Gebiet des ehemaligen Herzogtums Berg behielt man das französische Recht bei.[32] Die Weitergeltung des Code de Commerce

---

[27] *Molinier*, Traité de droit commercial, tome 1, 1846, 454.

[28] *Renaud*, Das Recht der Actiengesellschaften, 2. Aufl., 1875, 312; s. a. die rechtsvergleichende Zusammenstellung bei *Späing*, Französisches und Englisches Handelsrecht im Anschluß an das Allgemeine Deutsche Handelsgesetzbuch, 1888, 193 ff.; Loi sur les sociétés du 24 Juillet 1867, abgedruckt in: Beilageheft ZHR 12 (1868), 99, 105: „Art. 21. A l'avenir, les sociétés anonymes peuvent se former sans l'autorisation du gouvernement. Elles pourront, quel que soit le nombre des associés, être formée par un acte sous seign privé fait en double original. […]“

[29] *Gierke*, Deutsches Genossenschaftsrecht, Bd. 1, 1868, 999.

[30] Gesetzsammlung für die Königlichen Preußischen Staaten, 1814, 89 ff.

[31] *Landsberg*, Die Gutachten der Rheinischen Immediat-Justiz-Kommission und der Kampf um die rheinische Rechts- und Gerichtsverfassung, 1914, XXI–XXIX; *Bergfeld*, in: Coing (Fn. 8), 2853, 2880–2882 mit näheren Angaben in Fn. 2); vgl. auch *Conrad*, Preußen und das französische Recht in den Rheinlanden, in: Wolffram/Klein (Hrsg.), Recht und Rechtspflege in den Rheinlanden. Festschrift zum 150jährigen Bestehen des Oberlandesgerichts Köln, 1969, 78, 85 ff.; *Schubert*, in: Schulze (Hrsg.), Französisches Zivilrecht während des 19. Jahrhunderts, 1994, 123 ff.

[32] *Schubert*, ZRG GA 94 (1977), 129, 155; *Schäfer/Jahntz* Gründungsverfahren und Gründungsmängel, in: Bayer/Habersack (Hrsg.), Aktienrecht im Wandel, Grundsatzfragen des Aktienrechts, Bd. 2, 2007, 217, 229 Fn. 41; *Baums*, Gesetz über die Aktiengesellschaften für die Königlich Preußischen Staaten vom 9. November 1843, Texte und Materialien, 1981, 26; zum Ganzen auch die Karte bei *Conrad* (Fn. 31), 78, 99.

findet sich ebenfalls in den seit dem Patent vom 14. April 1816[33] Bayern zugehörigen „überrheinischen" Gebieten,[34] den durch Patent vom 8. Juli 1816[35] Hessen-Darmstadt einverleibten rheinhessischen Gebieten, in dem durch Patent vom 16. April 1817[36] an das Herzogtum Oldenburg gelangten Fürstentum Birkenfeld, sowie dem hessisch-homburgischen Meisenheim.[37] Der am 1. Januar 1810 im Großherzogtum Baden eingeführte „Code Napoleon mit Zusaezen und Handelsgesezen als Land-Recht für das Großherzogtum Baden" und dessen direkt aus dem Französischen übersetzter Artikel „40. Unbenannte Gesellschaften können nur durch öffentliche Urkunden gestiftet werden."[38] galten in Baden unverändert bis zur Einführung des ADHGB zum 1. Januar 1863.[39]

Das Beurkundungserfordernis des Gründungsaktes von Aktiengesellschaften des Code de Commerce fand aber dennoch auf Grund der im Rahmen der Gesetzgebungsverfahren angewandten rechtsvergleichenden Methode, im Rahmen derer insbesondere der Code de Commerce als Autorität herangezogen wurde, Eingang in viele Gesetze und Gesetzentwürfe deutscher Länder. Dementsprechend stieg mit der Zeit auch die Zahl der Referenzgesetze bzw. als Referenz herangezogenen Gesetzentwürfe, welche eine notarielle Beurkundung des Gründungsaktes vorsahen. Die nachfolgende Tabelle gewährt eine Übersicht über die bislang bekannten Gesetze und Gesetz- bzw. Verordnungsentwürfe der deutschen Staaten[40] bis zur Schaffung des ADHGB, welche sich mit dem Aktienrecht befassten und das Thema Formerfordernis der Gründungsstatuten im weitesten Sinne behandelten:[41]

---

[33] Besitznahmepatent vom 14. April 1816, Königlich-Baierisches Regierungsblatt 1816, 435, 442 ff.

[34] Speziell für den Code de Commerce *Strauss*, Die Aktiengesellschaften nach altem bayerischen Recht, 1931, 19; *Saint-Joseph*, Concordances entre les Codes de Commerce étrangers et le Code de Commerce Français, 1851, 159.

[35] Besitznahmepatent vom 8. Juli 1816, abgedruckt bei *Küchler*, Die Gesetzgebung des Großherzogtums Hessen, 1848, 233 Fn. 186.

[36] Besitznahmepatent vom 16. April 1817, abgedruckt bei *Barnstedt, A. E. J.* Sammlung der Gesetze, Verordnungen und allgemeinen Verfügungen für das Fürstentum Birkenfeld vom Monat April 1817 (dem Eintritte der Großherzoglich Oldenburgischen Staats-Verwaltung) bis Ende des Jahres 1830, 1831, 1 f.

[37] *Goldschmidt*, Handbuch des Handelsrechts, Bd. 1, 1. Abtheilung, 1864, 46; *Deutsch* (Fn. 17), 46, 92; *Baums*, Entwurf eines allgemeinen Handelsgesetzbuches für Deutschland (1848/1849), Beiheft ZHR Nr. 54, 1982, 11.

[38] Code Napoléon mit Zusaezen und Handelsgesezen als Land-Recht für das Großherzogtum Baden, Karlsruhe, 1809, Nachdruck 1986, 635.

[39] *Poelitz*, Handbuch der Geschichte der souverainen Staaten des Rheinbundes, Bd. 1, 1811, 159; ausführlich *Schubert*, Französisches Recht in Deutschland zu Beginn des 19. Jahrhunderts, 1977, 193 ff.; Einführungsgesetz zum allgemeinen deutschen Handelsgesetzbuch vom 6. August 1862, abgedruckt in: Allgemeines Deutsches Handelsgesetzbuch von 1861, Allgemeine Deutsche Wechselordnung von 1848 in den Ausgaben für das Großherzogtum Baden, Nachdruck 1973, 197 ff.

[40] Das niederländische Wetboek van Koophandel von 1838 und dessen an Art. 40 CdC angelehnter Art. 38 ist wegen seiner ausdrücklichen Bedeutung für die weitere diesbezügliche Gesetzgebung ebenfalls mit aufgeführt.

[41] Ausführlich hierzu m. w. N. *Heilmeier* (Fn. 3), 56–150.

Gesetz / Gesetzentwurf / Gutachten	*Regelungsort*	*Als Referenz herangezogene Gesetze / Entwürfe*	*Übernahme des Beurkundungserfordernisses als Errichtungsvoraussetzung*	*Begründung*
Entwurf eines Frankfurter Handelsrechts von 1811	Art. 54	Code de Commerce	Ja, Errichtung einer Aktiengesellschaft nur mittels öffentlicher Urkunde	Keine
Gutachten der Ältesten der Berliner Kaufmannschaft von 1829	Ziffer 2	„Natur der Sache“	Gerichtlich oder notariell zu vollziehender Gesellschaftsvertrag	– Feststellung der Legitimation der Vertreter der Gesellschaft – Sicherstellung der Zuziehung eines Sachverständigen – Beweis über die Verhältnisse der Gesellschaft
Hamburgische Verordnung vom 28. Dezember 1835	§ 9	unbekannt	Nein, lediglich Hinterlegung der Pläne und Verfassungsartikel beim Handelsgericht erforderlich	keine
Fundamental-Bestimmungen für sämtliche Eisenbahn-Statuten in Bayern von 1836	keine	Verweis auf Vorgänge in Württemberg (vermutlich die Beauftragung der Erstellung eines Handelsgesetzbuches) und Preußen (Eine Kopie der „Bedingungen unter welchen die Anlage einer Aktien-Eisenbahn zwischen Magdeburg, Halle und Leipzig nach dem vom Staatsministerium erstatteten Gutachten zu gestatten wäre“ liegt bei den Akten)	Nein, schriftliche Abfassung implizit vorausgesetzt	keine

Gesetz / Gesetzentwurf / Gutachten	*Regelungsort*	*Als Referenz herangezogene Gesetze / Entwürfe*	*Übernahme des Beurkundungserfordernisses als Errichtungsvoraussetzung*	*Begründung*
Sächsischer Entwurf eines Gesetzes, die Actienvereine betreffend, von 1836	keine	Code de Commerce	Nein, schriftliche Abfassung implizit vorausgesetzt	Vor Erteilung der staatlichen Bestätigung erfolgt eine Prüfung der vorgelegten Statuten
Preußische Eisenbahngesetz von 1838	§ 3	unbekannt	Schriftliche Abfassung implizit vorausgesetzt; Vor Bestätigung der Gesellschaft bestimmen sich die Gesellschaftsverhältnisse nach allgemeinen gesetzlichen Vorschriften über Gesellschaft- und Mandatsverträge	keine
Das niederländische Wetboek van Koophandel 1838	Art. 38	– Code de Commerce, – französische Ministerialinstruktionen zur société anonyme, – Genehmigungsvorgaben des Pariser Conseil d'Etat	ja	unbekannt
Entwurf eines Handelsgesetzbuches in Württemberg von 1839	Art. 247	– Art. 40 Code de Commerce, – Art. 40 und 45 des Badischen Landrechts – Art. 38 des Wetboek van Koophandel	ja	Schutz der späteren Zeichner vor Änderung der Bedingungen der Gesellschaft durch die Gründer
Bekanntmachung derjenigen Bedingungen, unter	keine	Materialsammlung über die in Bayern, Frankfurt, Leipzig, Berlin, Wien und Mailand gemachten	Nein, schriftliche Abfassung implizit vorausgesetzt	Keine

Gesetz / Gesetzentwurf / Gutachten	*Regelungsort*	*Als Referenz herangezogene Gesetze / Entwürfe*	*Übernahme des Beurkundungserfordernisses als Errichtungsvoraussetzung*	*Begründung*
welchen Einzelne oder Privatgesellschaften gewaertigen koennen, daß ihnen die Anlegung von Eisenbahnen zur Verbindung der Nordsee und der Ostsee durch das Herzogthum Schleswig oder das Herzogthum Holstein werde gestattet werden von 1840		Erfahrungen, Erkenntnisse und Gesetze im Zusammenhang mit Eisenbahnen		
Entwurf einer Handels- und Wechselordnung für das Herzogtum Nassau von 1842	§ 97	– Code de Commerce, – Badisches Landrecht – Württembergischer Entwurf eines HGB von 1839	Schriftlich abzufassender Gründungsvertrag	Ausdrücklich keine Anlehnung an Art. 40 CdC; Vermutete Gründe: – gleichzeitige Einführung eines öffentlichen Handelsregisters, im dem die Statuten wenigstens auszugsweise öffentlich bekannt zu machen waren; – Nichtvorhandensein eines Notariats in Nassau; – gemeinrechtliche Praxis erforderte keine gesonderte Form

Gesetz / Gesetzentwurf / Gutachten	*Regelungsort*	*Als Referenz herangezogene Gesetze / Entwürfe*	*Übernahme des Beurkundungserfordernisses als Errichtungsvoraussetzung*	*Begründung*
Gesetz über die Aktiengesellschaften für die königlich preußischen Staaten von 1843	§ 2	– Code de Commerce – Wetboek van Koophandel – Gutachten der Ältesten des Berliner Kaufmannschaft	Gerichtliche oder notarielle Aufnahme / Vollzug des Gesellschaftsvertrags	Vermeidung eines Konflikts mit dem in den preußischen Rheinprovinzen geltenden Recht
Entwurf eines allgemeinen Handelsgesetzbuches für Deutschland, 1849	Art. 76	– Art. 40 CdC, – § 2 des Preußischen Gesetzes über Aktiengesellschaften, – Art. 38 holländisches HGB – Art. 247 des württembergischen HGB-Entwurfs	Gerichtlicher oder notarieller Abschluss des Gesellschaftsvertrags	„Die Gründe für die Notwendigkeit einer möglichst sicheren Feststellung des Vertrages und seiner Beendigungen bedürfen keiner Ausführung; ein hinzutretender Grund ist, dass die Staatsregierung nicht in die Lage kommen darf, einem Vertrag ihre Genehmigung zu erteilen, dessen Echtheit nicht feststeht.“
Entwurf eines bürgerlichen Gesetzbuches für das Königreich Sachsen von 1852	keine	– Sächsischer Entwurf eines Gesetzes, die Actienvereine betreffend, von 1836; – Vorschläge für ein Gesetz über unbestätigte Actienvereine	keine	Bewusste Abweichung vom preussischen und französischen Recht; es bleibt den Parteien überlassen, die Beweisbarkeit der Verträge zu sichern und zu erleichtern.
Bayerische Verordnung, die Erbauung von Eisenbahnen betreffend, 1855	keine	keine	Nein, schriftliche Abfassung implizit vorausgesetzt	Keine

Gesetz / Gesetzentwurf / Gutachten	*Regelungsort*	*Als Referenz herangezogene Gesetze / Entwürfe*	*Übernahme des Beurkundungserfordernisses als Errichtungsvoraussetzung*	*Begründung*
Entwurf eines bayerischen Gesetzes, die Rechtsverhältnisse der Aktiengesellschaften betreffend, von 1855	Art. 2	– Art. 40 CdC, – Art. 37 und 38 des Wetboek von Koophandel – Art. 247 des Württembergischen HGB Entwurfes – § 2 des Preußischen Gesetzes von 1843 – Art. 75 und 76 des Frankfurter Entwurfes von 1848/49	Nein, der Gründungsvertrag muss schriftlich errichtet und die Unterschriften der Gründer müssen gerichtlich oder notariell beglaubigt werden	Bei dem Vorschlag handele es sich um Vorschriften, die „ziemlich durchgreifende Anerkennung" erlangt hätten
Entwurf eines Württembergischen Gesetzes betreffend die Rechtsverhältnisse der Acti-en-Gesellschaften von 1855/56	Art. 2	Umfassenden rechtsvergleichende Studien: – Code de Commerce – Handelsgesetzbuch des Königreichs Neapels von 1819 – Handelsgesetzbuch Sardiniens – Spanisches Handelsgesetzbuch (1829) – Portugiesisches Handelsgesetzbuch (1833) – Wetboek van Koophandel (1838) – Preußisches Gesetz über Aktiengesellschaften von 1843 – Württembergische Entwurf eines Handelsgesetzbuches von 1839/40	Gesellschaftsvertrag mit notarieller Urkunde zu schließen	Anerkennung des Beurkundungserfordernisses durch die meisten Gesetzgebungen; Vorteil für Regierung und Beteiligte ist, dass der Abschluss und die wesentlichen Bestimmungen zweifellos festgestellt sind

Gesetz / Gesetzentwurf / Gutachten	*Regelungsort*	*Als Referenz herangezogene Gesetze / Entwürfe*	*Übernahme des Beurkundungserfordernisses als Errichtungsvoraussetzung*	*Begründung*
		– Ungarisches Reichsgesetz-Artikel von 1840, Art. XVIII, § 54 ff. – Frankfurter Entwurf von 1848/49 – Österreichisches Vereinsgesetz von 1852 – Englische Gesetze über die beschränkte Haftbarkeit von Aktiengesellschaften (1855)		
Bremische Verordnung, die Errichtung und Aufhebung von Handelsfirmen und Prokuren betreffend" vom 13. Februar 1860	§ 5	Unbekannt	Nein, lediglich Deponierung der Statuten und sonstiger Verfassungsartikel in glaubhafter Form bei Gericht und zwar vor Beginn ihres Geschäftsbetriebes	keine

Auffällig ist in der Zusammenschau, dass in sämtlichen aktienrechtlichen Regelungen in Bezug auf Eisenbahnaktiengesellschaften – trotz zeitgleicher Geltung des Code de Commerce und später auch des preußischen Aktiengesetzes sowie des Wetboek van Koophandel – grundsätzlich kein Rückgriff auf die Gründungsvorgaben dieser Gesetze in notarieller Hinsicht erfolgte. Dies zeigt einmal mehr das damalige Verständnis des Eisenbahnwesens als einer vom Handelsrecht gesonderten Materie.

Darüber hinaus wird die Fernwirkung des Code de Commerce sichtbar, dessen Art. 40 in allen bis 1860 Gesetz gewordenen rein aktienrechtlichen Regelungen – wenn auch angepasst – übernommen wurde, (vgl. Art 38 des Wetboek van Koophandel und Art. 2 des Preußischen Aktiengesetzes von 1843). Die unterschiedlichen Begründungen für die Formvorschrift weisen in drei Richtungen:

a) Schutz der die Aktiengesellschaften genehmigenden Behörden
b) Schutz des Publikums hinsichtlich der Legitimation der Vertreter dieser Aktiengesellschaften
c) Schutz der sukzessiv zeichnenden Aktionäre, die sich erst nach Feststellung der Grundlagen der Gesellschaft an dieser beteiligten.

III. Das ADHGB von 1861

Nach vielfältigen und intensiven Diskussionen im Rahmen der drei Lesungen des ADHGB setzte sich letztlich eine an Art. 2 des preußischen Gesetzes über Aktiengesellschaften von 1843 angelehnte Formvorschrift als Kompromißlösung durch. Sie lautete:

> „Art. 208. [...]
> [2] Ueber die Errichtung und den Inhalt des Gesellschaftsvertrages (Statuts) muß eine gerichtliche oder notarielle Urkunde aufgenommen werden. [...]“[42]

Die intensiven Diskussionen legten die in den verschiedenen deutschen Staaten bis dahin praktizierten unterschiedlichen, zum Teil auch formfreien Gründungsmodalitäten sowie die dogmatischen Unsicherheiten über den Gründungsvorgang als solchen offen.[43] Die ersichtlich einzig positive Kommentierung des Formerfordernisses in Art. 208 ADHGB lieferte *Auerbach*, welches er aus dem sich gegenüber den Mitgliedern sowie aus der Dauer (der Aktiengesellschaft) und aus den abzuschließenden Rechtgeschäften ergebenden universellen Charakter der Aktiengesellschaft als „allgemein kundbare und beweiskräftige Festsetzung ihrer vertrags- oder statutenmäßigen Grundlagen“ folgerte.[44]

Demgegenüber kritisierte Endemann bereits in seiner Besprechung der ersten drei Bücher des ADHGB-Entwurfs nach der ersten Lesung das dort (Art. 181 Abs. 2 des ADHGB in der Fassung der ersten Lesung) vorgesehene Formerfordernis, wonach der Gesellschaftsvertrag (Statut) einer Aktiengesellschaft von den Gründern vor einem Notar oder Gericht abgeschlossen werden muss, intensiv: Das Erfordernis eines notariellen Vertrages sei „ziemlich irrelevant“. Bereits die hiermit angestrebte Gewährleistung der Authentizität des Statuts werde durch die Registrierung im Handelsregister bzw. die Hinterlegung bei dem Registergericht gewährleistet. Vollends überflüssig werde aber der Abschluss vor Gericht oder dem Notar, sobald der Vertrag einer Staatsbehörde zur Genehmigung vorgelegt werden müsse. Da den Urkundspersonen keinerlei Sachprüfungskompetenz zustehe, handele es sich umso mehr um eine bloße Formalität.[45]

---

[42] *Lutz* (Hrsg.), Allgemeines Deutsches Handelsgesetzbuch, Entwurf nach den Beschlüssen der dritten Lesung, 3. Aufl., 1861, 39f.
[43] Hierzu ausführlich *Heilmeier* (Fn. 3), 172ff.
[44] *Auerbach*, Das Gesellschaftswesen in juristischer und volkswirthschaftlicher Hinsicht unter besonderer Berücksichtigung des allgemeinen deutschen Handelsgesetzbuchs, 1861, 261f.
[45] *Endemann*, Der Entwurf eines deutschen Handelsgesetzbuchs in seinen drei ersten Büchern, 1858, 96.

Auch der Bremer Abgeordnete Heineken meldete bereits nach der ersten Lesung nach Hause, dass es im Ergebnis Preußen im Wesentlichen gelungen sei, „seine Aktiengesetze, wovon der vorliegende Entwurf ein Abklatsch ist, zur allgemeinen Geltung zu bringen [...] und die übrigen [Abgeordneten] freuen sich auf die Weise [...], ein Gesetz durch die Stände zu bringen, wodurch den vielfach angefeindeten Aktiengesellschaften möglichst das Zügel angelegt [...] werde".[46]

Auch *Fick* tadelte im Anschluss an Endemanns Kritik des ersten Entwurfs des ADHGB in seinem Beitrag *„Über Begriff und Geschichte der Aktiengesellschaften"* die „lange Reihe von Formen", die nach englischem und französischen Vorbild den Aktiengesellschaften mit dem ADHGB vorgeschrieben würden. Er befürwortete „vom legislativen Standpunkte aus das allein Richtige", nämlich „die ganze und volle Freiheit der Privatautonomie", wie sie zwar in fast allen Lehrbüchern des gemeinen Rechts gelehrt, aktuell aber nur in Hamburg, Bremen und Lübeck praktiziert werde.[47]

Zuletzt kritisiert auch Otto von Gierke 1868 im Lichte des französischen Gesetzes vom 24. Juli 1867 im Rahmen seines 1. Bandes des Deutschen Genossenschaftsrechts das Beurkundungserfordernis als Ausdruck der Nichtüberwindung des „Einfluß[es] des historisch überkommenen staatsanstaltlichen Moments" und der „Einwirkung des älteren französischen Rechts".[48]

IV. Zivilaktiengesellschaften neben dem ADHGB

Da das ADHGB ausschließlich auf Aktiengesellschaften Anwendung fand, die Handelsgeschäfte betrieben, erklärten einige deutsche Staaten wie Bremen,[49] Hamburg,[50] Hannover,[51] Lippe[52] und Oldenburg[53] die Vorschriften des 3. Titels des ADHGB auch auf Erwerbs(aktien-)gesellschaften für anwendbar, selbst wenn diese kein Handelsgeschäft betrieben.[54] Gleiches galt unter einigen abändernden Bestimmungen auf Grund der Einführungsgesetze in Holstein und Schleswig.[55] Auch das Einführungsgesetz von Lauenburg enthielt modifizierende Bestimmun-

---

46 Brief des bremischen Abgeordneten Heineken an Senator Meier vom 19. November 1857 zitiert nach *Schnelle*, Bremen und die Entstehung des Allgemeinen Deutschen Handelsgesetzbuches (1856-1864), 1992, 134.

47 *Fick*, ZHR 5 (1862), 1, 60 f.

48 *Gierke* (Fn. 29), 999–1001, 1001.

49 § 21 des Einführungsgesetzes, abgedruckt bei *Lutz*, ADHGB, 2. Theil, 1866, 247, 252.

50 § 24 des Einführungsgesetzes, abgedruckt bei *Lutz*, ADHGB, 2. Theil, 1866, 261, 266.

51 § 20 des Einführungsgesetzes, abgedruckt bei *Lutz*, ADHGB, 2. Theil, 1866, 300, 304.

52 § 16 des Einführungsgesetzes, abgedruckt bei *Lutz*, ADHGB, 2. Theil, 1866, 339, 343

53 § 20 des Einführungsgesetzes, abgedruckt bei *Lutz*, ADHGB, 2. Theil, 1866, 414, 418.

54 Siehe auch *Salpius*, Die Ergänzungen der Allgemeinen Deutschen Wechselordnung und des Allgemeinen Deutschen Handelsgesetzbuches im Gebiete des Norddeutschen Bundes, 1870, 158 ff.

55 §§ 95–98 der Einführungsverordnung, abgedruckt bei *Koch*, ADHGB, 2. Aufl., 1868, 133, 155 ff.

gen diese sogenannten „Civilaktiengesellschaften“[56] betreffend.[57] Württemberg erweiterte nur für Erwerbsgesellschaften, welche Gegenstände eigener Produktion gewerbsmäßig und in einem die Formen des kaufmännischen Geschäftsbetriebs erfordernden Umfange veräußern, den Anwendungsbereich des ADHGB partiell.[58] Preußen hingegen erließ ein separates Gesetze, um diese Rechtsform auch den Nichthandelsgesellschaften, wie beispielweise Grundstücks-, oder Kulturaktiengesellschaften[59] bzw. Berg- und Hüttengesellschaften[60] zu eröffnen.[61] Nachdem der Versuch, die Materie der Zivilaktiengesellschaften im Rahmen der Beratungen zur Schaffung eines allgemeinen Obligationenrechts unter dem Dach des Deutschen Bundes allgemein zu regeln, mit dessen Zusammenbruch 1866 gescheitert war, erarbeiteten Bayern[62] und Braunschweig[63] ebenfalls an das preußische Gesetz über Zivilaktiengesellschaften angelehnte Regelungen. Sachsen, beseelt vom Kodifikationsgeist, schuf darüber hinausgehend ein umfassendes Gesetz, die juristischen Personen betreffend[64]. Eine allgemeine Gleichstellung von Zivil- und Handelsaktiengesellschaften erfolgte erst mit der Aktienrechtsnovelle von 1870.[65]

Hervorzuheben sind in diesem Zusammenhang das sächsische Gesetz über juristische Personen vom 15. Juni 1868 sowie das bayerische Gesetz über Aktiengesellschaften, bei welchen der Gegenstand des Unternehmens nicht in Handelsgeschäften besteht, vom 2. Juni 1869. Abweichend vom ADHGB und den übrigen deutschen Staaten sahen beide Gesetze vor, dass die Statuten schriftlich errichtet werden mussten.[66] Beiden Gesetzen war bis zum Inkrafttreten der Aktiennovelle von 1870 nur eine kurz Geltungszeit vergönnt.

---

[56] Zum Begriff *Primker* (Fn. 7), 513; „Civil-Aktien-Gesellschaften“ bei *Weinhagen,* Das Recht der Aktien-Gesellschaften nach dem Allgemeinen Deutschen Handelsgesetzbuche und dem Preußischen Gesetze vom 15. Februar 1864, 1866, VII.

[57] §§ 68 ff., abgedruckt bei *Salpius,* Die Ergänzungen der Allgemeinen Deutschen Wechselordnung und des Allgemeinen Deutschen Handelsgesetzbuches im Gebiete des Norddeutschen Bundes, 1870, 35, 158 ff.

[58] Art. 4 des Einführungsgesetzes, abgedruckt bei *Lutz,* Protokolle, Protokolle der Kommission zur Berathung eines allgemeinen deutschen Handelsgesetzbuches, 3. Theil, Beilagenbd., 1867, I, III.

[59] *Reich,* in: Coing (Hrsg.), Jus Commune, Bd. II, 1969, 239, 262.

[60] Vgl. Drucksache Nr. 86, S. 31, in: Drucksachen zu den Verhandlungen des Bundesrathes des Norddeutschen Bundes, 1869; weitere Beispiele für Nichthandelsaktiengesellschaften bei *Gierke* (Fn. 29), 1028.

[61] *Primker* (Fn. 7) 513; Ein kurzer Vergleich des bayerischen und preußischen Gesetzes findet sich bei *Gareis,* ZGRiPr 5 (1871), 574, 623.

[62] Hierzu umfassend *Heilmeier* (Fn. 3), 212 ff.

[63] Gesetz- und Verordnungssammlung für die Herzoglich Braunschweigischen Lande, 54. Jahrgang 1867, Braunschweig, Nr. 26, 201 ff.; Hinweis auf das Gesetz in ZHR Beilagenbd. 12, 1868, 177; zum Gesetzgebungsprozess s. a. StA Wolfenbüttel, 23 Neu Nr. 875.

[64] Hierzu umfassend *Heilmeier* (Fn. 3), 203 ff.

[65] vgl. auch *Hahn,* Commentar zum Allgemeinen Deutschen Handelsgesetzbuch, Bd. 1, 2. Aufl., 1871, 535; *Ring,* Das Reichsgesetz betreffend die Kommanditgesellschaften auf Aktien und die Aktiengesellschaften vom 18. Juli 1884, 2. Aufl., 1893, 9.

[66] § 10 des Gesetzes die Juristischen Personen betreffend vom 15. Juni 1868, in: Gesetz- und Verordnungsblatt für das Königreich Sachsen, 12. Stück vom Jahre 1868, 315, 316; ebenfalls abgedruckt in ZHR 13 (1869), 201, 202; Für Bayern siehe den Wortlaut des modifizierten § 208 Abs. 2

Die Begründung, auf Grund derer letztlich in Bayern das Formerfordernis abgeschafft wurde, war ausführlich: Bereits das Genossenschaftsgesetz des norddeutschen Bundes ließe eine schriftliche Abfassung des Gesellschaftsvertrags ausreichen. Außerdem würden in der Praxis die Statuten nach Mustern abgefasst, deren Abänderung relativ einfach sei. Auch sei es bei bloßem Schriftformerfordernis kaum je vorstellbar, dass zur Abfassung des Statuts kein rechtskundiger Beistand zugezogen würde. Darüber hinaus genüge die Schriftform ebenfalls, um sich gegen Anfechtungen abzusichern. Die notarielle Form hingegen verursache unnötige „Kosten und Weitläufigkeiten", zumal bereits die Einreichung des schriftlichen Gesellschaftsstatuts beim Handelsgericht vor „Verdunkelung" schütze. Schließlich müssten vom Handelsgericht den Gesetzen nicht entsprechende Statuten zurückgewiesen werden, was im Übrigen auch für notariell errichtete Statuten gelte. Überhaupt rechtfertige sich das Streben, die Gesellschaften nur in den notwendigsten Dingen zu binden und ihnen namentlich möglichst wenig Kosten zu verursachen.[67]

In Sachsen fiel mit dem als Bevormundung empfundenen Genehmigungsverfahren auch das Beurkundungserfordernis des Gründungsaktes: Man hatte erkannt, dass bereits das bloße Vorhandensein des Genehmigungsverfahrens dazu führte, dass sich das Publikum passiv auf die Fürsorge der prüfenden Behörde verließ, weshalb den Behörden zumindest in den Augen der Öffentlichkeit im Gegenzug auch eine größere Verantwortlichkeit ob ihrer Tätigkeit erwuchs. Gleichzeitig war man aber nicht gewillt, eine derartige Verantwortung auf diesem Gebiet des bürgerlichen Rechts zu übernehmen. Unter zusätzlicher Bezugnahme auf den liberalen Zeitgeist, „der die wirthschaftliche Thätigkeit von aller Bevormundung oder Fessel immermehr zu entbinden strebt", fiel es der sächsischen Staatsregierung daher nicht allzu schwer, das Konzessionssystem aufzugeben.[68] Der Sorge, dass gefälschte Statuten vorgelegt werden könnten, wurde dadurch Rechnung getragen, dass den Gerichten, welche die Register für diese Aktiengesellschaften führten, im Rahmen der Eintragung Ermessen[69] gewährt wurde, eine gerichtliche oder notarielle Beurkundung des Statuts zu verlangen. Hauptanwendungsfall dieser Regelung waren nach Auffassung der überzeugenden Kommissare gerade zweifelhafte Fälle, in denen etwa an Täuschung zu denken sei. Anders solle das Ermessen ausgeübt werden, wenn beispielsweise wegen der großen Anzahl der Mitglieder eine ungemeine Belastung aus der Einhaltung der strengeren, notariellen oder gerichtlichen Form erwachsen würde.[70]

ADHGB abgedruckt in Gesetz-Blatt für das Königreich Bayern, München 1866–1869, No. 60, 1217, 1219f.; ebenfalls abgedruckt in: ZHR 14 (1870), 364, 365.

67 Verhandlungen der Kammer der Abgeordneten des bayerischen Landtags in den Jahren 1866/69, Beilagen-Bd. V, 357, 326f.

68 Motive des neuen Entwurfs von 1868, Landtags-Acten von den Jahren 1867/68, Erste Abtheilung, Dritter Band, 639; ebenfalls enthalten in SächsHStA 10692, Nr. 5761.

69 Nr. 86, Gesetz, die juristischen Personen betreffend, vom 15. Juni 1868, in: Gesetz- und Verordnungsblatt für das Königreich Sachsen, 12. Stück vom Jahre 1868, 315, 328; ebenfalls abgedruckt in ZHR 13 (1869), 201, 215.

70 Landtags-Acten von den Jahren 1866/68, Beilagen, Bd. 1, 669, 679.

V. Weitere Aktienrechtsreformen

Die Aktienrechtsnovelle von 1870 bezweckte, die „schädliche und störende Rechtsverschiedenheit“ auf dem Gebiet des Aktienrechts zu beseitigen.[71] Zum einen sollten künftig grundsätzlich weder Kommanditgesellschaften auf Aktien noch Aktiengesellschaften einer staatlichen Konzession für ihre Existenz bedürfen. Zum anderen sollten beide Gesellschaftsformen unabhängig vom Gegenstand ihres Unternehmens als Handelsgesellschaften, d.h. wie Kaufleute, behandelt werden.[72] Diese relativ schnelle, nur neun Jahren nach Schaffung des ADHGB vorgenommene Neupositionierung „entsprang aber nicht, wie das bekannte Schlagwort lautet, liberalen oder gar freihändlerischen Tendenzen, sondern sie war auch insofern ein wahres „Nothgesetz“, als das bisherige System völlig versagte.“[73]

Trotz Rekurs auf die vorzitiere jüngere französische Gesetzgebung[74] und Aufgabe des Konzessionswesens wurde jedoch das Beurkundungserfordernis in Art. 208 Abs. 2 ADHGB ohne weitere Begründung aufrechterhalten, was in der Literatur zT als besondere Betonung der Wichtigkeit des Beurkundungserfordernisses zum Schutz des Publikums interpretiert wurde.[75]

Bis zur Aktienreform von 1965, mit welcher die Sukzessivgründung von Aktiengesellschaften in Deutschland endgültig aufgegeben wurde, änderte sich der Wortlaut von § 208 Abs. 2 ADHGB zwar wiederholt und wanderte inhaltlich in Folge der Ausgliederung des Aktienrechts aus dem HGB in das Aktiengesetz, jedoch ohne dass das Beurkundungserfordernis jemals aufgegeben oder erneut gesondert begründet wurde.[76] Zuletzt fiel mit dem Beurkundungsgesetz von 1974, welches

---

[71] Stenographische Protokolle über die Verhandlungen des Reichstags des Norddeutschen Bundes, I. Legislaturperiode, Session 1870, Bd. 2, 1056.

[72] Stenographische Protokolle über die Verhandlungen des Reichstags des Norddeutschen Bundes, I. Legislaturperiode, Session 1870, Bd. 2, 1055ff.; eine ausführliche Begründung für die Aufgabe des Konzessionserfordernisses liefern die Motive der preußischen Vorlage, welche das Scheitern des Konzessionssystems ausdrücklich eingestehen, vgl. Drucksache Nr. 86, 11ff., in: Drucksachen zu den Verhandlungen des Bundesrathes des Norddeutschen Bundes, 1869; *Hahn*, Commentar zum Allgemeinen Deutschen Handelsgesetzbuch Bd. 1, 3. Aufl., 1877, 597.

[73] *Goldschmidt*, ZHR 30 (1885), 69, 75; ebenso *Bösselmann*, Die Entwicklung des deutschen Aktienwesens im 19. Jahrhundert, 1939, 73; anders *Lieder*, Die 1. Aktienrechtsnovelle vom 11. Juni 1870, in: Bayer/Habersack (Fn. 7), 318, 325, 335.

[74] Ausführlich zum Ganzen m.w.N. *Schubert*, ZGR 1981, 285, 292ff.

[75] M.w.N. *Heilmeier* (Fn. 3), 221ff.

[76] Zum Ganzen *Heilmeier* (Fn. 3), 165ff.; Aktienrechtsreform 1884: „Artikel 209. Der Inhalt des Gesellschaftsvertrages (Statut) muß durch mindestens fünf Personen, welche Aktien übernehmen, in gerichtlicher oder notarieller Verhandlung festgestellt werden. [...]“ (Reichsgesetzblatt 1884, Gesetz Nr. 22, 123, 145f.); Handelsrechtsreform 1897: „§ 182. Der Inhalt des Gesellschaftsvertrages muß von mindestens fünf Personen, welche Aktien übernehmen, in gerichtlicher oder notarieller Verhandlung festgestellt werden. [...]“ (Reichsgesetzblatt 1897, Nr. 23, 219, 258); Aktiengesetz von 1937: „§ 16 Feststellung der Satzung

Die Satzung muß durch gerichtliche oder notarische Beurkundung festgestellt werden. [...]“ (Reichsgesetzblatt 1937, Teil 1, 107, 108); Aktiengesetz von 1965: „§ 23 Feststellung der Satzung. (1) Die Satzung muß durch gerichtliche oder notarielle Beurkundung festgestellt werden. [...]“ (BGBl. I 1965, 1089, 1094).

sämtliche bestehenden Doppelzuständigkeiten von Gerichten und Notaren zur Entlastung der Gerichte und Einsparung von Richterstellen zu beseitigen suchte, die alternative gerichtliche Beurkundungszuständigkeit weg, vgl. § 56 Abs. 1, 2 BeurkG,[77] sodass für die Erstellung öffentlicher Urkunden nach Maßgabe des Aktienrechts bis heute Notare ausschließlich zuständig sind.

VI. Schlussbetrachtung

Die aufgezeigte Geschichte von § 23 Abs. 1 S. 1 Aktiengesetz gewährt einen Einblick in das stete Ringen der auf Schutz seiner Bürger und des Gemeinwohls bedachten Staatlichkeit einerseits und den auf freie Entfaltung dringenden Kräften andererseits.

Seit Aktiengesellschaften auf Basis generell-abstrakter geltender Gesetze gegründet werden können, d. h. seit dem Inkrafttreten des Code de Commerce am 1. Januar 1808, findet sich das Erfordernis der Errichtung einer öffentlichen Urkunde zur Gründung einer Aktiengesellschaft in nahezu sämtlichen bis heute jemals in Deutschland ergangenen Aktiengesetzen. Es dauerte jedoch noch einmal über 150 Jahre bis diese Formvorschrift ihren heutigen Wortlaut erhielt. Sie verdankt ihre stetige Auf- bzw. Übernahme in verschiedene einzelstaatliche Aktiengesetze und Aktiengesetzentwürfe bis 1870 hauptsächlich drei Faktoren: erstens dem ausgedehnten Geltungsbereich des Code de Commerce – insbesondere auch in den preußischen linksrheinischen Gebieten – sowie zweitens der auch auf aktiengesetzgeberischem Gebiet bestehenden Expertise, Vorbild- aber auch Vormachtstellung Preußens und drittens vor allem der im Rahmen der damaligen Gesetzgebung angewandten rechtsvergleichenden Methode der Rechtsgewinnung. Diese Methode der historischen Gesetzgeber, sich zur Legitimation neuer Gesetzesvorhaben vornehmlich darauf zu berufen, dass Gesetzgebungen anderer Staaten Vorschriften mit ähnlichem oder gar gleichem Regelungsgehalt erlassen hatten, trug wesentlich zur immer wieder erneut stattfindenden Übernahme dieser Formvorschrift in neue einzelstaatliche Gesetzesentwürfe bei. Gleichzeitig schuf diese Praxis zahlreiche Referenzen für spätere Gesetzgeber, überwiegend ohne Sinn und materiellem Regelungsgehalt dieser speziellen Formvorschrift zu hinterfragen. Von den wenigen Gesetzentwürfen, die sich dezidiert mit diesem Formerfordernis auseinandersetzten und dementsprechend von der preußischen Vorstellung eines umfassend staatlich regulierten Aktienrechts abweichende Lösungsvorschläge entwickelten, erlangten einzig ein bayerischer Gesetzentwurf über Zivilaktiengesellschaften und ein sächsischer Entwurf über juristische Personen am Vorabend der Aktienrechtsnovelle von 1870 Gesetzeskraft. Zwar hatte der französische Gesetzgeber bereits im Jahre 1867 dieses besondere Beurkundungserfordernis wieder aufgegeben, gleichwohl behielt der deutsche Gesetzgeber, der sich im Rahmen der

[77] § 56 BeurkG, BGBl. I 1969, 1520 f.

Novelle von 1870 explizit auch auf die französische Gesetzgebung berief, die Beurkundungspflicht ohne besondere Begründung bei – ein Bruch in der Tradition der rechtsvergleichenden Methode der Rechtsschöpfung. Die weitere von Reform zu Reform erfolgte Übernahme dieser Formvorschrift wurde in der Folge – insbesondere vor dem Hintergrund der zwischenzeitlich erfolgten Einführung des Handelsregisters inhaltlich nicht gerechtfertigt. Eine Auseinandersetzung der historischen Gesetzgeber mit Sinn und Zweck bzw. ihrer Bedeutung im Rahmen des Gründungsvorgangs unterblieb, obwohl sie lohnend gewesen wäre.[78]

Von den drei ursprünglich herausgearbeiteten Beurkundungszwecken konnte sich bis heute keiner behaupten: So wurde die „Legitimation der Vertreter der Gesellschaft" spätestens mit der Einführung von Registern, aus denen die Vertretungsbefugnis der Vorstände hervorgeht, überflüssig. Auch der Schutz der die Aktiengesellschaft genehmigenden Behörden ist mit Aufgabe des Konzessionssystems entfallen. Gleiches gilt für den Zeichnerschutz sukzessiv zeichnender Aktionäre als Beurkundungszweck seit der Abschaffung der Sukzessivgründung im Jahr 1965. Die Pflicht zur Satzungsbeurkundung ist damit eine der weltweit ältesten aktienrechtlichen Kapitalanlegerschutzregelungen, die heute ihren Schutzzweck nicht mehr erfüllen kann. Die eingangs gestellte Frage nach dem Grund des Beurkundungspflicht der Gründungssatzung einer Aktiengesellschaft lässt sich aus der Rechtshistorie heraus pointiert damit beantworten, dass der Gesetzgeber es schlicht vergessen hat, diese Regelung aufzuheben – oder, um es mit den Worten Otto von Gierkes zu sagen, zeigt § 23 Abs. 1 S. 1 AktG, dass der „Einfluß des historisch überkommenen staatsanstaltlichen Moments" und die „Einwirkung des älteren französischen Rechts"[79] bis heute nicht überwunden ist.

Die vorliegende Untersuchung beweist damit einmal mehr, dass die rechtsgeschichtliche Ausleuchtung geltender Normen einen wertvollen Beitrag zu deren Interpretation und Kritik leisten kann.

---

[78] Zum Ganzen ausführlich *Heilmeier* (Fn. 3), 420ff.

[79] *Gierke* (Fn. 29), 1001.

Innergesellschaftliches Recht bei Dietmar Willoweit und bei Eugen Ehrlich

Jan Schröder

I. Einleitung: Dietmar Willoweits „Rechtsdenken“

Meine letzte persönliche Begegnung mit Dietmar Willoweit war am 7. und 8. September 2022 in Naumburg. Dort traf sich die von uns so genannte „Baden-Gruppe“, die überlebenden Mitglieder einer Gutachterkommission von Historikern und Rechtshistorikern, die auch nach der Erledigung ihres Auftrags (2007) unzertrennlich blieben und jedes Jahr mit den Ehefrauen an einem anderen Ort zusammenkamen. Das Naumburger Treffen war das letzte, an dem Dietmar Willoweit teilnehmen konnte. Am Ende unseres Zusammenseins erzählte er zum ersten Mal von einem Buch, an dem er gerade schrieb. Es sollte „Rechtsdenken“ heißen und sein Grundgedanke würde sein, dass das Recht ursprünglich gar nicht objektives, also vom Staat gesetztes, Recht ist, sondern subjektives Recht, also individuelle Berechtigung, und dass das subjektive Recht sich auch nach der enormen Ausweitung der staatlichen Gesetzgebung in der Neuzeit bis zur Gegenwart neben dem objektiven Recht behauptet. Erst bei Dietmars Beerdigung erfuhr ich, dass das Buch fast vollendet war, und im November und Dezember des vorigen Jahres habe ich beeindruckt und bewundernd die von Herrn Schlinker fertiggestellte Fassung gelesen.[1]

Willoweits Buch ist das Werk eines Rechtshistorikers, der die Geschichte des – vor allem des kontinentaleuropäischen – Rechts wie kaum ein anderer überblickte, aber auch eines überzeugten idealistischen Rechtstheoretikers, für den nicht jedes beliebige Recht gleich gilt. Man kann sich ihm aus verschiedenen Blickwinkeln nähern. Ich möchte einige vergleichende Betrachtungen versuchen und Willoweits „Rechtsdenken“ in Beziehung setzen zur herrschenden Rechtstheorie (II.) und dann zu einem Rechtsdenker, der ihm nach meiner Meinung besonders nahesteht, nämlich Eugen Ehrlich, dem Begründer der Rechtssoziologie (III.). Worin das Verbindende zwischen beiden besteht, lässt sich vielleicht herausfinden im Vergleich mit zwei anderen bedeutenden Rechtssoziologen, die eher das Rechtsverständnis der heute herrschenden Lehre repräsentieren (IV.). Schließlich möchte ich an zwei Beispielen zu zeigen versuchen, wie sich Willoweits Sichtweise konkret auswirkt (V.).

---

[1] *Willoweit*, Rechtsdenken. Zwischen innergesellschaftlicher Rechtsbildung und hoheitlicher Rechtssetzung, herausgegeben und auf Grundlage des vom Autor nahezu vollständig vollendeten Manuskripts ergänzt von Steffen Schlinker, 2024.

II. Willoweits „Rechtsdenken" und das heute herrschende Rechtsverständnis

Im Mittelpunkt von Willoweits Buch steht, wie gesagt, das subjektive Recht. Das subjektive Recht, d. h. die individuelle Berechtigung, ist nach Willoweit historisch früher als das objektive, zumindest „gleichursprünglich" mit ihm.[2] Es hat seine Geltung nicht erst durch den Staat und steht „nicht zur Disposition der Herrscher".[3] Angeborene subjektive Rechte an Leib und Leben sind von Anfang an vorhanden und ihre Verletzung wird auch in nichtstaatlichen Gesellschaften seit jeher gesühnt, sei es durch Privatsanktionen, sei es durch Bußzahlungen. Willoweit vertritt deshalb einen „subjektbezogenen Rechtsbegriff"[4]: Unter „Recht" ist immer auch die Summe aller subjektiven Rechte mit zu verstehen. Ein Recht, das nicht die wesentlichen individuellen Rechte der Person wie Leib und Leben, Freiheit und Eigentum schützt, ist überhaupt kein Recht.[5] Auch andere, nicht so elementare subjektive Rechte entstehen ohne Zutun des Staates. Vertraglich begründete Ansprüche gelten nicht erst durch staatliche Anerkennung, sondern allein durch den Vertrag, sie ergeben sich „unmittelbar aus der vertraglichen Vereinbarung".[6] Überhaupt entsteht das Recht zunächst innergesellschaftlich, intersubjektiv, als „Rechtsgewohnheit", die keiner obrigkeitlichen Beteiligung bedarf.[7] Und auch heute noch bilden sich neue subjektive Rechte aus und entsteht innergesellschaftliches Recht ohne staatliche Mitwirkung, wie Willoweit z. B. an der Ausbreitung der Kartelle und der Allgemeinen Geschäftsbedingungen seit dem späten 19. Jahrhundert zeigt.[8] Dieses innergesellschaftliche Recht beruht nur auf der Anerkennung der Rechtsgenossen.[9] Der Zwang ist also kein Wesensmerkmal des Rechts.

Dies alles weicht erheblich von der modernen Auffassung ab. Die größte Differenz liegt in der Lehre vom subjektiven Recht. Denn nach heutiger[10] und jedenfalls seit dem 19. Jahrhundert ganz herrschender Ansicht[11] ist das subjektive Recht nicht

---

2 *Willoweit* (Fn. 1), 21, mit Hinweis auf Jürgen Habermas: Faktizität und Geltung, 117.

3 *Willoweit* (Fn. 1), 141, 144 (hier die im Text zitierte Formulierung).

4 *Willoweit* (Fn. 1), 114.

5 *Willoweit* (Fn. 1), 338 f.

6 *Willoweit* (Fn. 1), 79, 336 (hier die im Text zitierte Formulierung).

7 *Willoweit* (Fn. 1), 25. Das Wort „Rechtsgewohnheit" (Karl Kroeschell folgend, 62) 59 und öfter.

8 *Willoweit* (Fn. 1), 303–305 (Kartelle), 305 f. (allgemeine Geschäftsbedingungen).

9 *Willoweit* (Fn. 1), 62.

10 Zum Beispiel *Enneccerus/Nipperdey*, Allgemeiner Teil des Bürgerlichen Rechts, 15. Aufl., 1. Halbband, 1959, § 72a, S. 428 f. („eine Rechtsmacht, die dem einzelnen durch die Rechtsordnung verliehen ist"); *Larenz*, Allgemeiner Teil des deutschen Bürgerlichen Rechts, 5. Aufl., 1980, § 13 I, S. 184–187 (der nur den Begriff „Rechtsmacht" beanstandet und von „zukommen" oder „gebühren" sprechen will); *Bork*, Allgemeiner Teil des Bürgerlichen Gesetzbuchs, 3. Aufl., 2011, Rn. 280, 281, S. 122. Anders *Neuner*, Allgemeiner Teil des Bürgerlichen Rechts, 12. Aufl., 2020, § 20, Rn. 2, S. 233, § 10 („Die Grundprinzipien des BGB"), Rn. 2 ff., der die Geltung der subjektiven Rechte auf das „hinter dem BGB" stehende Menschenbild zurückführt, auch damit aber im Rahmen des aktuell geltenden Rechts bleibt.

11 Ausführlich dazu *Hofer*, Freiheit ohne Grenzen? Privatrechtstheoretische Diskussionen im 19. Jahrhundert, 2001, 186 ff.

sozusagen autonom, sondern nur vom Staat gewährt. Entsprechend der bekannten Formulierung von Bernhard Windscheid sieht man es als „eine von der Rechtsordnung (Recht im objectiven Sinn, objectives Recht) verliehene Willensmacht“[12] an. Nimmt also der Staat diese „Verleihung“ zurück und greift entschädigungslos in subjektive Rechte ein, dann entbehren solche Maßnahmen – ganz anders als nach Willoweit – nicht ohne weiteres des Rechtscharakters. Von staatlicher Anerkennung abhängig sollen natürlich auch nicht angeborene subjektive Rechte sein, die durch Vertrag entstehen.[13] Und überhaupt soll „innergesellschaftliches Recht“ nur eine bescheidene Rolle spielen. Zwar zählt man nach wie vor auch das Gewohnheitsrecht zu den Rechtsquellen.[14] Aber es soll das Gesetzesrecht nicht verdrängen können und richterlicher Bestätigung bedürfen.[15] Vor allem kann es, wie viele Autoren meinen, auch materiell schon gar nicht innergesellschaftlich, ohne Beteiligung der Juristen, entstehen; so war und ist nach Max Weber „alles ‚Gewohnheitsrecht‘ in Wahrheit Juristenrecht“[16] und „niemals nur ein volkstümlicher Brauch“.[17] Es liegt auf der Hand, wie fern Willoweit einem solchen, wie er es nennt, „positivistischen Vorverständnis“[18] steht.

III. Eugen Ehrlich als weiterer Vertreter eines innergesellschaftlichen Rechtsverständnisses

Hat man sich einmal die Kluft zwischen dem herrschenden und Willoweits Rechtsverständnis vergegenwärtigt, dann liegt es nahe, nach anderen Theoretikern zu suchen, die wie Willoweit und gegen die herrschende Lehre die Bedeutung der Gesellschaft bei der Entstehung des Rechts hervorheben. Der insofern wichtigste einschlägige Autor scheint mir Eugen Ehrlich zu sein. Ehrlich, geboren 1862 in Czernowitz, damals habsburgisch, später rumänisch, heute ukrainisch, gilt als Begründer der Rechtssoziologie. Er hatte in Wien studiert, war dann Professor für römisches Recht in Czernowitz geworden und veröffentlichte 1913 sein Haupt-

---

12 *Windscheid*, Lehrbuch des Pandektenrechts, I, 5. Aufl., 2. Ausgabe, 1882, § 37, S. 92.

13 Zum Beispiel *Flume*, Allgemeiner Teil des bürgerlichen Rechts. 2. Das Rechtsgeschäft, 2. Aufl., 1975, § 1, 2. S. 2; *Larenz* (Fn. 10), § 2 II e, S. 36 f.; *Medicus*, Allgemeiner Teil des BGB, 9. Aufl., 2006, Rn. 176, S. 75.

14 Zum Beispiel *Enneccerus/ Nipperdey* (Fn. 10), I, § 32 II 2, S. 208 f.; *Bydlinski*, Juristische Methodenlehre und Rechtsbegriff, 1982, 215; *Bork* (Fn. 10), Rn. 14, S. 7; *Neuner* (Fn. 10), § 4, Rn. 5, S. 22. Für „überflüssig“ hält dagegen *Möllers*, Juristische Methodenlehre, 5. Aufl., 2023, § 3, Rn. 26, S. 99, die Einreihung des Gewohnheitsrechts unter die Rechtsquellen.

15 Nachweise bei *Schröder*, Recht als Wissenschaft. Geschichte der juristischen Methodenlehre in der Neuzeit, 3. Aufl., 2020, II, § 137, I 2 a, S. 143 f. Dort S. 140 ff. überhaupt zum Stand der Lehre am Ende des 20. Jahrhunderts.

16 *Weber*, Wirtschaft und Gesellschaft, 1922, 507.

17 So *Kantorowicz*, Die Rechtswissenschaft – eine kurze Zusammenfassung ihrer Methodologie (1928), in: ders., Rechtswissenschaft und Soziologie, hrsg. von Thomas Würtenberger, 1962, 83–99 (93).

18 *Willoweit* (Fn. 1), 21.

werk, die „Grundlegung der Soziologie des Rechts". Er starb, verbittert und heimatlos geworden durch den Anschluss der Bukowina an Rumänien, 1922 in Wien.[19] Heute wird er zuweilen als „vergessen" bezeichnet.[20] Das scheint mir aber unzutreffend zu sein, denn Ehrlich hatte eine bedeutende internationale Ausstrahlung und wird nach wie vor zu den „Klassikern" der Rechtssoziologie gerechnet.[21]

Willoweit kannte sicherlich Ehrlichs Rechtssoziologie, geht aber nirgends auf sie ein. Beide haben jedoch denselben Ausgangspunkt. Willoweit schreibt, „dass bis heute Rechtsbildung innergesellschaftlich stattfindet. Anders als die heute vorherrschenden Rechtstheorien annehmen, liegt dem Rechtsdenken nicht primär das objektive Recht, sondern die Erfahrung einer willkürfreien, auf Ausgleich und Kooperation gerichteten Gestaltung der zwischenmenschlichen Beziehungen zugrunde".[22] Ehrlich erklärt im Vorwort zu seiner Rechtssoziologie, der Sinn seines Buches lasse sich „in einem einzigen Satze zusammenfassen", nämlich: „Der Schwerpunkt der Rechtsentwicklung liege auch in unserer Zeit, wie zu allen Zeiten, weder in der Gesetzgebung, noch in der Jurisprudenz oder in der Rechtsprechung, sondern in der Gesellschaft selbst".[23] Die staatliche Rechtsauffassung ist, wie er sagt, „wissenschaftlich unhaltbar", ebenso die Zwangstheorie des Rechts[24].

Wie für Willoweit entsteht deshalb auch für Ehrlich das subjektive Recht in der Gesellschaft und unabhängig vom Staat und seinen Rechtssätzen: Auch „in der Gegenwart", schreibt er, „wird [...] stets angenommen, dass sich nicht aus Rechtssätzen, sondern aus Beziehungen der Menschen Rechte ergeben, aus der Ehe, aus dem Vertrage, aus dem Testamente. Dass jemand seine Rechte einem Rechtssatze zu verdanken habe, ist selbst heute noch eine nur dem Juristen geläufige Auffassung".[25] Zwar äußert sich Ehrlich nicht ausführlich zu den angeborenen subjektiven Rechten. Aber wie Willoweit sieht er gerade in ihrem Schutz das erste Gebot der Gerechtigkeit: „Die Gerechtigkeit fordert, dass Person, Herrschaft und Besitz geschützt wird".[26] Wie bei Willoweit ist auch bei Ehrlich das Recht primär kein

---

[19] Einführend *Kleinheyer/Schröder* (Hrsg.), Deutsche und Europäische Juristen aus neun Jahrhunderten, 6. Aufl., 2017, 122–126 (Schröder). Zur neueren Ehrlich-Literatur *Seinecke*, Ehrlichbilder: Freirecht, Rechtssoziologie und Rechtspluralismus Zum 100. Todestag von Eugen Ehrlich, ZEuP 2022, 302–536. S. auch unten Fn. 21.

[20] *Barta* u.a. (Hrsg.): Zu Eugen Ehrlichs 150. Geburtstag und 90. Todestag, 2013, Vorwort: „Ehrlichs Denken, das heute vielfach verdrängt und vergessen ist".

[21] So etwa von *Raiser*: Einführung in die Rechtssoziologie, 1972, 37ff. (37: rechnet ihn zu den sechs „maßgeblichen Theoretikern der Rechtssoziologie deutscher Sprache"); *Luhmann*, Rechtssoziologie, 1980, 3. Aufl., 1987, 21 („klassische Ansätze"); *Röhl*: Rechtssoziologie. Ein Lehrbuch, 1987, § 5, S. 27ff.: „Die Begründung der Rechtssoziologie durch Eugen Ehrlich". Zu Ehrlichs 100. Todestag wurden z.B. in Frankfurt am Main und Paris Gedenksymposien veranstaltet. Siehe jetzt den Frankfurter Tagungsband: *Auer/Seinecke* (Hrsg.): Eugen Ehrlich. Kontexte und Rezeptionen, 2024, und darin *Seinecke*, Der Ehrlicheffekt, 3–39 (4–7) zu Ehrlich-Rezeptionen und -Renaissancen.

[22] *Willoweit* (Fn. 1), 336.

[23] *Ehrlich*, Grundlegung der Soziologie des Rechts, 1913, 3. Aufl., 1967, Vorwort.

[24] *Ehrlich* (Fn. 23), 15 (Zwang), 131 (staatliche Rechtsauffassung).

[25] *Ehrlich* (Fn. 23), 28.

[26] *Ehrlich* (Fn. 23), 176. Auch schon vorher: der „Anspruch auf Leben, Freiheit und Besitz"

staatliches Gebot, sondern gesellschaftliche „Regel des Handelns".[27] Gewohnheitsrecht kann „ohne ausdrückliche Erlaubnis des Gesetzgebers entstehen"[28], und es gibt, wie er in Interpretation der Rechtslehre Savignys und Puchtas schreibt, „keine anderen Erfordernisse seiner Entstehung als die gemeinsame Volksüberzeugung".[29] Neues Gewohnheitsrecht entsteht auch noch in der Gegenwart, und wie Willoweit weist auch Ehrlich u.a. auf das Beispiel des Kartellwesens im späten 19. Jahrhundert hin.[30]

Es gibt allerdings auch einige Unterschiede, die aber m.E. nicht besonders schwer wiegen. Ehrlich begründet den Schutz der elementaren subjektiven Rechte nicht schon mit dem Rechtsbegriff, sondern mit historischen Gerechtigkeitsvorstellungen, die er wohl auch für relativ hält.[31] Auch soll das Gewohnheitsrecht vor der richterlichen Anwendung erst in eine „Entscheidungsnorm" gefasst werden.[32] Hier kommt der Juristenstand ins Spiel, der bei Willoweit keine so große Rolle spielt. Es bleibt jedoch bei der gemeinsamen Überzeugung, dass sich das Recht zu allen Zeiten primär in der Gesellschaft entwickelt und dass die „positivistische Strömung" der Gegenwart, wie sie Ehrlich nennt,[33] daran nichts ändern kann.

IV. Was verbindet Willoweit und Ehrlich?

Hier schließen sich weitere Fragen an. Wie kommt es, dass gerade Willoweit und Ehrlich so weit von der herrschenden positivistischen Auffassung abweichen? Was verbindet sie über die inhaltlichen Übereinstimmungen hinaus? Willoweit hat seinen Ansatzpunkt als einen „rechtshistorisch-rechtssoziologischen" bezeichnet.[34] Entsprechend schreibt Ehrlich: „Die Rechtsgeschichte ist zweifellos vor allem berufen, der Soziologie des Rechts das Materiale zu liefern".[35] Darin liegt vielleicht der Schlüssel zur Lösung. Ist es die „soziologische" Arbeitsweise, die Willoweit und Ehrlich gemeinsam haben, ist es die „historische", oder ist es vielleicht nur beides zusammen? Ich versuche die Frage in Abgrenzung zu zwei weiteren bedeutenden deutschen Soziologen zu klären und beginne mit dem soziologischen Ansatzpunkt.

---

steht „heutzutage […] wenigstens im unbestrittenen Herrschaftsgebiete der europäischen Gesittung jedermann zu, ohne Rücksicht auf die Volkszugehörigkeit" (65).

[27] *Ehrlich* (Fn. 23), 6f.

[28] *Ehrlich* (Fn. 23), 323.

[29] *Ehrlich* (Fn. 23), 362.

[30] *Ehrlich* (Fn. 23), 316.

[31] *Ehrlich* (Fn. 23), 188 (Gerechtigkeit der „Statik" und der „Dynamik"), 191ff. (individualistischer und gemeinschaftsbezogener Gerechtigkeitsgedanke).

[32] *Ehrlich* (Fn. 23), 139.

[33] *Ehrlich* (Fn. 23), 288.

[34] *Willoweit* (Fn. 1), 19.

[35] *Ehrlich* (Fn. 23), 383.

1. Die soziologische Arbeitsweise

Wenn allein der soziologische Ansatz notwendigerweise zu einer „innergesellschaftlichen", unpositivistischen Rechtstheorie führen würde, dann müsste das nicht nur bei Ehrlich, sondern auch bei anderen Rechtssoziologen der Fall sein. Schon ein Blick auf zwei weitere deutsche Rechtssoziologen des 20. Jahrhunderts weckt aber Zweifel.

Max Weber entwirft in dem „Rechtssoziologie" genannten Kapitel seines 1922 erschienenen Hauptwerks „Wirtschaft und Gesellschaft" (jetzt 2010 erweitert herausgegeben in der neuen Max-Weber-Gesamtausgabe), ein Bild des Rechts, das der heute herrschenden Lehre entspricht und nicht Willoweit und Ehrlich. Im Gegensatz zu diesen ist für Weber das Recht eine Zwangsordnung, es muss „äußerlich garantiert" sein „durch die Chance (physischen oder psychischen) Zwanges", den ein „Rechtsstab" ausübt.[36] Neue Rechtsregeln entstehen nicht in der Gesellschaft, sondern „heute normalerweise durch Gesetz".[37] Subjektive Rechte sind nicht ursprünglich und vom Staat unabhängig. Vielmehr besteht ein modernes Recht aus Rechtssätzen, abstrakten Normen, „denen die subjektiven Rechte der Einzelnen (sc. erst) entspringen".[38] Auch die Vertragsfreiheit ist nicht von vornherein gegeben, sondern beruht auf, wie er es nennt, „Ermächtigungsgesetzen".[39] Die Vorstellung, dass es einen Kernbestand subjektiver Rechte nach Art des Naturrechts gibt, über die der Gesetzgeber nicht verfügen kann, liegt Weber ganz fern: Er nennt sie „Irrationalismus"[40] und bezeichnet die zeitgenössischen antipositivistischen Versuche als „Flucht in das Irrationale".[41] Generell begegnet Weber dem innergesellschaftlichen Recht mit Skepsis. Gewohnheitsrecht ist nicht einfach vom Richter unverändert übernommenes gesellschaftliches Recht. Der Richter, schreibt er, „drückt [...] keineswegs nur sein Siegel auf die schon faktisch [...] geltenden Ordnungen", indem er aus ihnen „Entscheidungsnormen" bildet (ein versteckter Hinweis auf Ehrlich). „Sondern gerade umgekehrt": Er „schafft [...] unter Umständen die empirische Geltung einer generellen Norm als ‚objektives Recht'".[42] Und, wie schon zitiert, es ist und war „alles ‚Gewohnheitsrecht' in Wahrheit Juristenrecht"[43], also nicht gesellschaftliches Recht.

Auch Niklas Luhmann steht in seiner „Rechtssoziologie" von 1980 (dritte Auflage 1987) der Zwangstheorie des Rechts nahe. Zwar verneint er an einer Stelle, dass der Zwang zu den Wesensmerkmalen des Rechts gehört[44], an anderer Stelle soll dann aber doch die Erzwingbarkeit „inhärentes Merkmal positiven Rechts"

---

[36] *Weber* (Fn. 16), 17.
[37] *Weber* (Fn. 16), 396.
[38] *Weber* (Fn. 16), 412.
[39] *Weber* (Fn. 16) 454.
[40] *Weber* (Fn. 16), 496.
[41] *Weber* (Fn. 16), 508.
[42] *Weber* (Fn. 16), 400.
[43] *Weber* (Fn. 16), 507.
[44] *Luhmann* (Fn. 21), 99f.

sein.[45] Auch sonst ähnelt seine Lehre sehr den Vorstellungen Max Webers und der heute herrschenden Meinung. Bei den subjektiven Rechten setzt er als selbstverständlich voraus, dass sie nicht von sich aus gelten, sondern „im objektiven Recht vorgesehen" sein müssen, dass der Staat das Individuum mit solchen Rechten „ausstattet", sie ihm „zuweist".[46] Ebenso wenig sollen vertragliche Rechte allein durch die Vertragsparteien entstehen: „Der Vertrag ‚gilt' […] nicht kraft der Freiheit des Willens", sondern „das Gesetz benutzt den Vertrag […] als Form, durch deren Regulierung es Wirkungen vermittelt".[47] Schon gar nicht sind die subjektiven Rechte naturrechtlich oder aus Gründen der Gerechtigkeit vor Eingriffen des Staates geschützt. Positiviertes Recht, sagt Luhmann, „kann nicht mehr in einem Glauben an eine wahre Weltordnung mit invarianten naturhaft-moralischen Grundlagen verankert werden, sondern muß sich auf das Sozialsystem beziehen, das die Reduktion der Komplexität des Rechts leistet".[48] Das positive Recht ist „nicht mehr ontologisch", sondern „funktional", es soll bestimmte Wirkungen erzielen. Deshalb, eine besonders programmatische Formulierung Luhmanns: „Das Recht kann nicht mehr einfach das *sein*, was es *leisten* soll. Daran zerbricht das Naturrecht. Und ‚Gerechtigkeit' steht als ein ethisches Prinzip jetzt außerhalb des Rechts".[49] Für innergesellschaftliches Recht hat auch Luhmann wenig Interesse. In der „Rechtssoziologie" scheint es gar nicht vorzukommen. In Luhmanns späterem Werk „Das Recht der Gesellschaft" von 1993 finden sich nur einige Andeutungen. Aus ihnen ergibt sich vor allem die „Ablehnung der Auffassung, dass das Gewohnheitsrecht eine aus sich heraus und auch ohne Anerkennung der Gerichte wirksame Rechtsquelle sei".[50]

In Webers und Luhmanns rechtssoziologischer Theorie spielen also – im Gegensatz zu Willoweit und Ehrlich – das innergesellschaftliche, „lebende" Recht (wie Ehrlich es nennt) und die subjektiven Rechte nur eine bescheidene Rolle. Im Zentrum steht nicht die Gesellschaft, sondern der Staat und der Justizapparat. Das bedeutet, dass eine soziologische Perspektive nicht zwangsläufig zu einer Rechtstheorie führt, wie sie Willoweit und Ehrlich vertreten. Rechtssoziologie kann sich zwar auch mit dem „lebenden Recht" der Gesellschaft beschäftigen, wie es Ehrlich nennt, sie muss es aber nicht. Ihr Gegenstand kann auch der professionelle „Rechtsstab" sein, die Gesetzgebung und vieles anders mehr. In der soziologischen Sichtweise liegt also nicht die spezifische Eigentümlichkeit Willoweits und Ehrlichs.

---

45 *Luhmann* (Fn. 21), 220.
46 *Luhmann*, Das Recht der Gesellschaft, 1993, 487f.
47 *Luhmann* (Fn. 21), 327f.
48 *Luhmann* (Fn. 21), 212.
49 *Luhmann* (Fn. 21), 226.
50 *Luhmann* (Fn. 46), 525 Anm. 77.

2. Die historische Arbeitsweise

Dann ist es vielleicht die historische, die beide von den Positivisten unterscheidet. Auf den ersten Blick scheint auch das nicht der Fall zu sein, denn auch Weber und Luhmann greifen in ihren Rechtssoziologien auf die Geschichte zurück. Bei genauerem Zusehen scheint mir aber doch ein Unterschied zu Willoweit/Ehrlich zu bestehen, nämlich darin, *wie* die historischen Grundlagen des Rechts ausgewertet werden. Die Weber- und Luhmannsche Rechtsgeschichte ist *teleologisch*, auf ein Ziel ausgerichtet, das nicht mehr überschritten wird. Nach Max Weber entwickeln sich das Recht und der Rechtsgang von der Rechtsschöpfung durch Rechtspropheten über die Rechtsfindung durch Rechtshonoratioren zur fachmäßigen Rechtspflege durch Rechtsgebildete, „Fachjuristen". Sie entscheiden nicht mehr materiell rational aufgrund bestimmter Werte, sondern nur noch formal rational nach dem Gesetz aufgrund „formallogischer" Schulung.[51] Diese letzte Entwicklungsstufe soll offensichtlich die endgültige sein: Die „Fachmäßigkeit des Rechts" und seine Wertung „als eines rationalen, daher jederzeit zweckrational umzuschaffenden [...] technischen Apparats (ist) sein unvermeidliches Schicksal".[52] Noch deutlicher wird das bei Luhmann. Bei ihm verläuft die Rechtsentwicklung vom archaischen Recht über das Recht vorneuzeitlicher Hochkulturen zur „Positivierung des Rechts".[53] Luhmann fasst das so zusammen: Das Recht wird „im Laufe einer langen Entwicklungsgeschichte seinem Begriff entsprechend [!] ausdifferenziert".[54] Das Recht hat also erst mit der Positivierung seinen Begriff und damit offenbar auch seinen Endpunkt erreicht. Luhmann konzipiert den Rechtsbegriff also sofort von der Gegenwart her: Der Rechtsbegriff bestimmt die Geschichte und nicht die Geschichte den Rechtsbegriff. Das ist nicht nur teleologisch gedacht[55], sondern schlechterdings unhistorisch.

Im Unterschied zu dieser teleologischen Geschichtsauffassung haben Willoweit und Ehrlich ein, ich finde kein besseres Wort, „offenes", meinetwegen auch „kontingentes" Geschichtsverständnis. Der gegenwärtige Zustand ist nicht notwendig der letzte, und man darf die ältere Geschichte auch nicht an ihm messen. Bei Willoweit ist das schon deswegen unzweifelhaft, weil er immer wieder Rückschlüsse vom modernen auf das vergangene Recht ablehnt. „Maßstab kann nicht das dichte Normengeflecht des modernen Staates sein, sondern nur die Frage, was mit ‚Recht' im ursprünglichen Sinne eigentlich gemeint war".[56] Er ironisiert auch Äußerungen

[51] *Weber* (Fn. 16), 503.

[52] *Weber* (Fn. 16), 512.

[53] *Luhmann* (Fn. 21), Abschnitt III, 145 ff.

[54] *Luhmann* (Fn. 21), 105.

[55] Jedenfalls gibt es hinter Luhmanns *Rechtsbegriff* kein Zurück mehr. Nicht ausgeschlossen ist für Luhmann möglicherweise, dass sich anstelle des Rechts irgendetwas anderes entwickelt, das nicht mehr „Recht" ist. Wie hier wohl *Rückert*, Autonomie des Rechts in rechtshistorischer Perspektive, 1988, 15–35. Anders offenbar *Stollberg-Rilinger*, Einleitung, in: dies./André Krischer (Hrsg.), Herstellung und Darstellung von Entscheidungen, 2010 (= Zeitschrift für historische Forschung. Beiheft 44), 9, 29.

[56] *Willoweit* (Fn. 1), 55.

moderner Autoren, die „den Eindruck (erwecken), es sei schon längst alles Wissbare gesagt".[57] Noch häufiger bemerkt Ehrlich, dass wir nicht am Ende der Rechtsgeschichte stehen, sondern sie sich weiterentwickelt. Der Soziologe weiß, „dass es hinter dem Horizont, der derzeit seinen Gesichtskreis begrenzt, noch andere Horizonte gibt, die seinem Blicke entzogen sind".[58] Für die Aufgabe, „das Recht den [...] wechselnden [...] Bedürfnissen des Lebens dienstbar zu machen", „wird es immer eine Jurisprudenz geben müssen, wenn auch eine andere, mit anderen Mitteln und anderen Zielen. Dass sie anders wird sein müssen als die heutige, ist aber selbstverständlich"[59], und: „Alle geschichtliche Entwicklung des Rechts beruht darauf, dass die Menschen und ihre Beziehungen in jeder Zeit von so ausgeprägter Eigenart sind, dass sie [...] einem ewigen Wandel unterliegen".[60]

Ich meine, diese Differenz zwischen geschlossenem teleologischen und „offenem" Geschichtsdenken erklärt die Unterschiede zwischen Weber/Luhmann und Willoweit/Ehrlich und macht sichtbar, was diese beiden gemeinsam haben, nämlich eine sowohl soziologische als auch „offene" historische Arbeitsweise. Eine teleologische Geschichtsbetrachtung muss den gegenwärtigen Rechtszustand als endgültigen und höchstentwickelten ansehen, und so erklärt es sich, dass Max Weber und Niklas Luhmann eben die gegenwärtige positivistische Rechtstheorie präsentieren und keine andere. Die Gegenwart deckt gleichsam die Vergangenheit zu. In der „offenen" Geschichtsauffassung Willoweits und Ehrlichs dagegen bleibt sie erhalten und die verschiedenen Perioden stehen gleichberechtigt nebeneinander. Friedrich Schlegel hat dafür, im Zusammenhang mit der Entwicklung der Sprache, ein wunderbares Bild gefunden: Der Sprachforscher ordnet „wie ein Naturforscher die Lagen der verschiedenen Erdarten in den Gebirgen und auf der Oberfläche des festen Landes, der Natur aufmerksam folgend"[61], und in diesen Schichten „sehen wir, wie der Naturforscher im innern Bau der Gebirge, einen Theil der verlohrnen Urgeschichte gleichsam in einem Grundriß vor Augen"[62]. Alles bleibt erhalten und sichtbar und eins ruht auf dem anderen. So scheint es mir auch bei der „offenen" Rechtsgeschichte zu sein.

Das ist natürlich nur ein sehr vorläufiges Ergebnis. Man müsste andere Soziologen untersuchen, die historisch arbeiten und andere Historiker, die soziologisch arbeiten. Aber der Vergleich mit Max Weber und Niklas Luhmann gibt doch wenigstens ein Indiz dafür, dass die Nähe von Willoweit und Ehrlich nicht ganz zufällig, sondern innerlich begründet ist.

Ich möchte nun noch an zwei Beispielen zeigen, wie sich diese Gleichberechtigung aller geschichtlichen Epochen in Willoweits „Rechtsdenken" auswirkt. Es

---

[57] *Willoweit* (Fn. 1), 286 f.
[58] *Ehrlich* (Fn. 23), 165.
[59] *Ehrlich* (Fn. 23), 273.
[60] *Ehrlich* (Fn. 23), 317.
[61] *Schlegel*, Über die Sprache und Weisheit der Indier. Ein Beitrag zur Begründung der Alterthumskunde, 1808, 166.
[62] *Schlegel* (Fn. 61), 169.

geht dabei einmal um das Verhältnis von Richterrecht und gesetzlichem Recht (V 1), zweitens um die unverzichtbaren Elemente des Rechts (V 2).

V. Zwei Beispiele aus Willoweits „Rechtsdenken"

1. Das Verhältnis von Richterrecht und gesetzlichem Recht

Das Bundesverwaltungsgericht hatte 2017 über die Abgabe von Betäubungsmitteln zur Selbsttötung zu entscheiden (eine Entscheidung, mit der sich auch Willoweit auseinandersetzt).[63] In dem zu beurteilenden Fall litt eine Frau infolge eines Unfalls an einer hochgradigen, fast kompletten sensomotorischen Querschnittslähmung. Ihr Ehemann hatte darauf geklagt, dass ihm das Bundesinstitut für Arzneimittel und Medizinprodukte den Erwerb von 15 g Natrium-Pentobarbital zur Selbsttötung erlauben sollte. Die Erlaubnis wurde verweigert, woraufhin sich die Frau in der Schweiz mit Unterstützung eines Vereins für Sterbehilfe selbst getötet hatte. Der Ehemann verfolgte seine Klage auch nach dem Tod seiner Frau weiter. Das Bundesverwaltungsgericht urteilte schließlich, abweichend von den Vorinstanzen, dass der Erwerb eines tödlichen Betäubungsmittels ausnahmsweise zulässig sei, „wenn sich der suizidwillige Erwerber wegen einer schweren und unheilbaren Erkrankung in einer extremen Notlage befindet". Mit dem Gesetz (§ 5 I Nr. 6 BetäubungsmittelG), war diese Entscheidung wohl kaum vereinbar, denn es gestattet eine Erlaubnis nur dann, wenn sie dem Zweck des Gesetzes dient. Sein Zweck soll aber lediglich sein, die notwendige medizinische Versorgung der Bevölkerung sicherzustellen und den Missbrauch von Betäubungsmitteln auszuschließen. Gesetz und höchstrichterlicher Spruch stehen hier also gegeneinander. Worauf kommt es an?

Nach immer noch ganz herrschender Meinung ist Richterrecht keine Rechtsquelle im strengen Sinn, d. h. keine Erscheinungsform des Rechts.[64] Rechtsquelle ist nur die konkrete Entscheidung des einzelnen Falles. Der hinter ihr stehende abstrakte Rechtsgrundsatz, das Präjudiz, muss zwar von den Gerichten, von der Verwaltung und von den rechtsberatenden Berufen beachtet werden, aber er bindet sie nicht definitiv. Das Gesetz hat Vorrang. Der damalige Bundesgesundheitsminister wies denn auch das Bundesinstitut für Arzneimittel und Medizinprodukte an, die Entscheidung des Bundesverwaltungsgerichts nicht zu beachten.[65]

Die herrschende Meinung spiegelt offensichtlich den gegenwärtigen Positivismus wider. Was nicht durch das Gesetz gedeckt ist (Gewohnheitsrecht kommt im vorliegenden Fall ohnehin nicht in Frage) kann kein jedermann bindendes Recht sein. Aber historisch ist das keineswegs selbstverständlich. Willoweit hat ja darauf hingewiesen, dass sich im Mittelalter das Richterrecht – das er als innergesell-

---

[63] BVerwGE (Urteil v. 2.3.2017) 158, 142.

[64] Dazu *Schröder* (Fn. 15), II, 153–160; *Payandeh*, Judikative Rechtserzeugung, 2017.

[65] Siehe Deutsches Ärzteblatt 2018, Jg. 115, Heft 35–36, 3. September 2018, A 1520.

schaftliches ansieht[66] – zuweilen sogar gegen geschriebenes Recht durchsetzen konnte.[67] Hinzu kommt im vorliegenden Fall die besondere Schutzbedürftigkeit der subjektiven Rechte. Natürlich sind diese historischen Gesichtspunkte nicht bindend. Aber sie lassen den Fall doch in anderem Licht erscheinen. Man merkt Willoweits langem Kommentar zu dem Urteil auch an, wie schwer ihm die Stellungnahme gefallen ist. Einerseits könne man die richterliche Rechtsfortbildung im Hinblick auf das neuzeitliche Prinzip der Gewaltenteilung „problematisch, weil systemfremd" finden. Andererseits aber entspreche die „zunehmende Intensivierung des individuellen Rechtsschutzes einer geschichtlichen Tendenz", und „das gröbere Instrument der Gesetzgebung scheint dafür nicht mehr auszureichen".[68] Letztlich möchte Willoweit also wohl der Entscheidung des Bundesverwaltungsgerichts und nicht dem restriktiven Betäubungsmittelgesetz folgen. Die historischen Argumente dafür sind: der Vorrang und Zuwachs subjektiver Rechte in der Geschichte des Rechts und die Tradition des nicht nur im konkreten Fall, sondern generell rechtserzeugenden Richterspruchs, dessen „innergesellschaftliche Gestaltungskraft" „als dynamisches Potential der Rechtsordnung [...] erhalten" geblieben sei.[69] Für einen unhistorischen Rechtstheoretiker lägen solche Gesichtspunkte außerhalb des Blickfelds.

2. Die unverzichtbaren Elemente des Rechts

Der vielleicht spektakulärste (und Positivisten am meisten zum Widerspruch reizende) Gedanke in Willoweits „Rechtsdenken" ist die These, dass die Integrität von Leib, Leben und Eigentum der Person ein unverzichtbares Element des Rechtsbegriffs ist. Ein objektives Recht, das in diese subjektiven Rechte eingreift, ist schon gar kein Recht, denn „Recht" sind immer nur objektives und subjektives Recht zusammen („gleichursprünglich"). Willoweit hat diesen Gedanken nicht erst im „Rechtsdenken", sondern schon lange vorher in einer Reihe von Aufsätzen entwickelt.[70] In ihnen steht allerdings für den unvorbereiteten Leser immer die philosophische Begründung im Vordergrund, dass Recht und Willkür unvereinbare Gegensätze sind.

Ich muss gestehen, dass ich gegenüber dieser *philosophischen* Begründung immer ein bisschen skeptisch war, was Dietmar auch wusste. Wie kann es einen allzeit und überall gleichen Rechtsbegriff geben, wo doch die Rechtsgeschichte uns ständig Veränderungen und die Rechtsvergleichung uns auffällig abweichende Rechtsvorstellungen zeigt? Gibt es einen Vorrang des subjektiven Rechts zum Bei-

---

66 *Willoweit* (Fn. 1), 17.

67 *Willoweit* (Fn. 1), 161 f.

68 *Willoweit* (Fn. 1), 333 f.

69 *Willoweit* (Fn. 1), 162.

70 Vor allem *Willoweit*, Der richtige Kern der Lehre vom richtigen Recht, JZ 2010, 373–379; *ders.*, Gerechtigkeit und Recht. Zur Unterscheidung zweier Grundbegriffe der Jurisprudenz (= Sitzungsbericht der Bayerischen Akademie der Wissenschaften 2018.1), 2018.

spiel in den kollektivistischen Rechtsordnungen Asiens? In Japan etwa war der Begriff eines subjektiven Rechts jahrtausendelang unbekannt, und nach der Kontaktaufnahme mit dem westlichen Recht in der zweiten Hälfte des 19. Jahrhunderts hatte man große Mühe, dafür einen Ausdruck zu finden. Man bildete schließlich das Wort „kenri"[71], was so viel heißen soll wie: die Macht, sein Interesse auszuüben. Willoweits „Rechtsdenken" hat mich nun aber davon überzeugt, dass es jedenfalls im europäischen Rechtsraum eine *geschichtlich* begründbare Tradition des Individualrechtsschutzes gibt. Aber man muss sie wohl noch weiter relativieren, und ich glaube in Dietmar Willoweits letztem Buch eine solche Relativierung auch zu finden.

Damit meine ich vor allem seine Einordnung der „Freiheit". Bis zum letzten Drittel des 18. Jahrhunderts war nach damals ganz herrschender deutscher Rechtslehre die Sklaverei erlaubt. Zwar verneinte die positivrechtliche Literatur der frühen Neuzeit die Zulässigkeit der Versklavung von Christen. Sie akzeptierte sie aber z. B. bei Moslems, so dass gefangene Türken Sklaven sein konnten[72], und solche Fälle scheint es in Deutschland tatsächlich gegeben zu haben[73]. Ebenso die naturrechtliche Literatur. Noch Gottfried Achenwall, dessen Lehrbuch Immanuel Kant bei seiner Naturrechtsvorlesung benutzte, hielt 1750 jedenfalls die freiwillige Versklavung für zulässig[74]. Erst Kant und die jüngeren Naturrechtler am Ende des 18. Jahrhunderts haben dagegen protestiert[75] und im Laufe des 19. Jahrhunderts verschwindet diese Auffassung. Willoweit kannte sie natürlich gut und geht mehrfach auf sie ein. Für seine Hauptthese ist sie offensichtlich ein Problem. Wenn die Sklaverei jahrtausendelang zulässig war, dann kann die Freiheit, historisch gesehen, nicht zu den unverzichtbaren Elementen des Rechts zählen. So sieht Willoweit es auch noch in seinem Stammler-Aufsatz von 2010. Recht verträgt sich hier nicht mit „willkürlicher Demütigung, Beraubung und Tötung", wohl aber mit Klassenunterschieden, Privilegien und Sklaverei.[76] In „Rechtsdenken" modifiziert er (wie auch schon in seinem Akademie-Vortrag von 2017[77]) diesen Standpunkt und rechnet nun zu den unantastbaren subjektiven Rechten neben „Leben, körper-

---

[71] *Marutschke*, Einführung in das japanische Recht, 1999, 21.

[72] *Hahn*, Observata Theoretico-Practica ad Matthaei Wesenbecii in L. Libros Digestorum Commentarios, Pars I, 1659, lib. I, tit. V, Nr. V, S. 171; *Georg Adam Struve*: Syntagma iuris civilis, 1672, Pars II, Exerc. XL, § LXX, S. 525.

[73] Siehe zum Beispiel *Dürr*, Inventing a Lutheran Ritual: Baptisms of Muslims and Africans in Early Modern German, in: Rublack (Hrsg.), Protestant Empires. Globalizing the Reformations, 2020, 196–227 (Nachweise 199–201 und im Folgenden).

[74] *Achenwall/Pütter*, Anfangsgründe des Naturrechts (Elementa iuris naturae, 1750), hrsg. und übersetzt von Jan Schröder, 1995, § 639, S. 203.

[75] *Kant*, Die Metaphysik der Sitten. Erster Theil: Metaphysische Anfänge der Rechtslehre, 2. Aufl., 1798, § 30, S. 117. Zur Ablehnung der vertraglichen Versklavung am Ende des 18. Jahrhunderts *Klippel*, Politische Freiheit und Freiheitsrechte im deutschen Naturrecht des 18. Jahrhunderts, 1976, 124 ff.

[76] *Willoweit*, Der richtige Kern (Fn. 70), 379.

[77] *Willoweit*, Gerechtigkeit und Recht (Fn. 70), 60 („Leben, Gesundheit, Freiheit und Eigentum").

licher Unversehrtheit und Eigentum“ auch die Freiheit. Aber er fügt hinzu „nach heutiger Überzeugung“[78], und diese drei Wörter sind als historische Relativierung des Freiheitsschutzes und des Rechtsbegriffs sehr wichtig. Der Schutz dieser elementaren subjektiven Rechte seit Jahrtausenden oder jedenfalls Jahrhunderten beruht auf, wie Willoweit sagt, „stabilen kulturelle Prägungen“, und „Ein derart historisch relativiertes Naturrecht dürfte einem breiten gesellschaftlichen Konsens entsprechen“.[79] Ob es darüber hinaus einen absoluten, universalen Rechtsbegriff gibt, lässt sich nur philosophisch begründen, und dafür fühle ich mich nicht zuständig.

Ich hätte mit Dietmar gerne einmal über sein Buch gesprochen, aber ich habe es erst nach seinem Tod kennengelernt. Der historisch richtige Rechtsbegriff ist ein Jahrhundertproblem und vielleicht noch mehr als das. Savigny hat geschrieben: „Ganz erschöpfen und völlig abthun, so dass kein Weiterkommen möglich wäre, läßt sich eine würdige historische Aufgabe niemals, auch nicht in tausend Jahren“.[80] Es wird weiter daran gearbeitet werden, und Willoweits großartiges Buch öffnet wieder neue Perspektiven.

---

[78] *Willoweit* (Fn. 1), 338.

[79] *Willoweit* (Fn. 1), 298 (zu den Menschenrechtserklärungen von 1948 und 1966).

[80] *von Savigny*, Vom Beruf unsrer Zeit für Gesetzgebung und Rechtswissenschaft, 1814, 122.

Epilog

Dietmar Willoweit als Präsident der Bayerischen Akademie der Wissenschaften. Auch eine persönliche Erinnerung

Wolfgang Riedel

Meine Damen und Herrn, verehrte Frau Willoweit, liebe Frau Müßig, Herr Schlinker,

vielen Dank für die Einladung, auf dieser Gedenkveranstaltung für Dietmar Willoweit einige Worte im Namen der Bayerischen Akademie der Wissenschaften zu sprechen.

Dietmar Willoweit war seit 1988 ordentliches Mitglied der Bayerischen Akademie der Wissenschaften und hier der Philosophisch-historischen Klasse (heute Sektion I) zugehörig. Er war Mitglied der Kommission für Bayerische Landesgeschichte sowie der Historischen Kommission bei der Akademie und ab 2002 auch deren Sekretär. 2005 wurde er zum Präsidenten der Akademie gewählt, er hatte dieses Amt von 2006 bis 2010 inne.[1]

Schon diese Wahl war etwas Besonderes. Dietmar Willoweit war der erste Akademiepräsident, der nicht aus München, also nicht von einer der Münchner Universitäten, kam. Nun ist die Bayerische Akademie zwar eine Landesakademie, aber historisch zugewachsen war ihr doch zugleich eine klare Münchner Dominanz, die sich erst in unserer Zeit zugunsten der verschiedenen Landesuniversitäten verschiebt – aber ‚naturgemäß' erhalten bleibt. Die Wahl von Dietmar Willoweit zum Präsidenten spricht daher für die außerordentliche Hochschätzung, die er in der Akademie erfuhr. Sie spricht aber auch für die Stellung, die die Universität Würzburg an der Akademie innehat und an der sie, nach den beiden großen Münchner Universitäten, traditionell die meisten Akademiemitglieder vorweisen konnte.

Die Präsidentschaft der Bayerischen Akademie der Wissenschaften ist kein Neben- oder Ehrenamt. Die Bayerische Akademie ist eine der größten und forschungsstärksten der deutschen Landesakademien, und mit der Ära Willoweit setzte eine Umbruch- und Reformphase ein, die dieser Stellung angemessene Organisationsformen zum Ziel hatte. Das war ein sehr umfangreiches Projekt (es ist in Teilen auch noch im Gange); Dietmar Willoweit hatte daher auch seinen Lebensmittelpunkt zeitweilig nach München verlegt.

---

[1] *Leutheusser*, Interview mit dem neuen Präsidenten Prof. Willoweit, in: Akademie aktuell 61 (2006), 4–7.

Vier Schwerpunkte seines Wirkens als Akademiepräsident hebe ich hervor:

1. Die Aufnahme und das Vorantreiben der digitalen Wende: konkret als Ausbau des an der Akademie angesiedelten *Leibniz-Rechenzentrums*, einer Spitzeninstitution innerhalb der deutschen und europäischen Welt des Hochleistungsrechnens. Heute ist es ein wichtiger Baustein der High-Tech-Agenda Bayern.
2. Die Wende zur Nachwuchsförderung. Die traditionellen Adressaten und Kandidaten einer Wissenschaftsakademie sind Wissenschaftler und Wissenschaftlerinnen mit erwiesener Lebensleistung, das heißt naturgemäß die älteren Semester. Mit der Gründung des *Jungen Kollegs* in der Ära Willoweit beschritt die Akademie den für sie völlig neuen Weg der Nachwuchsförderung – und zwar in Form einer temporären Aufnahme in die Gelehrtengemeinschaft, eben für die Dauer des Stipendiums und die Zugehörigkeit im Jungen Kolleg.
3. Die Wende zur proaktiven wissenschaftlichen Öffentlichkeitsarbeit, zur heute so genannten *Wissenschaftskommunikation*. „Wissenschaft für die Gesellschaft" – das Motto unserer Universität, das ich mir hier ausleihe, ist ja nicht nur so zu lesen, dass damit allein die Ergebnisse der Forschung gemeint wären, sondern beruht auch auf der Einsicht, dass aus den laufenden wissenschaftlichen Arbeitsprozessen selbst heraus Transparenz und Kommunikation mit der Öffentlichkeit gesucht werden muss. In diesem Sinn hat die Bayerische Akademie unter Willoweit ein umfangreiches Programm an öffentlichen Veranstaltungen – Vorträge, Panels und andere Formate – ausgebaut, in München zunächst. Aber auch das vor drei Jahren gegründete *Schelling-Forum der Bayerischen Akademie der Wissenschaften an der Universität Würzburg* entstand auf der Linie der bereits von Willoweit so energisch vorangetriebenen Stärkung der Wissenschaftskommunikation.
4. In Willoweits Amtszeit fiel auch die *250-Jahrfeier* der Akademie, einer der ältesten Wissenschaftsakademien in Deutschland. Für einen Historiker wie ihn war dies ein nachgerade zwingender Anlass, die historische Aufarbeitung der Akademiegeschichte zu initiieren und auf die Höhe des Forschungsstandes zu bringen. So liegt seit 2009 eine aktuelle Geschichte der Bayerischen Akademie der Wissenschaften und seit 2011 eine Quellenedition ihrer Verfassungs- und Rechtsdokumente vor.

Der Grundgedanke einer Wissenschaftsakademie, die Realisierung einer inter- und überfakultären Gelehrtengemeinschaft, die über die Fachgrenzen hinweg untereinander in einen lebendigen Dialog und Austausch kommt, entsprach zutiefst dem Gelehrtenideal Dietmar Willoweits selbst. Aber das Festhalten dieses Ideals einer lebendigen *universitas scientiarum* ist in den Zeiten zunehmender Spezialisierung und allein schon angesichts der schieren Größe der Universitäten so gut wie unmöglich. Dies können die Akademien kompensieren, aber eben nur zum Teil und nur um den Preis der Beschränkung ihrer Mitgliederzahlen.

Dietmar Willoweit hatte sich daher energisch und ich darf wohl sagen mit Herzblut dafür eingesetzt, jenen Grundgedanken auch auf seine Universität selbst zu übertragen und hier, im Kleinen, jenem Ideal einen gewissen Lebensraum zu verschaffen.

Und zwar durch zwei Initiativen: einmal durch Gründung einer universitätsinternen, zwar ausgewählten, aber zugleich offenen interfakultären Gelehrtengemeinschaft, die sich regelmäßig zu Vorträgen mit Diskussion und akademischer Geselligkeit traf. Als ich nach Würzburg berufen wurde, wurde ich bald in diesen *Freitagskreis*, wie er sich nannte, eingeladen, und ich kann sagen, dass diese Treffen zu den inspirierendsten und bereicherndsten Erfahrungen gehörten, die ich in meinem akademischen Leben machen durfte. Dietmar Willoweit war Gründungsmitglied dieses Kreises und bis zu dessen Ende einer der führenden und aktivsten Köpfe.

Die zweite Initiative war die von ihm 2005 mitbegründete *Würzburger Wissenschaftliche Gesellschaft e.V.*, deren Vorsitz er auch mehrere Jahre innehatte. Sie brachte und bringt hochkarätige Wissenschaftler und Wissenschaftlerinnen nach Würzburg und fördert so den Austausch auf höchstem Niveau von Universität und internationaler Forschung – und zwar auch hier gemäß der Idee der wenigstens partiellen Kompensation einer als *gelebter* eigentlich unrealisierbaren *universitas scientiarum*.

Meine Damen und Herren, bitte sehen Sie mir diesen Schlenker von der Akademie zu unserer Universität zurück nach. Aber für mich persönlich waren doch der persönlichere Freitagskreis und die kleinere Wissenschaftliche Gesellschaft mehr noch als die große Akademie die Foren, in denen ich Dietmar Willoweit näher kennen und nicht nur als Gelehrten, sondern auch als Privatperson schätzen lernte. Als Akademiepräsidenten habe ich Dietmar Willoweit nicht erlebt, meine Aufnahme erfolgte erst nach seiner Amtszeit, wohl aber als beeindruckend fundierten, präzisen Debattanten in den Sitzungen der Gelehrtengemeinschaft. Und auch als einen streitbaren! Ich erinnere mich noch gut an den Streit um die Präimplantationsdiagnostik 2011, und zwar hier konkret als Streit um Für und Wider der Politikberatung durch die Wissenschaft, durch repräsentative Institutionen wie zum Beispiel die Akademien, und als Streit um die Reichweite und den Geltungsanspruch ihrer Empfehlungen. Mit einem Artikel in der *Süddeutschen Zeitung*[2] und der darin vorgetragenen Warnung an die Wissenschaft, dass sie sich nicht überhebe, hatte Dietmar Willoweit damals für einen gewissen Aufruhr gesorgt. Aber, Corona hat es gezeigt, er hatte mit seiner skeptischen, sprich realistischen Einschätzung am Ende nicht unrecht. Urteilssicherheit – dies mein letzter Satz – war seine große Stärke.

---

[2] *Willoweit*, Zu viel Beratung – Man muss die exakten Wissenschaften von ethischen und politischen Handlungsempfehlungen unterscheiden, in: Süddeutsche Zeitung, 20.1.2011 (https://www.sueddeutsche.de/wissen/politik-und-beratung-zu-viel-beratung-1.1057110, zuletzt abgerufen am 09.05.2025).

Laudatio zur Verleihung der Ehrendoktorwürde durch die Juristische Fakultät der Eberhard-Karls-Universität Tübingen an Dietmar Willoweit am 16. Dezember 2011

Jan Schröder

Lieber Herr Willoweit, liebe Frau Willoweit,

Spectabilis, liebe Barbara, liebe Kollegen, verehrte Festversammlung,

vor einiger Zeit haben Sie, lieber Herr Willoweit, mich einmal gefragt: „Geht es Ihnen auch so, dass Sie die besten Einfälle für eigene Vorträge haben, wenn gerade ein anderer eine Rede hält?“ Damit war wohlgemerkt nicht gemeint, dass man aus fremden Vorträgen manchmal irgendwelche Formulierungen oder Gedanken direkt übernehmen kann. Sondern es sollte bedeuten, dass jede fremde Rede, wie sinnvoll oder sinnlos sie auch sein mag, offenbar gewisse Gehirnregionen der Zuhörer dazu stimuliert, nun auch eigene Vorträge oder Vortragsbruchstücke zu entwerfen. Das ist eine verblüffend richtige Beobachtung. Und sie erleichtert mir ein bisschen meine Aufgabe: Auch wenn Sie, liebe Zuhörer, mit meiner Laudatio überhaupt nichts anfangen können, wird sie vielleicht bei Ihnen selbst irgendwelche eigenen Ideen produzieren, die Sie später mit Nutzen verwenden können.

Ich bleibe noch ein bisschen bei Herrn Willoweits Beobachtung. Solche Beobachtungen muss man auch machen können, und das können nicht alle. Das gilt auch für die Wissenschaft. Jeder von uns weiß, dass die Wissenschaft nicht gradlinig und planbar fortschreitet (nur unsere Politiker wissen es nicht). Vorangebracht wird sie durch neue Beobachtungen, Einfälle und vor allem durch Umwege. So verhält es sich natürlich auch in der Rechts- und Geschichtswissenschaft. Wenn jemand zum zehnten oder zwanzigsten Mal dieselbe Frage stellt, etwa: seit wann es einen Staat gibt, dann wird er – er mag noch so gescheit sein und über noch so viele Hilfsmittel verfügen – kaum weiterkommen. Aber vielleicht formuliert er die Frage einmal ganz anders. Oder er beantwortet überhaupt zuerst eine andere Frage, die ihn dann auf überraschende Weise zu seinem früheren Problem zurückführt. Es ist so, wie wenn man auf einer Wanderung plötzlich einen entfernten Berg, den man zu kennen glaubte, von einer ganz anderen Seite sieht.

Einen solchen Erkenntnisfortschritt durch Wechsel der Perspektive erreicht Herr Willoweit in seinem ersten Hauptwerk, der Habilitationsschrift über „Rechtsgrundlagen der Territorialgewalt“ von 1975. Jahrzehnte, fast ein Jahrhundert lang hatte man darüber gestritten, seit wann es in Deutschland einen Staat gibt. Die ältere Rechts- und Verfassungsgeschichtsschreibung des 19. und frühen

20. Jahrhunderts hatte angenommen, dass schon im Mittelalter und in der frühen Neuzeit so etwas wie ein Staat existiert habe, und hatte die alten Rechtseinrichtungen im Lichte ihres Staats- und Rechtsverständnisses interpretiert. Noch 1956 erschien in fünfter Auflage das berühmte Buch von Heinrich Mitteis „Der Staat des hohen Mittelalters". Willoweit verändert nun die Fragestellung, in dem er nicht auf die Strukturmerkmale, sondern auf die Rechtsgrundlagen des politischen Gemeinwesens sieht. Damit ergibt sich plötzlich eine scharfe Grenzlinie zwischen den politischen Gebilden des Mittelalters und der frühen Neuzeit einerseits und andererseits dem, was man seit dem späten 18. Jahrhundert „Staat" nennt. Willoweit bringt es auf die Formel: Der moderne Staat ist durch eine politische Theorie (im 18. Jahrhundert das Naturrecht) legitimiert, jede Gewalt auszuüben, die das Gemeinwohl erfordert. Dagegen bedarf die vormoderne Territorialgewalt „zu ihrer Legitimation [...] eines speziellen Rechtstitels. Es ist der Unterschied zwischen alten privatrechtlichen und neuen öffentlichrechtlichen Denkformen, die sich im 18. Jahrhundert, wie Willoweit schreibt, „schmerzvoll begegnen" und von denen sich schließlich die öffentlichrechtliche durchsetzt.

Der große Fortschritt, den Willoweits Buch darstellt, liegt natürlich nicht nur in dieser Einsicht. Er liegt auch darin, dass Willoweit die verwirrende Vielfalt der alten, sozusagen „privatrechtlich" gedachten Rechtsbegründungen und ihren Niederschlag in der Rechtswissenschaft vor Augen führt: hochgerichtliche Jurisdiktion, Regalität, Schutz und Klostervogtei, niedere Vogtei und Grundherrschaft, Lehensherrlichkeit und wie sie alle heißen. Dass er zeigt, wie sie sich auch nach der Ausbildung eines allgemeinen Begriffs der „superioritas territorialis" unter der Hand weiter behaupten und wie sie sich erst am Ende des 18. Jahrhunderts in den neuen Vorstellungen einer umfassenden Herrschaftsmacht des Staates auflösen. Auch das hatte in dieser Differenziertheit vorher noch niemand anschaulich gemacht, vor allem nicht unter Ausschöpfung einer so gewaltigen Masse von Quellen, zu denen auch Parteischriften, Praktikerliteratur, Fakultätskonsilien und ähnliches gehören. „Rechtsgrundlagen der Territorialgewalt" gehört zu den Büchern, bei denen man sich fragt, warum sie nicht längst jemand geschrieben hat und die sofort unentbehrlich werden. Aber es musste eben erst einmal jemand auf die Idee kommen.

Damit bin ich schon bei Dietmar Willoweits zweitem Hauptwerk, dem Lehrbuch der „Deutschen Verfassungsgeschichte". Es lag nahe, dass nach der großen Monographie von 1975 und vielen weiteren Arbeiten der Plan entstand, nun auch die gesamte deutsche Verfassungsgeschichte lehrbuchartig darzustellen. Willoweit hat ihn in einem Beckschen sog. „Kurzlehrbuch" verwirklicht, das erstmals 1989 erschien. Es ist natürlich kein kurzes Lehrbuch für Anfänger, sondern die erste moderne von einem Juristen geschriebene Gesamtdarstellung der Materie. Und sie ist zur führenden geworden. Willoweit löst sich hier völlig von der alten »Staats und Rechtsgeschichte«. Er stellt auch das Epochenschema Mittelalter-Neuzeit in Frage, indem er eine Zwischenperiode von 1410 bis 1555 bildet. Und er sucht bewusst den Anschluss an die Geschichtswissenschaft. Für manchen Juristen liest es sich vielleicht provozierend, wenn er schreibt, die historische Literatur trage manchmal mehr bei „als die Rechtsgeschichte der Juristen". Aber die Verfassungsgeschichte gehört nun einmal sowohl der Jurisprudenz als auch der Geschichte an, und Willoweit ist einer der ganz wenigen Rechtshistoriker, die die richtige Balance halten und von beiden Seiten ernst genommen werden. Seine „Deutsche Verfassungsgeschichte" liegt inzwischen (seit 2009) in 6. Auflage vor. Sie ist damit auch eines der erfolgreichsten rechtshistorischen Lehrbücher überhaupt.

Man könnte denken, dass ein so herausragender Kenner der Verfassungsgeschichte wie Willoweit diese nun überhaupt zu seinem Lebensthema gemacht hätte. Aber davon kann keine Rede sein. Alles Spezialistentum liegt Willoweit fern. Wenn es einen Schwerpunkt in seinem Werk gibt, dann müsste man ihn wohl mit dem Titel überschreiben, den er 2009 seinen „Ausgewählten Aufsätzen" gegeben hat: „Staatsbildung und Jurisprudenz", oder vielleicht noch besser „Staatsbildung und Recht". Dazu gehört nicht nur die Verfassungsgeschichte. Hatte man einmal erkannt, dass der moderne Staat nicht viel älter ist als zweihundert Jahre, dann mussten auch andere spätmittelalterliche und frühneuzeitliche Rechtsgebiete in neuem Licht erscheinen. Hierzu gibt es nun eine Fülle von Beiträgen Willoweits, ich erwähne nur drei weitere Bereiche:

– Erstens die Geschichte der Rechtsquellen. Die Handlungsform des modernen Staates ist das Gesetz. Aber es ist verfehlt, diese uns selbstverständliche Tatsache auch der vorstaatlichen Zeit zu unterstellen, wie es die ältere Forschung zum Teil getan hat. Zwar gab es immer schon Gesetze oder „Gebote". Sie werden jedoch, wie Willoweit (neben anderen) nachgewiesen hat, noch bis in die frühe Neuzeit hinein nicht unbedingt als „Recht" angesehen. Sie binden die – jedenfalls die ungelehrten – Gerichte nicht, die nach „Recht", Rechtsgewohnheiten, vielleicht auch Rechtsüberzeugungen entscheiden, nicht aber nach obrigkeitlichen Geboten. Erst seit der Mitte des 17. Jahrhunderts entsteht ein moderner, wie es Max Weber später genannt hat, „zweckrationaler" Gesetzesbegriff. Erst jetzt bilden sich nach und nach die uns vertrauten Vorstellungen aus.

– Zweitens das vormoderne Verwaltungsrecht. Willoweit hat in seinen Beiträgen zur „Deutschen Verwaltungsgeschichte" (herausgegeben von Jeserich, Pohl, v. Unruh) 1983 wohl als erster eine zusammenhängende Darstellung gegeben. Auch dabei zeigt sich, wie irreführend es war, historische Begriffe wie den des „Amtes" in einem modernen, staatlich-hoheitlichen Sinn zu interpretieren. Erst allmählich am Beginn der Neuzeit verrechtlicht sich die Verwaltung. Und ein Beamtenrecht, zu dem nicht nur die Pflichten, sondern auch die unentziehbaren Rechte des Beamten gehören, entsteht erst ganz am Ende des 18. Jahrhunderts.

– Und schließlich drittens die Strafrechtsgeschichte. Früher hatte man, wie die Entstehung des Staates selbst, auch die eines öffentlichen, staatlichen Strafrechts in das Mittelalter vorverlegt. Man nahm an, dass es durch die Gottes- und Landfriedensbewegung des 11. und 12. Jahrhunderts entstanden sei. Später habe es dann, nach Einführung des Inquisitionsverfahrens, zu der düsteren Strafjustiz der frühen Neuzeit geführt, die mit der Folter und den Leibes- und Lebensstrafen angeblich keinem Angeklagten mehr eine Chance ließ. Diese Sichtweise hat sich trotz zunehmenden Widerspruchs bis in die zweite Hälfte des 20. Jahrhunderts gehalten. Dietmar Willoweit war dann die treibende Kraft bei der Einrichtung eines Würzburger DFG-Forschungsschwerpunkts über „Die Entstehung des öffentlichen Strafrechts". Das Projekt lief von 1993 bis 1999 und hat unsere Vorstellungen vom mittelalterlichen und frühneuzeitlichen Strafrecht entscheidend verändert. Wir wissen jetzt, dass in dieser Zeit von einem quasi modernen, staatlichen Strafrecht nicht die Rede sein kann, ebenso wenig aber von einer hemmungslosen, überall mit Folter, Verstümmelung und Todesstrafen arbeitenden Strafpraxis. Willoweit selbst hat zum Beispiel gezeigt, dass die Gottesfrieden nicht Vergeltung, sondern nur Reinigung der Gemeinschaft von dem Übeltäter anstrebten. Dass es neben der öffentlichen Strafe bis in die Neuzeit hinein noch andere Ausgleichsmechanismen gab, nämlich kirchliche Buße und Sühneleistung an das Opfer und sogar die Fehde, und dass auch solche Gewalt sozialadäquat sein konnte, die es heute nicht mehr ist. Hinzukommt, dass sich auch der alte Akkusationsprozess, in dem das Strafverfahren als ein Parteistreit zwischen Opfer und Täter ausgefochten wurde, noch bis in das 17. und 18. Jahrhundert hinein neben dem Inquisitionsprozess behauptet hat. Hier war der Täter keineswegs rechtlos, wie immer wieder behauptet worden ist, sondern hatte gute Verteidigungsmöglichkeiten.

Es gibt wohl kaum einen Rechtshistoriker, der das vormoderne Recht in einer solchen Breite und Tiefe zugleich untersucht hat wie Willoweit. Er hat immer wieder darauf hingewiesen, dass dieses alte Recht nicht ephemer und minderwertig war. „Völlig fehl am Platze", so schreibt er einmal, „ist das verbreitete Fortschrittsdenken, das die sogenannte Feudalzeit insgesamt als eine Vorstufe wirklichen, nämlich aufgeklärten Menschentums deklassieren möchte." Das vormoderne Recht ist eben eine Welt für sich, die ihre eigene Gesetzlichkeit und Rationalität hat.

Noch über eine Fülle weiterer rechtshistorischer Untersuchungen vom Mittelalter bis zur Gegenwart wäre zu berichten, durch die man sich bewundernd und am Ende immer reich belehrt hindurchliest. Aber das Erstaunlichste scheint mir doch zu sein, dass es in Willoweits Werk noch eine ganz andere Dimension gibt. Ich meine seine rechtsphilosophischen Schriften, in denen er sich bemüht, einen überzeitlich richtigen Rechtsbegriff zu entwickeln. Rechtshistoriker haben im Allgemeinen kein großes Interesse an diesem Thema. Die Beschäftigung mit der Geschichte macht relativistisch, vielleicht sogar zynisch: so vieles ist im Laufe der Geschichte schon Recht gewesen, dass es nicht nur vergeblich, sondern sinnlos erscheint, nach dem überzeitlich Richtigen zu suchen. Das Geburtstagssymposion für Dietmar Willoweit im Juli dieses Jahres stand unter dem Thema „Ungerechtes Recht". Es wurde z.B. die Frage erörtert, ob die Sklavengesetzgebung von Barbados im 17. Jahrhundert „Recht" war. Man könnte sagen: das ist doch ganz egal, jedenfalls wurden diese Normen angewendet und unsere rückwirkende Missbilligung ändert an ihnen nicht das Geringste. Aber Willoweit hat im Prinzip doch recht. Die rechtsphilosophische Frage ist eine andere als die rechtshistorische, und selbst tausende Jahre Rechtsgeschichte geben noch keine Antwort darauf, was Recht denn eigentlich sein sollte. Und selbst wenn man skeptisch bleibt, muss man zugeben, dass Willoweits Überlegungen in der Sache selbst ebenso vorsichtig wie plausibel sind. Als unverzichtbare materielle Elemente einer richtigen Rechtsordnung nennt er die Bindung an Verträge und den Ausgleich von Schaden durch den Schädiger. Formal bezeichnet er als das Wesen des Rechts das Verbot der Willkür. Hierfür bezieht er sich in einigen neueren Arbeiten auf den Rechtsbegriff von Rudolf Stammler: Was unterscheidet, nach der berühmten Formulierung des Augustinus, den Staat von einer Räuberbande? Für Stammler und Willoweit jedenfalls dies, dass der Staat als Rechtsetzer selbst an seine Normen gebunden ist, oder, mit dem Ausdruck von Stammler, die „Unverletzbarkeit" des Rechts. Ich meine, dass auch die professionellen Rechtsphilosophen von den einschlägigen Arbeiten Willoweits profitieren können und dass sie ein beeindruckendes Zeugnis von Willoweits persönlichem Ethos sind.

Ich konnte Ihnen nur kleine Ausschnitte aus dem Werk vorführen, das außer den Büchern schon allein 160 Aufsätze umfasst, rechtshistorisch vom Mittelalter bis zur Gegenwart reicht, und eben auch wichtige rechtsphilosophische, rechtspolitische und zivilrechtliche Beiträge enthält. Es geht jedoch nicht so sehr um die Masse, sondern darum, wie diese Arbeiten gemacht sind. Lichtenberg hat geschrieben: „Man muss Hypothesen und Theorien haben, um seine Kenntnisse zu organisieren, sonst bleibt alles bloßer Schutt, und solche Gelehrten gibt es in Menge". Bei Willoweit gibt es keinen Schutt. Das Material ist immer sozusagen spiritualisiert, auf Grundideen hin orientiert und dadurch auf eine höhere Stufe gehoben. Es ist eben die Fähigkeit, grundsätzliche Beobachtungen zu machen, von der ich am Anfang gesprochen habe, und sie noch am kleinsten Detail zu verifizieren.

Aber wir zeichnen Dietmar Willoweit ja nicht nur als (vor allem) bedeutenden Rechts- und Verfassungshistoriker aus, sondern auch als Kollegen und Mann des wissenschaftlichen Lebens. Als ich ihn 1978 beim Berliner Rechtshistorikertag kennenlernte, war ich eher eingeschüchtert von seiner rhetorischen Begabung, seiner Gelassenheit und seinem damals schon großen Ansehen (er hatte gerade den Ruf nach Tübingen angenommen und ich konnte nicht ahnen, dass ich elf Jahre später sein Nach-Nachfolger werden würde). Aber er sah freundlich über das etwas linkische Gehabe des damaligen Privatdozenten hinweg, und ich wurde gleich zur Abendeinladung nach Lichterfelde mitgenommen. Überhaupt verdiente die Gastlichkeit von Frau und Herrn Willoweit eine besondere Abhandlung. Später haben wir uns näher kennen gelernt, vor allem bei der Zusammenarbeit in der (inzwischen unzertrennlich gewordenen) „Baden-Kommission". Heute würde ich das, was den Menschen und Wissenschaftler Dietmar Willoweit gleichermaßen charakterisiert, bezeichnen mit Wohlwollen, Optimismus und vor allem Offenheit. Willoweit kann über sich selbst lachen. Er kann sich auch selbst korrigieren, was in praktischen Dingen zuweilen auch einmal etwas anstrengend für andere wird. Er bleibt niemals bei einem Thema stehen, sondern sucht immer wieder ein neues.

Es scheint mir (neben seinem Pflichtbewusstsein und seinen sonstigen Fähigkeiten) auch diese Offenheit zu sein, die Dietmar Willoweit in hohe Ehrenämter geführt hat, zuletzt in das Amt des Präsidenten der Bayerischen Akademie der Wissenschaften. Das ist sicherlich sehr ehrenvoll, aber zweifellos auch kein reines Vergnügen. Anstrengende Reisen, Schlafmangel, manchmal langweilige Festveranstaltungen, Zwang zur Disziplin beim Zusammentreffen mit Würdenträgern, bei denen man sich nicht kumpelhaft gehen lassen kann, prägen auch den Alltag eines solchen Amtes. Aber ich wüsste nicht, dass Willoweit bei den Begegnungen, die wir in dieser Zeit hatten, jemals geklagt hätte. Er erzählte begeistert von interessanten Vorträgen, alten und neuen Akademieprojekten, der Zuwahl von neu entdeckten bedeutenden Kollegen in die Akademie. Eine abgezirkelte Einteilung seiner Kräfte, ängstliche Zurückhaltung bei der Übernahme neuer Pflichten scheint ihm ganz fern zu liegen. In diesem Sinne ehren wir mit Willoweit auch einen höchst pflichtbewussten, großen Repräsentanten unseres Faches.

Lieber Herr Willoweit, ich bin – wie sicherlich auch meine Kollegen – stolz darauf, dass Sie jetzt zu den Ehrendoktoren unserer Fakultät gehören!

Schriftenverzeichnis
(Stand 26.11.2025)

Dietmar Willoweit

Gliederung

I. Selbständige Schriften
II. Herausgeberschaften
III. Aufsätze in Sammelwerken und Handbuchbeiträge
IV. Aufsätze in Zeitschriften
V. Artikel in Lexika
VI. Rezensionen
VII. Sonstiges
VIII. Herausgeberschaft von Reihen
IX. Über Dietmar Willoweit

I. Selbständige Schriften

Abgrenzung und rechtliche Relevanz nicht rechtsgeschäftlicher Vereinbarungen (Schriften zur Rechtstheorie 19), Berlin 1969.

Rechtsgrundlagen der Territorialgewalt. Landesobrigkeit, Herrschaftsrechte und Territorium in der Rechtswissenschaft der Neuzeit (Forschungen zur Deutschen Rechtsgeschichte, Bd. 11), Köln/Wien 1975.

Deutsche Verfassungsgeschichte. Vom Frankenreich bis zur Teilung Deutschlands. Ein Studienbuch, München 1990; 2. Aufl., 1992; 3. Aufl., München 1997: Vom Frankenreich bis zur Wiedervereinigung Deutschlands; 4. Aufl., 2001; 5. Aufl., 2005; 6. Aufl., 2009; 7. Aufl., 2013; 8. Aufl., München 2019 gemeinsam mit Steffen Schlinker.

Die öffentlichrechtlichen Gemeindenutzungsrechte in Bayern. Historische Genese und dogmatische Konsequenzen eines juristischen Interpretationsmodells (Würzburger rechtswissenschaftliche Schriften, hrsg. v. der Juristischen Fakultät der Universität Würzburg, Bd. 1), Würzburg 1994.

Standesungleiche Ehen des regierenden hohen Adels in der neuzeitlichen deutschen Rechtsgeschichte. Rechtstatsachen und ihre rechtliche Beurteilung unter besonderer Berücksichtigung der Häuser Bayern und Pfalz (Sitzungsberichte der Bayerischen Akademie der Wissenschaften, Philos.–hist. Kl. Jg. 2004, Heft 5), München 2004.

Das Eigentum an Kulturgütern aus badischem Hofbesitz, Stuttgart 2008; gemeinsam mit A. Laufs, E. G. Mahrenholz, D. Mertens, V. Rödel, J. Schröder.

Staatsbildung und Jurisprudenz. Spätmittelalter und frühe Neuzeit, Gesammelte Aufsätze 1974–2002, 2 Bde., Stockstadt am Main 2009.

Reich und Staat. Eine kleine deutsche Verfassungsgeschichte, München 2013 (Beck Wissen 2776); auch unter dem Titel: Reich und Staat. Eine deutsche Verfassungsgeschichte (Bundeszentrale für politische Bildung Bd. 1334).

Gerechtigkeit und Recht. Zur Unterscheidung zweier Grundbegriffe der Jurisprudenz (Sitzungsberichte der Bayerischen Akademie der Wissenschaften, 2018, Heft 1), München 2018.

Staatsbildung und Jurisprudenz. Spätmittelalter und frühe Neuzeit, Gesammelte Aufsätze 2003–2016 (Mit Nachträgen aus früheren Jahren), Baden-Baden 2019.

Rechtsdenken. Zwischen innergesellschaftlicher Rechtsbildung und hoheitlicher Rechtssetzung, Baden Baden 2024.

II. Herausgeberschaften

Studien zur Geschichte des sächsisch-magdeburgischen Rechts in Deutschland und Polen (Rechtshistorische Reihe, Bd. 10), Frankfurt am Main 1980; gemeinsam mit W. Schich.

Vom Gewerbe zum Unternehmen, Darmstadt 1982; gemeinsam mit K. O. Scherner.

Meinungsfreiheit. Grundgedanken und Geschichte in Europa und USA, Kehl 1986; gemeinsam mit J. Schwartländer.

Liechtenstein. Fürstliches Haus und staatliche Ordnung. Geschichtliche Grundlagen und moderne Perspektiven, Vaduz 1987; gemeinsam mit V. Press.

Ferdinand Elsener, Studien zur Rezeption des gelehrten Rechts. Ausgewählte Aufsätze, Sigmaringen 1989; gemeinsam mit Friedrich Ebel.

Friedrich Merzbacher, Recht-Staat-Kirche. Gesammelte Aufsätze, Wien/Köln/Graz 1989; gemeinsam mit G. Köbler und H. Drüppel.

Heinrich Mitteis nach 100 Jahren (1889–1989). Symposion anlässlich des hundertsten Geburtstages in München am 2. und 3. November 1989 (Abhandlungen der Bayerischen Akademie der Wissenschaften, Phil.–hist. Klasse N. F., Heft 106), München 1991; gemeinsam mit P. Landau und H. Nehlsen.

Statuten, Städte und Territorien zwischen Mittelalter und Neuzeit in Italien und Deutschland (Schriften des Italienisch-Deutschen Historischen Instituts in Trient, Bd. 3), Berlin 1992; gemeinsam mit G. Chittolini.

Staatsschutz (Aufklärung 7, Heft 2, 1992), 1994.

Vom mittelalterlichen Recht zur neuzeitlichen Rechtswissenschaft – Bedingungen, Wege und Probleme der europäischen Rechtsgeschichte. Festschrift für Winfried Trusen, Paderborn 1994; gemeinsam mit N. Brieskorn, P. Mikat und D. Müller.

Die Deutsche Rechtsgeschichte in der NS–Zeit, ihre Vorgeschichte und ihre Nachwirkungen (Beiträge zur Rechtsgeschichte des 20. Jahrhunderts, Bd. 12), Tübingen 1995; gemeinsam mit J. Rückert.

Hochmittelalterliche Territorialstruktur in Deutschland und Italien (Schriften des Italienisch-Deutschen Instituts in Trient, Bd. 8), Berlin 1996; gemeinsam mit G. Chittolini.

Reformabsolutismus und ständische Gesellschaft. Zweihundert Jahre Preussisches Allgemeines Landrecht (Forschungen zur Brandenburgischen und Preussischen Geschichte, N. F. Beiheft 3), Berlin 1998; gemeinsam mit G. Birtsch.

Die Entstehung des öffentlichen Strafrechts. Bestandsaufnahme eines europäischen Forschungsproblems (Konflikt, Verbrechen und Sanktion in der Gesellschaft Alteuropas. Symposien und Synthesen, Bd. 1), Köln u. a. 1999; japan. Übersetzung von Takuro Wada, in: Hogaku Zasshi, Journal of Law and Politics of Osaka City University 47/2, 2000.

Neue Wege strafrechtsgeschichtlicher Forschung (Konflikt, Verbrechen und Sanktion In der Gesellschaft Alteuropas, Symposien und Synthesen, Bd. 2), Köln u. a. 1999; gemeinsam mit H. Schlosser.

Die Begründung des Rechts als historisches Problem (Schriften des historischen Kollegs, Kolloquien Bd. 45), unter Mitarbeit von Elisabeth Müller-Luckner, München 2000.

Herrschaftliches Strafen seit dem Hochmittelalter. Formen und Entwicklungsstufen (Konflikt, Verbrechen und Sanktion in der Gesellschaft Alteuropas, Symposien und Synthesen, Bd. 5), Köln u. a. 2002; gemeinsam mit H. Schlosser und R. Sprandel.

Europäische Verfassungsgeschichte (Rechtshistorische Texte), München 2003; gemeinsam mit Ulrike Seif.

Hof und Theorie. Annäherungen an ein historisches Phänomen (Norm und Struktur. Studien zum sozialen Wandel in Mittelalter und Früher Neuzeit, Bd. 22), Köln u. a. 2004; gemeinsam mit R. Butz und J. Hirschbiegel.

Grundlagen der modernen bayerischen Geschichte. Staat und Politik im Spiegel der Regierungsprotokolle des 19. und 20. Jahrhunderts (Schriftenreihe der Historischen Kommission bei der Bayerischen Akademie der Wissenschaften Bd. 78), Göttingen 2007.

Johann Gottfried Herder, Staat, Nation, Humanität. Ausgewählte Texte, Würzburg 2007; gemeinsam mit Janine Fehn.

Rechtswissenschaft und Rechtsliteratur im 20. Jahrhundert. Mit Beiträgen zur Entwicklung des Verlages C. H. Beck, München 2007.

Denker, Forscher und Entdecker. Eine Geschichte der Bayerischen Akademie der Wissenschaften in historischen Portraits, unter Mitarbeit von Ellen Latzin, München 2009.

Wissenswelten. Die Bayerische Akademie der Wissenschaften und die wissenschaftlichen Sammlungen Bayerns. Ausstellungen zum 250–jährigen Jubiläum der

Bayerischen Akademie der Wissenschaften, unter Mitarbeit von Tobias Schönauer, München 2009.

Wissenschaft und Politik, Stuttgart 2010; gemeinsam mit Horst Dreier.

Judaism, Christianity and Islam in the Course of History: Exchange and Conflicts (Schriften des Historischen Kollegs, Kolloquien Bd. 82), München 2011 gemeinsam mit Lothar Gall.

Rechtsprechung und Justizhoheit. Festschrift für Götz Landwehr zum 80. Geburtstag, Köln u. a. 2016; gemeinsam mit Volker Friedrich Drecktrah.

Föderalismus in Deutschland. Zu seiner wechselvollen Geschichte vom ostfränkischen Königtum bis zur Bundesrepublik, Wien/Köln/Weimar 2019.

III. Aufsätze in Sammelwerken und Handbuchbeiträge

Voraussetzungen der Aufwendungskondiktion, in: Rechtswissenschaft und Gesetzgebung, in: K. Müller u. H. Soell (Hrsg.), Festschrift für E. Wahl, Heidelberg 1973, S. 285–300.

Preußische Vergangenheit und deutsche Gegenwart – Überlegungen zum Ursprung und zur Aktualität der preußischen Autokratie, in: Jb. f. d. Gesch. Mittel- u. Ostdeutschlands 27 (1978), S. 186–205; Wiederabdruck in: O. Büsch u. W. Neugebauer (Hrsg.), Moderne preußische Geschichte 1648–1947, Berlin 1981, Bd. 3, S. 1640–1661.

Gesetzespublikation und verwaltungsinterne Gesetzgebung in Preußen vor der Kodifikation, in: G. Kleinheyer u. P. Mikat (Hrsg.), Beiträge zur Rechtsgeschichte. Gedächtnisschrift für Hermann Conrad (Rechts- u. Staatswiss. Veröff. d. Görres-Gesellschaft N.F. 34), Paderborn u. a. 1979, S. 601–619.

Zur Frage des Personalitätsprinzips im Sachsenspiegel und in schlesischen Lokationsurkunden des 13. Jahrhunderts, in: D. Willoweit u. W. Schich (Hrsg.), Studien zur Geschichte des sächsisch-magdeburgischen Rechts in Deutschland und Polen (Rechtshistor. Reihe 10), Frankfurt am Main u. a. 1980, S. 94–115.

Das Modell des preußischen Staates. Grundlagen – Auflösung – Nachwirkungen, in: O. Büsch (Hrsg.), Das Preußenbild in der Geschichte (Veröff. d. Histor. Komm. zu Berlin 50), Berlin 1981, S. 265–276.

Gewerbeprivileg und „natürliche" Gewerbefreiheit – Strukturen des preußischen Gewerberechts im 18. Jahrhundert, in: K. O. Scherner u. D. Willoweit (Hrsg.), Vom Gewerbe zum Unternehmen, Darmstadt 1982, S. 60–111.

Entwicklung und Verwaltung der spätmittelalterlichen Landesherrschaft, in: K. G. A. Jeserich, H. Pohl u. G.-Chr. v. Unruh (Hrsg.), Deutsche Verwaltungsgeschichte, Bd. 1, Stuttgart 1983, Kap. I, § 5, S. 66–142.

Allgemeine Merkmale der Verwaltungsorganisation in den Territorien, in: K. G. A. Jeserich, H. Pohl u. G.-Chr. v. Unruh (Hrsg.), Deutsche Verwaltungsgeschichte, Bd. 1, Stuttgart 1983, Kap. IV, § 3, S. 289–346.

Die Entwicklung des öffentlichen Dienstes, in: K. G. A. Jeserich, H. Pohl u. G.-Chr. v. Unruh (Hrsg.), Deutsche Verwaltungsgeschichte, Bd. 1, Stuttgart 1983, Kap. IV, § 3, S. 346–360.

Das landesherrliche Kirchenregiment, in: K. G. A. Jeserich, H. Pohl u. G.-Chr. v. Unruh (Hrsg.), Deutsche Verwaltungsgeschichte, Bd. 1, Stuttgart 1983, Kap. IV, § 4, S. 361–369.

Die Universitäten, in: K. G. A. Jeserich, H. Pohl u. G.-Chr. v. Unruh (Hrsg.), Deutsche Verwaltungsgeschichte, Bd. 1, Stuttgart 1983, Kap. IV, § 5, S. 369–383.

Geschichtliche Wandlungen der Eigentumsordnung und ihre Bedeutung für die Menschenrechtsdiskussion, in: J. Schwartländer u. D. Willoweit (Hrsg.), Das Recht des Menschen auf Eigentum, Kehl 1983, S. 7–18.

Kaiser, Reich und Reichsstände bei Hermann Conring, in: M. Stolleis (Hrsg.), Hermann Conring (1606–1681). Beiträge zu Leben und Werk, Berlin 1983, S. 321–334.

Von der alten deutschen Freiheit – Zur verfassungsgeschichtlichen Bedeutung der Tacitus-Rezeption, in: E. V. Heyen (Hrsg.), Vom normativen Wandel des Politischen. Rechts- und staatsphilosophisches Kolloquium aus Anlaß des 70. Geburtstages von H. Ryffel (Schriftenreihe der Hochschule Speyer 94), Berlin 1984, S. 17–42.

Das juristische Studium in Heidelberg und die Lizentiaten der Juristenfakultät von 1386 bis 1436, in: Semper Apertus. Sechshundert Jahre Ruprecht-Karls-Universität Heidelberg 1386–1986. Festschrift in 6 Bänden, bearb. v. W. Doerr i. A. v. G. Frh. zu Putlitz, Bd. I: Mittelalter und frühe Neuzeit 1386–1803, Berlin 1985, S. 85–135.

Die Stellvertretung des Landesfürsten als Problem des liechtensteinischen Verfassungsverständnisses, in: Liechtensteinische Akademische Gesellschaft (Hrsg.), Die Stellvertretung des Fürsten (Liechtenstein Politische Schriften 11), Vaduz 1985, S. 119–130.

Die Herausbildung des staatlichen Gewaltmonopols im Entstehungsprozeß des modernen Staates, in: A. Randelzhofer u. W. Süß (Hrsg.), Konsens und Konflikt. 35 Jahre Grundgesetz. Vorträge und Diskussionen einer Veranstaltung der FU Berlin vom 6. bis 8. Dez. 1984, Berlin 1986, S. 313–323.

Genossenschaftsprinzip und altständische Entscheidungsstrukturen in der frühneuzeitlichen Staatsentwicklung. Ein Diskussionsbeitrag, in: G. Dilcher u. B. Diestelkamp (Hrsg.), Recht, Gericht, Genossenschaft und Policey. Studien zu Grundbegriffen der germanistischen Rechtshistorie. Symposion für A. Erler, Berlin 1986, S. 126–138.

Gericht und Urteil über den Wenden, in: K. Kroeschell (Hrsg.), Festschrift für H. Thieme zu seinem 80. Geburtstag, Sigmaringen 1986, S. 83–95.

Meinungsfreiheit im Prozeß der alteuropäischen Staatswerdung, in: J. Schwartländer u. D. Willoweit (Hrsg.), Meinungsfreiheit – Grundgedanken und Geschichte in Europa und USA, Kehl 1986, S. 105–120.

Rat und Recht im Regiment des Großen Kurfürsten von 1648 bis 1658, in: R. Schnur (Hrsg.), Die Rolle der Juristen bei der Entstehung des modernen Staats, Berlin 1986, S. 797–822.

Fürstenamt und Verfassungsordnung, in: V. Press u. D. Willoweit (Hrsg.), Liechtenstein – Fürstliches Haus und staatliche Ordnung. Geschichtliche Grundlagen und moderne Perspektiven, Vaduz 1987, S. 487–510.

Gesetzgebung und Recht im Übergang vom Spätmittelalter zum frühneuzeitlichen Obrigkeitsstaat, in: O. Behrends u. Chr. Link (Hrsg.), Zum römischen und neuzeitlichen Gesetzesbegriff. 1. Symposion der Kommission „Die Funktion des Gesetzes in Geschichte und Gegenwart" v. 26. u. 27. April 1985 (Abhandlungen der Akademie der Wissenschaften in Göttingen, Philol.-hist. Klasse, 3. Folge 157), Göttingen 1987, S. 123–146.

Rezeption und Staatsbildung im Mittelalter, in: D. Simon (Hrsg.), Akten des 26. Dt. Rechtshistorikertages in Frankfurt a. M., 22. bis 26. Sept. 1986 (Ius commune, Sonderheft 30), Frankfurt am Main 1987, S. 19–44.

Das Rechtsstudium – Praxisbezug ohne Wissenschaft? Wider den Provinzialismus der deutschen Juristenausbildung, in: W. Böhm (Hrsg.), „Nicht Vielwissen sättigt die Seele". Wissen, Erkennen, Bildung, Ausbildung heute. Drittes Würzburger Symposium, Stuttgart 1988, S. 229–244; gekürzte Fassung in: DUZ 15/16 (1988). S. 17–21.

Johann Heinrich Casimir von Carmer und die preußische Justizreform, in: J. Kunisch (Hrsg.), Persönlichkeiten im Umkreis Friedrichs des Großen (Neue Forschungen zur brandenburg-preußischen Geschichte 9), Berlin 1988, S. 153–174.

Vom Königsschutz zur Kammerknechtschaft. Anmerkungen zum Rechtsstatus der Juden im Hochmittelalter, in: K.-H. Müller u. K. Wittstadt (Hrsg.), Geschichte und Kultur des Judentums. Eine Vorlesungsreihe an der Julius-Maximilians-Universität Würzburg (Quellen und Forschungen zur Geschichte des Bistums und Hochstifts Würzburg 38), Würzburg 1988, S. 71–89.

Von der Rechtserfahrung zur Rechtssetzung. Formen und Wandlungen der Naturgebundenheit des Rechts, in: R. Brinkmann (Hrsg.), Natur in den Geisteswissenschaften I. Erstes Blaubeurer Symposion vom 23. bis 26. September 1987 in Tübingen, Tübingen 1988, S. 47–57.

Das wissenschaftliche Werk Ferdinand Elseners, in: F. Ebel u. D. Willoweit (Hrsg.), Ferdinand Elsener, Studien zur Rezeption des gelehrten Rechts. Ausgewählte Aufsätze, Sigmaringen 1989, S. 7–15.

Deutsche Rechtsgeschichte und „nationalsozialistische Weltanschauung": das Beispiel Hans Frank, in: M. Stolleis u. D. Simon (Hrsg.), Rechtsgeschichte im Nationalsozialismus. Beiträge zur Geschichte einer Disziplin (Beiträge zur Rechtsgeschichte des 20. Jahrhunderts, Bd. 2), Tübingen 1989, S. 25–42.

Gibt es eine Evolution des Rechtswesens?, in: U. Gessler (Hrsg.), Evolution. 25. Symposion des Instituts für Nephrologie an der Universität Erlangen-Nürnberg und der 4. Medizinischen Klinik des Klinikums Nürnberg, Erlangen 1989, S. 127–140.

War das Königreich Preußen ein Rechtsstaat?, in: D. Schwab (Hrsg.), Staat, Kirche, Wissenschaft in einer pluralistischen Gesellschaft. Festschrift zum 65. Geburtstag von P. Mikat, Berlin 1989, S. 451–464.

Arbeitskreis: Staatsgewalt und Bürgerrechte in Europa – Geschichtliche Entwicklungen und moderne Fragen, in: U. Zwiener (Hrsg.), Ein demokratisches Deutschland für Europa. Wartburgtreffen 1990, Jena 1990, S. 90–92.

Die Sanktionen für Friedensbruch im Kölner Gottesfrieden von 1083. Ein Beitrag zum Sinn der Strafe in der Frühzeit der deutschen Friedensbewegung, in: E. Schlüchter u. K. Laubenthal (Hrsg.), Recht und Kriminalität. Festschrift für F.-W. Krause zum 70. Geburtstag, Köln/München 1990, S. 37–52; japan. Übersetzung v. H. Shimpo u. Y. Nishikawa, in: The Tohoku Gakuin University Review – History and Geography 23 (Sendai 1991), S. 57 ff.

Kommunale Genossenschaften als Träger des Rechts in Mitteleuropa, in: P. Blickle (Hrsg.), Landgemeinde und Stadtgemeinde in Mitteleuropa. Ein struktureller Vergleich (HZ, Beih. 13), München 1991, S. 403–423.

Probleme und Aufgaben einer europäischen Verfassungsgeschichte, in: R. Schulze (Hrsg.), Europäische Rechts- und Verfassungsgeschichte. Ergebnisse und Perspektiven der Forschung (Schriften zur Europäischen Rechts- und Verfassungsgeschichte 3), Berlin 1991, S. 141–151; Separatdruck: Aufgaben und Probleme einer europäischen Verfassungsgeschichtsschreibung (Vorträge, Reden und Berichte aus dem Europa-Institut der Universität des Saarlandes 214), Saarbrücken 1990.

Das Staatsrecht Kreittmayrs, in: W. X. A. Frhr. v. Kreittmayr (1705–1790) – Ein Leben für Recht, Staat und Politik. Festschrift zum 200. Todestag, im Auftrag d. Hist. Vereins von Oberbayern hrsg. v. R. Bauer u. H. Schlosser, München 1991, S. 101–117; japan. Übersetzung in: Journal of Law and Politics of Osaka City University 49 (2002), S. 163–193.

Europäische Rechtskultur und nationales Rechtsstudium, in: F. Schwind u. W. Brauneder (Hrsg.), Rechtsstudium für das Europa von morgen (Veröffentlichungen der Kommission für Europarecht, internationales und ausländisches Privatrecht 12 = Sitzungsberichte der Österreichischen Akademie der Wissenschaften, Philos.-hist. Klasse, 576), Wien 1991, S. 9–25.

Das deutsche Recht im Osten – Vom Kulturvergleich zur Rezeptionsgeschichte, in: H. Rothe (Hrsg.), Die historische Wirkung der östlichen Regionen des Reiches. Vorträge einer Tagung zum vierzigjährigen Bestehen der Bundesrepublik Deutschland im Oktober 1989 (Studien zum Deutschtum im Osten, Bd. 24), Köln 1992, S. 61–85.

Die Ungleichbehandlung der Frau im mittelalterlichen Recht – Sozialgeschichtliche, rechtsgeschichtliche, soziobiologische Erklärungen, in: W. Böhm u. M. Lindauer (Hrsg.), Mann und Frau – Frau und Mann. Hintergründe, Ursachen und Problematik der Geschlechterrollen. 5. Würzburger Symposium der Universität Würzburg, Stuttgart 1992, S. 300–314.

Die Veräußerung der Freiheit. Über den Unterschied von Rechtsdenken und Menschenrechtsdenken, in: H. Bielefeldt, W. Brugger u. K. Dicke (Hrsg.), Würde und Recht des Menschen. Festschrift für J. Schwartländer zum 70. Geburtstag, Würzburg 1992, S. 255–268.

Stadt und Territorium im Heiligen Römischen Reich. Eine Einführung, in: G. Chittolini u. D. Willoweit (Hrsg.), Statuten, Städte und Territorien zwischen Mittelalter und Neuzeit in Italien und Deutschland (Schriften des Italienisch-Deutschen Historischen Instituts in Trient, Bd. 3), Berlin 1992, S. 39–48; ital. Ausg.: Città e territorio nel Sacro Romano Impero. Una introduzione, in: G. Chittolini u. D. Willoweit (Hrsg.), Statuti città territori in Italia e Germania tra medioevo ed età moderna. Atti della XXX settimana di studio, 11–15 settembre 1989, Gli statuti delle città italiane e delle Reichsstädte tedesche. Istituto storico italo-germanico in Trento (Annali dell'Istituto storico italo-germanico in Trento, Quaderno 30), 1991, S. 47–61.

Wallfahren als Strafe und Sühne, in: K.–D. Kniffki (Hrsg.), Jakobus in Franken. Unterwegs im Zeichen der Muschel, Würzburg 1992, S. 50–55.

Das obligatorisch wirkende Zessionsverbot, in: H. Lange, K. W. Nörr u. H. P. Westermann (Hrsg.), Festschrift für Joachim Gernhuber zum 70. Geburtstag, Tübingen 1993, S. 549–561.

Katholische Reform und Disziplinierung als Element der Staats- und Gesellschaftsorganisation, in: P. Prodi (Hrsg.), Glaube und Eid (Schriften des Historischen Kollegs, Kolloquien 28), München 1993, S. 113–132.

Rechtsgedanke und Unrechtserfahrung. Ein Plädoyer für die Wiedergewinnung des Rechtsbegriffs, in: A. Riklin, L. Wildhaber u. H. Wille (Hrsg.), Kleinstaat und Menschenrechte. Festgabe für G. Batliner zum 65. Geburtstag, Basel 1993, S. 527–536.

Ursprünge von Demokratie und Rechtsstaat in Deutschland und Polen, in: P. Eisenmann u. B. Rill (Hrsg.), Polens Rückkehr nach Europa. Geistige Überwindung des Kommunismus (Zeitgeschehen –Analyse und Diskussion, Bd. 6), Regensburg 1993, S. 7–21.

Verfassungsinterpretation im Kleinstaat. Das Fürstentum Liechtenstein zwischen Monarchie und Demokratie, in: A. Waschkuhn (Hrsg.), Kleinstaat – Grundsätzliche und aktuelle Probleme (Liechtenstein Politische Schriften 16), Vaduz 1993, S. 191–207.

Wurzeln und Perspektiven europäischen Rechtsdenkens, in: W. Böhm u. M. Lindauer (Hrsg.), Europäischer Geist – Europäische Verantwortung. Ein Kontinent fragt nach seiner Identität und Zukunft. Sechstes Würzburger Symposium, Stuttgart 1993, S. 184–202.

Unrechtsfolgen in Hof- und Dienstrechten des 11. und 12. Jahrhunderts. Mit einer Anmerkung zum Verhältnis von geistlicher Buße und weltlicher Sanktion vor der Ausbreitung des peinlichen Strafrechts, in: N. Brieskorn, P. Mikat, D. Müller u. D. Willoweit (Hrsg.), Vom mittelalterlichen Recht zur neuzeitlichen Rechtswissenschaft – Bedingungen, Wege und Probleme der europäischen Rechtsgeschichte. Festschrift für W. Trusen (Rechts- und Staatswissenschaftliche Veröffentlichungen der Görres-Gesellschaft, NF Bd. 72), Paderborn 1994, S. 109–127.

Von der natürlichen Kindschaft zur Illegitimität. Die nichtehelichen Kinder in den mittelalterlichen Rechtsordnungen, in: L. Schmugge (Hrsg.), Illegitimität im Spätmittelalter (Schriften des Historischen Kollegs, Kolloquien 29), München 1994, S. 55–66.

Die bürgerlichen Rechte und das gemeine Wohl. Das rechtspolitische Profil des Allgemeinen Landrechts für die Preußischen Staaten von 1794, in: F. Ebel (Hrsg.), Gemeinwohl – Freiheit – Vernunft – Rechtsstaat. 200 Jahre Allgemeines Landrecht für die Preußischen Staaten. Symposium der Juristischen Gesellschaft zu Berlin, 27.–29. Mai 1994, Berlin 1995, S. 1–15.

Die Juristische Fakultät der Albertus-Universität zu Königsberg, in: F. Majoros, A. Steinkamm u. B. W. Krack (Hrsg.), Politik – Geschichte – Recht und Sicherheit. Festschrift für G. Ritter zum 80. Geburtstag, Würzburg 1995, S. 173–189.

Felix Dahn (1834–1912), in: D. Rauschning u. D. v. Nerée (Hrsg.), Die Albertus-Universität zu Königsberg und ihre Professoren (Jahrbuch der Albertus-Universität zu Königsberg/Pr., hrsg. v. Göttinger Arbeitskreis, Bd. 29, 1994), Berlin 1995, S. 349–357.

Freiheit in der Volksgemeinde. Geschichtliche Aspekte des Freiheitsbegriffs in der deutschen rechtshistorischen und historischen Forschung des 19. und 20. Jahrhunderts, in: J. Rückert u. D. Willoweit (Hrsg.), Die Deutsche Rechtsgeschichte in der NS-Zeit, ihre Vorgeschichte und ihre Nachwirkungen (Beiträge zur Rechtsgeschichte des 20. Jahrhunderts, Bd. 12), Tübingen 1995, S. 301–322.

Gericht und Obrigkeit im Hochstift Würzburg, in: P. Kolb u. E.-G. Krenig (Hrsg.), Unterfränkische Geschichte, Bd. 3, Würzburg 1995, S. 219–249.

Hermann Conring, in: M. Stolleis (Hrsg.), Staatsdenker im 17. und 18. Jahrhundert, 1977, S. 129–147; 2. Aufl., Frankfurt am Main 1987; 3. Aufl.: Staatsdenker in der frühen Neuzeit, München 1995.

Katholischer Konfessionalismus als politisches und rechtliches Ordnungssystem, in: W. Reinhard u. H. Schilling (Hrsg.), Die katholische Konfessionalisierung. Wissenschaftliches Symposion der Gesellschaft zur Herausgabe des Corpus Catholicorum und des Vereins für Reformationsgeschichte (Reformationsgeschichtliche Studien und Texte, Bd. 35; zugleich Schriften des Vereins für Reformationsgeschichte, Nr. 198), Gütersloh 1995, S. 228–241.

Juristen im mittelalterlichen Franken. Ausbreitung und Profil einer neuen Elite, in: R. C. Schwinges (Hrsg.), Gelehrte im Reich. Zur Sozial- und Wirkungsgeschichte akademischer Eliten des 14. bis 16. Jahrhunderts (ZHF, Beiheft 18), Berlin 1996, S. 225–267.

Obrigkeit und Rechtswesen, in: U. Wagner u. W. Ziegler (Hrsg.), Lorenz Fries, Chronik der Bischöfe von Würzburg 742–1495, Bd. IV: Die Miniaturen der Bischofschronik (Fontes Herbipolenses, Bd. VI), Würzburg 1996, S. 219–237.

Spätmittelalterliche Staatsbildung im Vergleich. Zur Erforschung der deutschen hoch und spätmittelalterlichen Territorialstrukturen, in: G. Chittolini u. D. Willoweit (Hrsg.), Hochmittelalterliche Territorialstruktur in Deutschland und Italien (Schriften des Italienisch-Deutschen Historischen Instituts in Trient, Bd. 8), Berlin 1996, S. 23–30; ital. Ausg.: La formazione dello Stato nel basso Medioevo: un'analisi comparata, in: G. Chittolini u. D. Willoweit (Hrsg.), L'organizzazione del territorio in Italia e Germania: secoli XIII–XIV. Atti della XXXV settimana di studio, 7–12 settembre 1992, L'organizzazione del territorio in Italia e in Germania: secc. XIII–XIV. Istituto storico italo-germanico in Trento (Annali dell'Istituto storico italo-germanico in Trento, Quaderno 35), 1994, S. 27–37.

Vertragen, Klagen, Rügen. Reaktionen auf Konflikt und Verbrechen in ländlichen Rechtsquellen Frankens, in: D. Rödel u. J. Schneider (Hrsg.), Strukturen der Gesellschaft im Mittelalter – Interdisziplinäre Mediävistik in Würzburg, Wiesbaden 1996, S. 196–224.

Zum Einfluß gelehrten Rechtsdenkens in Urkunden des 13. Jahrhunderts, in: P. Landau unter Mitarbeit von M. Petzolt (Hrsg.), De iure canonico medii aevi. Festschrift für R. Weigand (Studia Gratiana XXVII), Rom 1996, S. 573–596.

Fürstentum und Landesherrschaft im Konflikt, Die Schriftsätze der Hochstifte Würzburg und Bamberg 1462/63, in: G. Köbler u. H. Nehlsen (Hrsg.), Wirkungen europäischer Rechtskultur. Festschrift für K. Kroeschell zum 70. Geburtstag, München 1997, S. 1389–1402.

Heinrich von Kleist und die Universität Frankfurt an der Oder – Rückblick eines Rechtshistorikers, in: Kleist-Jahrbuch 1997, S. 57–71.

Kapitel einer Europäischen Verfassungsgeschichte, in: R. Lhotta, J. Oebbecke u. W. Reh (Hrsg.), Deutsche und europäische Verfassungsgeschichte: Sozial und rechtswissenschaftliche Zugänge. Symposium zum 65. Geb. v. Hans Boldt (Nomos Universitätsschriften: Recht, Düsseldorfer Rechtswissenschaftliche Schriften, Bd. 1), Baden Baden 1997, S. 185–191.

Nationalsozialistische Hochschul- und Wissenschaftspolitik in Bayern, in: W. Oberholzner u. G. Brun (Hrsg.), Tradition und Perspektive. 150 Jahre Bayerisches Kultusministerium, München 1997, S. 156–174.

The Holy Roman Empire as a legal system, in: A. Padoa-Schioppa (Hrsg.), Legislation and Justice, Oxford 1997, S. 123–129; franz. Übers. „Le Saint Empire romain germanique comme système juridique", in: A. Padoa Schioppa (Hrsg.), Justice et législation, Paris 2000, S. 157–164.

Vom guten alten Recht – Normensuche zwischen Erfahrungswissen und Ursprungslegenden, in: Jahrbuch des Historischen Kollegs München 1997, S. 23–52; japan. Übersetzung v. Takuro Wada in: Hogaku Zasshi (Journal of Law and Politics) of Osaka City University 47/1 (2000), S. 177–220, u. 47/2 (2000), S. 172–196.

Die Revisio Monitorum des Carl Gottlieb Svarez, in: G. Birtsch u. D. Willoweit (Hrsg.), Reformabsolutismus und ständische Gesellschaft. Zweihundert Jahre Preußisches Allgemeines Landrecht (Forschungen zur Brandenburgischen und Preußischen Geschichte NF, Beiheft 3), Berlin 1998, S. 91–112.

Protestantismus in Žemaitija während des konfessionellen Zeitalters, in: Jahrestagung 1997 – Suvažiavimo darbai: Litauen, Preußen und das erste litauische Buch 1547, hrsg. vom Litauischen Kulturinstitut, Red. V. Bartusevicius, Lampertheim 1998, S. 109–128.

Staatsorganisation und Verwaltung im Hochstift Würzburg, in: P. Kolb u. E.-G. Krenig (Hrsg.), Unterfränkische Geschichte, Bd. 4/1, 1998, S. 67–99.

Einführung, in: H. Schlosser u. D. Willoweit (Hrsg.), Neue Wege strafrechtsgeschichtlicher Forschung (Konflikt, Verbrechen und Sanktion in der Gesellschaft Alteuropas. Symposien und Synthesen, Bd. 2), Köln u.a. 1999, S. 1–3.

Zum Begriff des Öffentlichen im späten Mittelalter – ein erweiterter Diskussionsbericht, ebda. S. 335–340.

Programm eines Forschungsprojekts, in: D. Willoweit (Hrsg.), Die Entstehung des öffentlichen Strafrechts. Bestandsaufnahme eines europäischen Forschungsproblems (Konflikt, Verbrechen und Sanktion in der Gesellschaft Alteuropas. Symposien und Synthesen, Bd. 1), Köln u.a. 1999, S. 1–12; japan. Übersetzung v. Takuro Wada in: Hogaku Zasshi (Journal of Law and Politics) of Osaka City University 47/2 (2000), S. 197–226.

Gewalt und Verbrechen, Strafe und Sühne im alten Würzburg – Offene Probleme der deutschen strafrechtsgeschichtlichen Forschung, in: D. Willoweit (Hrsg.), Die Entstehung des öffentlichen Strafrechts. Bestandsaufnahme eines europäischen Forschungsproblems (Konflikt, Verbrechen und Sanktion in der Gesellschaft Alteuropas. Symposien und Synthesen, Bd. 1), Köln u.a. 1999, S. 215–233.

Rechtsprobleme der absoluten Monarchie, in: K.–H. Kästner, K.W. Nörr u. K. Schlaich (Hrsg.), Festschrift für Martin Heckel zum 70. Geburtstag, Tübingen 1999, S. 641–657.

Selbstbindung absoluter Herrschermacht durch Verwaltungsgesetzgebung – Eine staatssoziologische Problematik im Vorfeld der Aufklärung –, in: U. Karpen, U. Weber u. D. Willoweit (Hrsg.), Rechtsforschung, Rechtspolitik und Unternehmertum. Gedächtnisschrift für Edgar Michael Wenz, Berlin 1999, S. 401–413.

Anmerkungen zum Verhältnis von Rechtsgeschichte und Rechtssoziologie, in: H. Dreier (Hrsg.), Rechtssoziologie am Ende des 20. Jahrhunderts. Gedächtnissymposion für Edgar Michael Wenz, Tübingen 2000, S. 342–346.

Der Usus modernus oder die geschichtliche Begründung des Rechts – Zur rechtstheoretischen Bedeutung des Methodenwandels im späten 17. Jahrhundert –, in: D. Willoweit (Hrsg.) unter Mitarbeit v. E. Müller-Luckner, Die Begründung des Rechts als historisches Problem (Schriften des Historischen Kollegs, Kolloquien, Bd. 45), München 2000, S. 229–245.

Rechtsbegründung und Rechtsbegriff. Ein Nachwort, ebda., S. 315–322.

Gerichtsherrschaft und Schöffenrecht am Mittelrhein im 15. Jahrhundert – Beobachtungen anhand der Urteile des Ingelheimer Oberhofes, in: L. Bonfield (Hrsg.), Seigneurial Jurisdiction (Comparative Studies in Continental and Anglo-American Legal History – Vergleichende Untersuchungen zur kontinentaleuropäischen und anglo-amerikanischen Rechtsgeschichte, Bd. 21), Berlin 2000, S. 145–159.

Grundherrschaft und Territorienbildung – Landherren und Landesherren in deutschsprachigen Urkunden des 13. Jahrhunderts, in: G. Dilcher u. C. Violante (Hrsg.), Strukturen und Wandlungen der ländlichen Herrschaftsformen vom 10.

zum 13. Jahrhundert. Deutschland und Italien im Vergleich (Schriften des Italienisch-Deutschen Historischen Instituts in Trient, Bd. 14), 2000, S. 215–233; ital. Ausg.: Signoria fondiaria e formazione di territori. Signori terrieri e signori territoriali in documenti di lingua tedesca del XIII secolo, in: G. Dilcher u. C. Violante (Hrsg.), Strutture e trasformazioni della signoria rurale nei secoli X–XIII. Atti della XXXVII settimana di studio, 12–16 settembre 1994, Istituto storico italo germanico in Trento (Annali dell'Istituto storico italo-germanico, Quaderno 44), Berlin 1996, S. 595–621.

Die Gleichzeitigkeit des Ungleichzeitigen – Rationales und traditionales Rechtsdenken im ausgehenden Mittelalter, in: H. Boockmann, L. Grenzmann, B. Moeller u. M. Staehelin (Hrsg.), Recht und Verfassung im Übergang vom Mittelalter zur Neuzeit, II. Teil: Bericht über Kolloquien der Kommission zur Erforschung der Kultur des Spätmittelalters 1996 bis 1997, Göttingen 2001, S. 369–385.

Die rechtliche Stellung der Juden im Mittelalter in: E.-V. Kotowski, J. H. Schoeps u. H. Wallenborn (Hrsg.), Handbuch zur Geschichte der Juden in Europa, Bd. 2: Religion, Kultur, Alltag, Darmstadt 2001, S. 299–308.

Stadtverfassung und Gerichtswesen im mittelalterlichen Würzburg, in: Geschichte der Stadt Würzburg, Bd. 1: Von den Anfängen bis zum Ausbruch des Bauernkriegs, hrsg. v. d. Stadt Würzburg, Stuttgart 2001, S. 233–621.

Von der Frührezeption zur Geschichte des gelehrten Rechts – Rückblick und Ausblick auf einen Forschungsprozeß, in: Winfried Trusen zum Gedächtnis, hrsg. v. d. Juristischen Fakultät der Universität Würzburg, Würzburg 2001, S. 33–36.

Historische Prozesse staatenübergreifender Rechtsbildung, in: H. Dreier, H. Forkel u. K. Laubenthal (Hrsg.), Raum und Recht. Festschrift 600 Jahre Juristenfakultät, Berlin 2002, S. 3–22.

Rezeptionen, in: K. Lüderssen (Hrsg.), Die Durchsetzung des öffentlichen Strafanspruchs. Systematisierung der Fragestellung (Konflikt, Verbrechen und Sanktion in der Gesellschaft Alteuropas. Symposien und Synthesen Bd. 6), Köln u. a. 2002, S. 153–162; estn. Übersetzung v. Marju Luts in: Juridica. Tartu Ülikooli õigusteaduskonna ajakiri XI aastakäik, VIII, 2003, S. 570–575.

Richten nach Gnade. Beobachtungen an Hand ländlicher Quellen vom Mittelrhein und angrenzender Landschaften, in: H. Schlosser, R. Sprandel u. D. Willoweit (Hrsg.), Herrschaftliches Strafen seit dem Hochmittelalter. Formen und Entwicklungsstufen (Konflikt, Verbrechen und Sanktion in der Gesellschaft Alteuropas, Symposien und Synthesen, Bd. 5), Köln u. a. 2002, S. 189–205.

Die Expansion des Strafrechts in Kirchenordnungen des 16. Jahrhunderts, ebda. S. 331–354.

Über die Unvermeidlichkeit des Krieges, in: W. Böhm u. M. Lindauer (Hrsg.), 11. Würzburger Symposium: Welt ohne Krieg?, Stuttgart 2002, S. 47–71.

Zwischen europäischer Rechtsgeschichte und nationaler Programmatik. Wissenschaftliches Werk und politisches Denken des Würzburger Rechtshistorikers Ernst Mayer (1862–1932), in: P. Baumgart (Hrsg.), Die Universität Würzburg in den Krisen der ersten Hälfte des 20. Jahrhunderts. Biographisch-systematische

Studien zu ihrer Geschichte zwischen dem Ersten Weltkrieg und dem Neubeginn 1945 (Quellen und Forschungen zur Geschichte des Bistums und Hochstifts Würzburg, Bd. 58), Würzburg 2002, S. 125–157.

Bischöfliche Stadtherrschaft und bürgerliches Ratsregiment in Würzburg, in: A. Cordes, J. Rückert u. R. Schulze (Hrsg.), Stadt – Gemeinde – Genossenschaft. Festschrift für G. Dilcher zum 70. Geburtstag, Berlin 2003, S. 103–115.

Die Rechtsstellung der Juden, in: A. Maimon, M. Breuer u. Y. Guggenheim (Hrsg.), Germania Judaica, Bd. III/3: 1350–1519, Teil-Bd. 3: Gebietsartikel, Einleitungsartikel und Indices, Tübingen 2003, S. 2165–2207.

Gutachten zum Antrag der Bundesrepublik Deutschland an die UNESCO auf Anerkennung von Rathaus und Roland in Bremen als Weltkulturerbe, in: Das Rathaus und der Roland auf dem Marktplatz zu Bremen. Ihre besondere Bedeutung im Vergleich zu anderen Rathäusern, Bremen 2003, S. 34–39; engl. Übersetzung: Expert Opinion on the Nomination Submitted by the Federal Republic of Germany to the UNESCO for Recognition of the Old Town Hall and Roland of Bremen as World Cultural Heritage, in: The Town Hall and Roland at the Marketplace of Bremen. Their Special Significance in Comparison to Other Town Halls, Bremen 2003, S. 53–59.

Hofordnungen als Zeugnisse des Rechtsdenkens, in: R. Butz, J. Hirschbiegel u. D. Willoweit (Hrsg.), Hof und Theorie. Annäherungen an ein historisches Phänomen (Norm und Struktur. Studien zum sozialen Wandel in Mittelalter und Früher Neuzeit, Bd. 22), Köln u. a. 2004, S. 165–178.

„Juden im Räderwerk des Rechts" – Methodische Probleme und inhaltliche Fragen (6. Arye Maimon-Vortrag an der Universität Trier, 13. November 2003), in: Recht – Gewalt – Erinnerung (Kleine Schriften des Arye Maimon-Instituts, Heft 6), Trier 2004, S. 45–61.

Unrechtsstaat, Rechtsstaat – eine richtige Alternative?, in: H. G. Hockerts (Hrsg.), Koordinaten deutscher Geschichte in der Epoche des Ost-West-Konflikts (Schriften des Historischen Kollegs, Kolloquien 55), München 2004, S. 245–259.

Das litauische Statut von 1529 vor dem Hintergrund der Gesetzgebung und Jurisprudenz seiner Epoche, in: Irena Valikonytė u. Lirija Steponavičienė (Hrsg.), Pirmasis lietuvos statutas ir epocha. Straipsnių rinkinys, 2005, S. 63–80 mit einer lit. Zusammenfassung v. Jolanta Karpavičienė: 1529 metų Lietuvos Statutas savo epochos įstatymų leidybos ir jurisprudencijos kontekste, S. 80–83. Ergänzter und korrigierter Neudr. in: Rechtskultur. Zs. f. Europ. Rechtsgesch. 6 (2017), S. 8–18.

Minderheitenrecht und nationale Autonomie, in: G. v. Pistohlkors u. M. Weber (Hrsg.), Staatliche Einheit und nationale Vielfalt im Baltikum. Festschrift für M. Garleff zum 65. Geburtstag (Schriften des Bundesinstituts für Kultur und Geschichte der Deutschen im östlichen Europa, Bd. 26), München 2005, S. 35–46.

Rechtsgrundlagen der weltlichen Herrschaft geistlicher Fürsten im Mittelalter, in: Annali dell'Istituto storico italo-germanico in Trento = Jahrbuch des italienisch deutschen historischen Instituts in Trient 30 (2004) 171–188, Bologna 2005.

Religionsrecht im Heiligen Römischen Reich zwischen Mittelalter und Aufklärung, in: C. A. Hoffmann, M. Johanns, A. Kranz, Ch. Trepesch u. O. Zeidler (Hrsg.), Als Frieden möglich war, 450 Jahre Augsburger Religionsfrieden, Regensburg 2005, S. 35–50.

Auf dem Wege zur bayerischen Nation. Chancen und Grenzen des bayerischen Königtums im 19. Jahrhundert, in: A. Schmid (Hrsg.), 1806. Bayern wird Königreich, München 2006, S. 210–228.

Das ius Europaeum commune als Element kultureller Einheit in Ostmitteleuropa, in: H.-W. Rautenberg (Hrsg.), Wanderungen und Kulturaustausch im östlichen Mitteleuropa. Forschungen zum ausgehenden Mittelalter und zur jüngeren Neuzeit (Völker, Staaten und Kulturen in Ostmitteleuropa, Bd. 1), München 2006, S. 259–271.

Das Reich als Rechtssystem, in: H. Schilling, W. Heun u. J. Götzmann (Hrsg.), Heiliges Römisches Reich deutscher Nation 962–1806. Altes Reich und neue Staaten 1495–1806. Essays (29. Ausstellung des Europarates in Magdeburg), Dresden 2006, S. 81–91.

Die Territorialisierung der Blutgerichtsbarkeit im späten Mittelalter, in: H.-P. Baum, R. Leng u. J. Schneider (Hrsg.), Wirtschaft – Gesellschaft – Mentalitäten im Mittelalter. Festschrift zum 75. Geburtstag von R. Sprandel, Stuttgart 2006, S. 247–270.

Innergesellschaftliche und hierarchisch begründete Rechtsbildung im Mittelalter – ein Kommentar, in: G. Dilcher u. E. M. Distler (Hrsg.), Leges – Gentes – Regna. Zur Rolle von germanischen Rechtsgewohnheiten und lateinischer Schriftkultur bei der Ausbildung der frühmittelalterlichen Rechtskultur, Berlin 2006, S. 561–568.

Livland, das Reich und das Rechtsdenken des Mittelalters, in: A. Fijal, H. J. Leuchte u. H.-J. Schiewer (Hrsg.), „juristen werden herren uf erden". Recht – Geschichte – Philologie. Kolloquium zum 60. Geb. von Friedrich Ebel, Göttingen 2006, S. 179–188.

Recht, Landesherrschaft und Obrigkeit in Altpreußen – Vom Ordensstaat zum Herzogtum, in: B. Jähnig u. J. Kloosterhuis (Hrsg.), Preußens erstes Provinzialarchiv. Zur Erinnerung an die Gründung des Staatsarchivs Königsberg vor 200 Jahren, Tagungsberichte der Historischen Kommission für ost- und westpreußische Landesforschung, Bd. 20), Marburg 2006, S. 11–26.

Verfassungspolitisches Denken im Vorfeld des Grundgesetzes – Deutsche Geschichtsbilder und Zukunftsvisionen zwischen 1945 und 1948, in: B.-R. Kern, E. Wadle, K.-P. Schroeder u. Ch. Katzenmeier (Hrsg.), Humaniora. Medizin – Recht – Geschichte. Festschrift für A. Laufs zum 70. Geburtstag, Berlin 2006, S. 459–478.

Zwischenherrschaftliche Beziehungen in der mittelalterlichen Welt. Umrisse eines neueren Forschungsansatzes, in: D. Willoweit u. H. Lemberg (Hrsg.), Reiche und Territorien in Ostmitteleuropa. Historische Beziehungen und politische Herrschaftslegitimation, München 2006, S. 275–284.

Juristische Literatur des 20. Jahrhunderts, in: D. Willoweit (Hrsg.), Rechtswissenschaft und Rechtsliteratur im 20. Jahrhundert, München 2007, S. 3–61.

Das Profil des Verlages C. H. Beck im 20. Jahrhundert, in: D. Willoweit (Hrsg.), Rechtswissenschaft und Rechtsliteratur im 20. Jahrhundert, München 2007, S. 63–85.

Rache und Strafe, Sühne und Kirchenbuße. Sanktionen für Unrecht an der Schwelle zur Neuzeit, in: E. Hilgendorf u. J. Weitzel (Hrsg.), Der Strafgedanke in seiner historischen Entwicklung. Ringvorlesung zur Strafrechtsgeschichte und Strafrechtsphilosophie, Berlin 2007, S. 37–58.

Stadtverweisungen als Zeugnisse städtischen Selbstverständnisses im Mittelalter?, in: K. U. Jaeschke u. Ch. Schrenk (Hrsg.), Was machte im Mittelalter zur Stadt? Selbstverständnis, Außensicht und 16 Erscheinungsbilder mittelalterlicher Städte, Heilbronn 2007, S. 271–283.

Amtleute und Diener in der spätmittelalterlichen Landesherrschaft, in: T. J. Chiusi, Th. Gergen u. H. Jung (Hrsg.), Das Recht und seine historischen Grundlagen. Festschrift für E. Wadle zum 70. Geburtstag, Berlin 2008, S. 1223–1237.

Besatzungsrecht und Kollaboration. Überlegungen zum Baltikum im Zweiten Weltkrieg, in: G. H. Gornig, B. Schöbener, W. Bausback u. T. H. Irmscher (Hrsg.), Iustitia et Pax. Gedächtnisschrift für Dieter Blumenwitz, Berlin 2008, S. 1183–1203.

Historische Varianten des positiven Rechts, oder: Hans Kelsens Reine Rechtslehre und die Rechtsgeschichte, in: P. Hanau, J. T. Thau und H. P. Westermann (Hrsg.), Gegen den Strich. Festschrift für K. Adomeit, Köln 2008, S. 855–864.

Verweigerte Toleranz und geheiligte Kriegsführung, in: K. Schreiner (Hrsg.) unter Mitarbeit von E. Müller-Luckner, Heilige Kriege. Religiöse Begründungen militärischer Gewaltanwendung. Judentum, Christentum und Islam im Vergleich (Schriften des Historischen Kollegs. Kolloquien Bd. 78), München 2008, S. 251–266.

Johann Georg von Lori (1723 – 1787). Aufbruch in die Welt des Wissens: die Anfänge der Bayerischen Akademie der Wissenschaften, in: D. Willoweit (Hrsg.) unter Mitarbeit von E. Latzin, Denker, Forscher und Entdecker. Eine Geschichte der Bayerischen Akademie der Wissenschaften in historischen Portraits, München 2009, S. 1–17.

Römisches Recht, Gewohnheitsrecht und Politik im Reich und in den Territorien (12.–15. Jahrhundert). Eine Skizze zur Verortung der Goldenen Bulle, in: U. Hohensee, M. Lawo, M. Lindner, M. Menzel u. O. B. Rader (Hrsg.), Die Goldene Bulle. Politik – Wahrnehmung – Rezeption, Bd. 1, Berlin 2009, S. 241–257.

Wissenschaft aus Wissensdurst – Die bayerische Akademie auf dem Weg in das Zeitalter der Wissenschaft, in: D. Willoweit (Hrsg.) unter Mitarbeit von T. Schönauer, Wissenswelten. Die Bayerische Akademie der Wissenschaften und die wissenschaftlichen Sammlungen Bayerns. Ausstellungen zum 250–jährigen Jubiläum der Bayerischen Akademie der Wissenschaften. Katalog, München 2009, S. 10–44.

Rat und Entscheidung in deutschen Monarchien des 17. und 18. Jahrhunderts, in: H. Dreier u. D. Willoweit (Hrsg.), Wissenschaft und Politik, Stuttgart 2010, S. 199–218.

Das Herrschaftsverständnis deutscher Fürsten im späten Mittelalter, in: G. Dilcher u. D. Quaglioni (Hrsg.), Gli inizi del diritto pubblico 3. Verso la costruzione del diritto pubblico tra medio evo e modernita / Die Anfänge des öffentlichen Rechts 3. Auf dem Wege zur Etablierung des öffentlichen Rechts zwischen Mittelalter und Moderne, Bologna u. Berlin 2011, S. 151–168.

Religion und Wissenschaft, in: E. Garhammer (Hrsg.), Theologie, wohin?, Würzburg 2011, S. 35–56.

Staatliche Souveränität und parlamentarisches Prinzip in der memelländischen Verfassungskrise von 1931/32, in: B. Jähnig (Hrsg.), Memel als Brücke zu den baltischen Ländern. Kulturgeschichte Klaipedas vom Mittelalter bis ins 20. Jahrhundert (Tagungsberichte der Historischen Kommission für ost- und westpreußische Landesforschung 26), Osnabrück 2011, S. 227–246.

Zur Grundlegung der Jurisprudenz an der Universität Dorpat durch Chr. Chr. Dabelow, in: U. Kronauer (Hrsg.), im Auftrag der Heidelberger Akademie der Wissenschaften, Aufklärer im Baltikum, Heidelberg 2011, S. 187–202.

Methodische Probleme des deutschen Fürstenrechts, in: E. Hilgendorf u. F. Eckert (Hrsg.), Subsidiarität – Sicherheit – Solidarität. Festgabe für F.-L. Knemeyer zum 75. Geburtstag, Würzburg 2012, S. 709–720.

Das Familienfideikommiss König Ludwigs I., in: A. Schmid u. H. Rumschöttel (Hrsg.) im Auftrag der Komm. für bayer. Landesgeschichte, Wittelsbacher-Studien. Festgabe für Herzog Franz von Bayern zum 80. Geburtstag, München 2013, S. 807–818.

Der „neue Naturalismus“ und das Recht, in: A. Kiehnle, B. Mertens u. G. Schiemann (Hrsg.), Festschrift für Jan Schröder zum 70. Geburtstag, Tübingen 2013, S. 799–807.

„Ungerechtes Recht“ oder „Grenzen des Rechts“? Ein Nachwort, in: U. Müßig (Hrsg.), Ungerechtes Recht, Tübingen 2013, S. 183–187.

Die Rechte des gemeinen Mannes. Fischerei und Waldnutzung im Entstehungsprozess der alteuropäischen Rechtsordnung, in: I. Czeguhn (Hrsg.), Recht im Wandel – Wandel des Rechts. Festschrift für J. Weitzel zum 70. Geburtstag, Köln u. a. 2014, S. 205–224.

Königtum im Deutschen Reich. Ludwig III. und das monarchische Staatsrecht, in: U. Leutheusser u. H. Rumschöttel (Hrsg.), König Ludwig III. und das Ende der Monarchie in Bayern, München 2014, S. 83–100.

Im Herbst des Mittelalters. Zur Rechts- und Herrschaftskrise des Deutschordensstaates im 15. Jahrhundert, in: F.-L. Knemeyer (Hrsg.), Pro universitate et ecclesia. Festgabe für D. Salch zum 75. Geburtstag, Würzburg 2015, S. 189–203.

Einführung: Rechtsprechung und Justizhoheit, in: V. F. Drecktrah u. D. Willoweit (Hrsg.), Rechtsprechung und Justizhoheit. Festschrift für G. Landwehr zum 80. Geburtstag von Kollegen und Doktoranden, Köln u. a. 2016, S. 11–19.

Selbständigkeit und Unabhängigkeit der Rechtsprechung im Alten Reich, in: Rechtsprechung und Justizhoheit, 2016, S. 177–196.

Mehrkonfessionalität. Der deutsche Weg zur Toleranz 1648 bis 1806, in: Wartburg-Stiftung Eisenach (Hrsg.), Luther und die Deutschen, Begleitband zur Nationalen Sonderausstellung auf der Wartburg 4. Mai – 5. November 2017, Petersberg 2017, S. 50–55.

Wege deutscher Rechtsgeschichte – Die Direktoren der germanistischen Abteilung des Instituts für geschichtliche Rechtswissenschaft von 1918 bis zum Ende des 20. Jahrhunderts, in: Ch. Baldus, Ch. Hattenhauer u. K.-P. Schroeder (Hrsg.), Geschichtliche Rechtswissenschaft. 100 Jahre Heidelberger Institut (1918–2018), Heidelberg 2018, S. 25–55.

Einführung, in: D. Willoweit (Hrsg.), Föderalismus in Deutschland. Zu seiner wechselvollen Geschichte vom ostfränkischen Königtum bis zur Bundesrepublik, Köln u. a. 2019, S. 17–26.

Die Bundesstaaten im Deutschen Reich. Kompetenzen und politische Realität, in: D. Willoweit (Hrsg.), Föderalismus in Deutschland. Zu seiner wechselvollen Geschichte vom ostfränkischen Königtum bis zur Bundesrepublik, Köln u. a. 2019, S. 313–335.

Recht im 18. Jahrhundert, in: R. Vollkommer (Hrsg.), 300 Jahre Fürstentum Liechtenstein, Vaduz 2019, S. 381–385.

Römische, fränkische und kirchenrechtliche Grundlagen und Regelungen der der Vogtei, in: K. Andermann u. E. Bünz (Hrsg.), Kirchenvogtei und adlige Herrschaftsbildung im europäischen Mittelalter (Vorträge und Forschungen des Konstanzer Arbeitskreises für mittelalterliche Geschichte, Bd. LXXXVI), Ostfildern 2019, S. 21–52.

Der Respekt des Richters vor dem Recht. Über den Schutz subjektiver Rechte in Vergangenheit und Gegenwart, in: A. Amend-Traut, J. Bongartz, A. Denzler, E. Franke u. St. A. Stodolkowitz (Hrsg.), Unter der Linde und vor dem Kaiser. Neue Perspektiven auf Gerichtsvielfalt und Gerichtslandschaften im Heiligen Römischen Reich, Köln u. a., 2020, S. 39–55.

Recht auf Vergeltung, in: C. Bertheau, W. Beulke, M. Jahn, A. Müller-Jacobsen u. Ch. Schmitt-Leonardy (Hrsg.), Festschrift für Alexander Maria Ignor zum 70. Geburtstag, Heidelberg 2023, S. 227–236.

IV. Aufsätze in Zeitschriften

Die Entstehung exemter Bistümer im deutschen Reichsverband unter rechtsvergleichender Berücksichtigung ausländischer Parallelen, in: ZRG KA 83 (1966), S. 176–298 (zugleich jur. Diss. Heidelberg 1966).

Die Verantwortlichkeit mehrerer Wasserbenutzer für Schadensfolgen gemäß § 22 des Wasserhaushaltsgesetzes, in: BB 1968, S. 855–859 (gemeinsam mit Wilhelm Tratz, Kitzingen).

Rechtsgeschäft und einverständliches Verhalten. Rechtsdogmatische Randbemerkungen zum Teerfarben-Beschluß des BGH vom 17.12.1970, in: NJW 1971, S. 2045–2050.

Dominium und Proprietas. Zur Entwicklung des Eigentumsbegriffs in der mittelalterlichen und neuzeitlichen Rechtswissenschaft, in: HJ 94 (1974), S. 131–156.

Einwendungen des Drittschuldners aus dem Sicherungsvertrag zwischen Zedent und Zessionar, in: NJW 1974, S. 974–978.

Deliktsrechtlicher Eigentumsschutz bei Vereitelung eines Grundstücksverkaufs?, in: NJW 1975, S. 1190–1193.

Geschichtlicher Wandel des Eigentumsbegriffs. Grund und Boden in der gegenwärtigen Politik, in: Die neue Ordnung 1976, S. 355–364.

Historische Grundlagen des Privatrechts, in: JuS 1977, S. 292–297, 429–433, 573–578.

Struktur und Funktion intermediärer Gewalten im ancien régime, in: Gesellschaftliche Strukturen als Verfassungsproblem (Der Staat, Beiheft 2), Berlin 1978, S. 9–27.

Gebot und Verbot im Spätmittelalter, Vornehmlich nach südhessischen und mainfränkischen Weistümern, in: Hess. Jb. f. LG 30 (1980), S. 94–130.

Die Entstehung der preußischen Fabrikengerichte im späten 18. Jahrhundert, in: ZNR 4 (1982), S. 1–25.

Über den preußischen Beitrag zur deutschen Staatsentwicklung. Zugleich ein Rückblick auf das „Preußen-Jahr" 1981, in: Saeculum XXXIII (1982), S. 347–358.

Ferdinand Elsener, in: ZRG KA 70 (1984), S. 451–455.

Schuldverhältnis und Gefälligkeit. Dogmatische Grundfragen, in: JuS 24 (1984), S. 909–916.

Die Kulmer Handfeste und das Herrschaftsverständnis der Stauferzeit, in: B. Jähnig u. P. Letkemann (Hrsg.), Beiträge zur Geschichte Westpreußens, Zs. d. Copernicus-Vereinigung zur Pflege der Heimatkunde und Geschichte Westpreußens 9 (1985), S. 5–24.

Die Rechtsprechung zum Gefälligkeitshandeln, in: JuS 26 (1986), S. 96–107.

Reichsreform als Verfassungskrise. Überlegungen zu H. Angermeier, Die Reichsreform 1410–1555, in: Der Staat 26 (1987), S. 270–278.

Das Versprechen – problemgeschichtliche Aspekte eines rechtsphänomenologischen Paradigmas, in: Perspektiven der Philosophie. Neues Jahrbuch 14 (1988) (= Agora. Zu Ehren von R. Berlinger) S. 307–328; gemeinsam mit Hildegard Willoweit.

Störungen sekundärer Vertragszwecke, in: JuS 28 (1988), S. 833–840.

Ist eine Verfassungsgeschichte der Weimarer Republik als Rechtsgeschichte möglich?, in: ZNR 12 (1990), S. 186–197.

Juristen für Europa, in: JZ 1990, S. 605–609 (gemeinsam mit Bernhard Großfeld).

Der neunte November, in: Hochschulkurier, hrsg. v. Präsidenten der Universität der Bundeswehr München, Sonderheft „9. November", o.J. (1991), S. 7–14.

Das schameitische Bistum Medininkai. Kirchenrechtsgeschichtliche Erträge einer Quellenedition, in: ZRG KA 109 (1992), S. 561–577.

Das völkische Recht und der SS–Staat. Die Reden des Hans Frank vom Sommer 1942, in: ZNR 16 (1994) S. 272–296.

Das Kruzifix als Rechtsproblem, in: Christ und Bildung 41 (1995), 308–310.

Juristische Argumentation in den Werken von Rechtskonsulenten mindermächtiger Stände, in: Blätter für deutsche Landesgeschichte 131 (1995), S. 189–202.

Freie Reichsstadt – freie Bürger? Aspekte der „deutschen Freiheit“ im Alten Reich, in: Bremisches Jahrbuch 76 (1997), S. 36–51.

Rudolf Stammlers Abhandlung „Recht und Willkür“ und ihre Konsequenzen für den Rechtsbegriff in: Perspektiven der Philosophie 23 (1997), S. 181–192.

Begriff und Wege verwaltungsgeschichtlicher Forschung, in: Landesgeschichte und Archive. Bayerns Verwaltung in historischer und archivwissenschaftlicher Forschung. Stand und Aufgaben. Wissenschaftliches Kolloquium am 24./25. Juli 1997 anläßlich der Verabschiedung des Generaldirektors der Staatlichen Archive Prof. Dr. Walter Jaroschka, in: ZBLG 61/1 (1998), S. 5–15.

Memel – Klaipeda im historischen Bewußtsein der Deutschen und Litauer. Vortrag im Rahmen einer Veranstaltung der „Stiftung ostdeutscher Kulturrat“ in Vilnius am 18.9.1998, in: Annaberger Annalen 6 (1998), S. 187–196.

Die Lehnsnachfolge der per subsequens matrimonium Legitimierten als methodisches Problem des Usus modernus, in: C. Schott (Hrsg.), Juristische Methodenlehre zwischen Humanismus und Naturrecht. Beiträge zu einem Symposium vom 19.–22. November 1997 im Centro Stefano Franscini, Monte Verità/Ascona (Schweiz), ZNR 21/1 (1999), S. 115–135.

Fürst und Fürstentum in Quellen der Stauferzeit, in: Rheinische Vierteljahrsblätter 63 (1999), S. 7–25.

Verfassungsgeschichtliche Aspekte des Judenschutzes im späten Mittelalter, in: Aschkenas. Zeitschrift für Geschichte und Kultur der Juden 9 (1999), S. 9–30.

Strafen oder Sühnen? Abschied vom Klischee der mittelalterlichen Blutjustiz in: forschung. Mitteilungen der DFG 2/2000, S. 16–19.

Geschichte als Herausforderung der Jurisprudenz, in: Akademie-Journal. Magazin der Union der deutschen Akademien der Wissenschaften 2/2002, S. 49–52.

Rechtsanwendung durch Historiker? Thesen zum normativen Denken in den historischen Wissenschaften, in: Historisches Jahrbuch 122 (2002), S. 347–353.

Der Bischof und die Stadt Würzburg im Mittelalter. Rechtsverständnis und Konflikte, in: Würzburger Diözesangeschichtsblätter 67 (2005), S. 13–24.

Horst Fuhrmann zum 80. Geburtstag. Auszug aus der Begrüßungsansprache zur Feier des früheren Präsidenten am 5. Juli 2006 in der Carl Friedrich von Siemens – Stiftung, in: Akademie aktuell 2006, Heft 4, S. 40–41.

Okupatsiooniõigus ja kollaboratsioon, in: Ajalooline Ajakiri. The Estonian Historical Journal 2007, 2 (120), S. 135–162.

Dieter Medicus zum 80. Geburtstag, in: Akademie aktuell 3 (2009), S. 54–55.

Entdogmatisierung der mittelalterlichen Strafrechtsgeschichte, in: Rechtsgeschichte. Zeitschrift des Max-Planck-Instituts für europäische Rechtsgeschichte 14 (2009), S. 14–39.

Der richtige Kern der Lehre vom richtigen Recht, in: Juristenzeitung 2010, S. 373–379.

Landesstaatsrecht als Herrschaftsverfassung des 18. Jahrhunderts, in: Rechtsgeschichte. Zeitschrift des Max-Planck-Instituts für europäische Rechtsgeschichte 19 (2011), S. 333–352.

Herrschaftsdenken vor dem Zeitalter der Souveränität. Zur Staatstheorie des Wilhelm von Ockham, in: Der Staat 51 (2012), S. 446–460.

Recht und Willkür. Rechtsgeschichtliche Annäherungen an den Begriff des Rechts, in: Rechtstheorie 43 (2012), S. 143–158.

Die Sakralisierung des Rechts, in: Juristenzeitung 2013, S. 157–163.

König Ludwig III. und die ottonische Erbschaft, in: ZbLG 76 (2013), S. 787–808.

Personale und normative Elemente der Rechtsbegründung. Kelsens Kritik des Subjektiven Rechts und die Rechtslogik Gerhart Husserls, in: Perspektiven der Philosophie 40 (2014), S. 79–100.

Die Wiederkehr der privatrechtlichen Rechtstheorie (Zugleich Besprechung von Florian Rödl, Gerechtigkeit unter freien Gleichen, 2015), in: Rechtstheorie 47 (2016), S. 319–327.

Rechtsprechung und Staatsverfassung. Zur Geschichte und Gegenwart einer ambivalenten Beziehung, in: Juristenzeitung 2016, S. 429–434.

Verbrechen und Verfestung im Spiegel der Kulmer Gerichtsbücher, in: ZRG GA 133 (2016), S. 488–498.

Klaus Adomeit zum Gedenken, in: Rechtstheorie 50 (2019), S. 249–255.

Policeyliche Praxis im Königreich Bayern. Von der obrigkeitlichen Policey zur sozialstaatlichen Intervention, in: ZNR 2020, S. 45–60.

Die litauische Unabhängigkeitserklärung vom 16. Februar 1918 im Schatten deutscher Zukunftsvisionen, in: Annaberger Annalen über Litauen und deutsch-litauische Beziehungen 28 (2020), S. 39–59.

Rechtsgeschichtliche Botschaften aus der Frühgeschichte der Menschheit, in: ZRG GA 138 (2021), S. 226–237.

V. Artikel in Lexika

Handwörterbuch zur Deutschen Rechtsgeschichte, 1. Aufl. hrsg. v. A. Erler u. E. Kaufmann, 1971–1998

– Freigrafschaft, Bd. I, Sp. 1225–1227.
– Graf, Grafschaft (erster Teil), Bd. I, Sp. 1775–1785.
– Immunität, Bd. II, Sp. 312–330.
– Kammergut, Bd. II, Sp. 584–586.
– Kloster, Bd. II, Sp. 879–890.

- Kondominat, Bd. II, Sp. 997–999.
- Königsschutz, Bd. II, Sp. 1058–1060.
- Landesobrigkeit, Bd. II, Sp. 1404–1405.
- Landessteuer, Bd. II, Sp. 1412–1415.
- Landesteilung, Bd. II, Sp. 1415–1419.
- Landsassen, Bd. II, Sp. 1547–155o.
- Majestas, Bd. III, Sp. 173–179.
- Matrikel, Bd. III, Sp. 389–391.
- Mediatisierung, Bd. III, Sp. 412–413.
- Muntat, Bd. III, Sp. 761–762.
- Nettelbladt, Daniel, Bd. III, Sp. 951–952.
- Niedere Vogtei, Bd. III, Sp. 981–982.
- Obrigkeit, Bd. III, Sp. 1171–1174.
- Patrimonialstaat, Bd. III, Sp. 1549–1551.
- Privatfürstenrecht, Bd. III, Sp. 1966–1970.
- Proprietas, Bd. III, Sp. 2035–2036.
- Pütter, Bd. IV, Sp. 114–117.
- Pufendorf, Bd. IV, Sp. 105–109.
- Reichskirche, Bd. IV, Sp. 667–679.
- Reichsunmittelbarkeit, Bd. IV, Sp. 799–801.
- Schutz und Schirm, Bd. IV, Sp. 1528–1529.
- Staat, Bd. IV, Sp. 1792–1797.
- Standesherren, Bd. IV, Sp. 1917–1919.
- Territorialstaat, Bd. V, Sp. 146–149.
- Territorium, Bd. V, Sp. 149–151.
- Unteilbarkeit der Fürstentümer, Bd. V, Sp. 509–512.
- Verwaltung I: Reich und Territorien, Bd. V, Sp. 864–871.
- Vertragsstrafe, Bd. V, Sp. 858–860 (gemeinsam mit Steffen Schlinker)
- Viztum, Bd. V, Sp. 929–930.
- Vogt, Vogtei, Bd. V, Sp. 932–946.
- Wormser Konkordat, Bd. V, Sp. 1528–1530.

Handwörterbuch zur Deutschen Rechtsgeschichte, 2. Aufl. hrsg. v. Albrecht Cordes, Heiner Lück u. Dieter Werkmüller, ab Bd. III. auch v. Hans-Peter Haverkamp, ab Bd. IV, auch v. Bernd Kannowski und Heinrich de Wall, unter phil. Mitarbeit v. Ruth Schmidt-Wiegand, ab Bd. II. v. Christa Bertelsmeier-Kierst, 2008 ff.
- Ballei, Bd. I, Sp. 412–413.
- Baltische Länder, Bd. I, Sp. 414–419 (mit Hermann Blaese).
- Bundesrepublik Deutschland, Bd. I, Sp. 718–731.
- Freigrafschaft, Bd. I, Sp. 1741–1744.
- Gebot und Verbot, Bd. I, Sp. 1969–1971.
- Herrschaft, Bd. II, Sp. 975–980.
- Immunität, Bd. II, Sp.1180–1192.

– Kammergut, Bd. II, Sp. 1560–1561.
– Kloster, Bd. II, Sp. 1897–1904.
– Kondominat, Bd. II, Sp. 2012–2014.
– Königsschutz, Bd. II, Sp. 74–76.
– Landesherr, Landesherrschaft, Bd. III, Sp. 279–284.
– Landessteuer, Bd. III, Sp. 317–319.
– Landesteilungen, Bd. III, Sp. 323–327.
– Landsassen, Bd. III, Sp. 571–573.
– Maiestas, Bd. III, Sp. 1167–1171.
– Matrikel, Bd. III, Sp. 1367–1369.
– Mediatisierung, Bd. III, Sp. 1394–1398.
– Muntat, Bd. III, Sp. 1689–1691.
– Nettelbladt, Daniel, Bd. III, Sp. 1883–1884.
– Obrigkeit, Bd. IV, Sp. 76–78.
– Privatfürstenrecht, Bd. IV, Sp. 791–794.
– Recht, Bd. IV, Sp. 1079–1084.
– Schutz und Schirm, Bd. V (mit Steffen Schlinker)
– Staat, Bd. V (mit Steffen Schlinker)
– Standesherren, Bd. V (mit Steffen Schlinker)
– Territorium, Bd. V (mit Steffen Schlinker)
– Verwaltung, Bd. V (mit Steffen Schlinker)
– Vitzthum, Bd. V (mit Steffen Schlinker)

Lexikon des Mittelalters, hrsg. v. Robert Auty (Bd. I), Robert-Henri Bautier (Bd. II–V), Norbert Angermann (Bd. VI–IX), München 1980–1999, Bd. III (1986), Bd. IV (1989), Bd. V (1991), Bd. VII (1995).
– Dominium, Bd. III, 1986, Sp. 1223–1224.
– Erbämter, Bd. III, 1986, Sp. 2101.
– Herr, Herrschaft, Bd. IV, 1989, Sp. 2176–2179.
– Kulmer Handfeste, Bd. V, 1991, Sp. 1564–1565.
– Raub, Bd. VII, 1995, Sp. 469–470.

Staatslexikon, hrsg. v. d. der Görresgesellschaft, 7. Aufl., Freiburg i. Brsg. 1989
– Verfassungsgeschichte, Bd. V, Sp. 648–652.

Ergänzbares Lexikon des Rechts (LdR), hrsg. v. Luchterhand Verlag
– Landeshoheit 48 (1990) 1/850.

Neue Deutsche Biographie (NDB), Bd. 1–28, Berlin 1953–2024
– Ernst Mayer, Bd. 16, 1991, S. 537–538.
– Rudolf Stammler, Bd. 25, 2013, S. 49–50.

Lexikon f. Theologie u. Kirche, begr. v. M. Buchberger, 3. Aufl. hrsg. v. W. Kasper u. a., Freiburg im Breisgau 1993 ff.
- Gottesgnadentum, Bd. 4, 1995, Sp. 917–919 (gemeinsam mit St. Schlinker).
- Territorialsystem, Bd. 9, 2000, Sp. 1341–1342.

VI. Rezensionen

Rehfeldt-Rehbinder, Einführung in die Rechtswissenschaft, 3. Aufl. 1973, in: JA 1974, S. 139–140.

Gerhard Pfeiffer, Quellen zur Geschichte der fränkisch-bayerischen Landfriedensorganisation im Spätmittelalter, 1975; Winfried Leist, Landesherr und Landfrieden in Thüringen im Spätmittelalter 1247–1349, 1975, in: ZRG GA 94 (1977), S. 291–299.

Wolfgang Podehl, Burg und Herrschaft in der Mark Brandenburg, 1975, in: ZRG GA 94 (1977), S. 285–289.

Heinrich Mitteis u. Heinz Lieberich, Deutsche Rechtsgeschichte, 14. Aufl. 1976, in: NJW 1977, S. 566–567.

Helmut Rankl, Staatshaushalt, Stände und „gemeiner Nutzen" in Bayern 1500–1516, 1976, in: ZRG GA 95 (1978), S. 341–343.

Peter Schwerdtner, Das Persönlichkeitsrecht in der deutschen Zivilrechtsordnung, 1977, in: FamRZ 1978, S. 373–374.

Wolfram Ehlers, Der Geldersatz für immaterielle Schäden bei deliktischer Verletzung des allgemeinen Persönlichkeitsrechts, 1977, in: FamRZ 1978, S. 452.

Günter Buchstab, Reichsstädte, Städtekurie und Westfälischer Friedenskongreß, 1976, in: ZRG GA 96 (1979), S. 330–331.

Herfried Stingl, Die Entstehung der deutschen Stammesherzogtümer, 1974, in: ZRG GA 96 (1979), S. 277–278.

Eckhardt Pick, Mainzer Reichsstaatsrecht, 1977, in: ZHF 7 (1980), S. 376–378.

Hans Erich Feine, Territorium und Gericht, 1978, in: ZRG GA 97 (1980), S. 383.

Reiner Schulze, Die Polizeigesetzgebung zur Wirtschafts- und Arbeitsordnung der Mark Brandenburg in der frühen Neuzeit, 1978, in: Der Staat 19 (1980), S. 469–474

Robert Pohlhausen, Zum Recht der allgemeinen Geschäftsbedingungen, 1978, in: ZNR 2 (1980), S. 106–108.

Ulrich Weiss, Die Gerichtsverfassung in Oberhessen, 1978, in: ZRG GA 97 (1980), S. 383–385.

Volker Sellin, Die Finanzpolitik Karl Ludwigs von der Pfalz, 1978, in: Die Verwaltung 13 (1980), S. 398–399.

Hans Hattenhauer, Die geistesgeschichtlichen Grundlagen des deutschen Rechts, 2. Aufl. 1980, in: NJW 1981, S. 1496.

Heinz Schilling, Konfessionskonflikt und Staatsbildung, 1981, in: ZNR 3 (1981), S. 222–223.

Karl-Heinz Spieß, Lehnsrecht, Lehnspolitik und Lehnsverwaltung der Pfalzgrafen bei Rhein im Spätmittelalter, 1978, in: ZHF 8 (1981), S. 341–343.

Kurt Seelmann, Die Lehre des Fernando Vazquez de Menchaca vom Dominium, 1979, in: ZNR 3 (1981), S. 74–76.

Maximilian Lanzinner, Fürst, Räte und Landstände (Bayern), 1980, in: ZNR 3 (1981), S. 71–72.

Michael Stolleis, Arcana imperii und Ratio status, 1980, in: ZNR 3 (1981), S. 221–222.

Jürgen Petersohn, Der südliche Ostseeraum im kirchlich-politischen Kräftespiel des Reichs, Polens und Dänemarks vom 10. bis 13. Jahrhundert, 1979, in: ZRG KA 68 (1982), S. 499–502.

Peter Blickle, Aufruhr und Empörung?, 1980; ders., Deutsche Untertanen. Ein Widerspruch, 1981; Winfried Schulze, Bäuerlicher Widerstand und feudale Herrschaft in der frühen Neuzeit, 1980, in: ZNR 4 (1982), S. 197–200.

Wolfgang Sellert, Die Ordnungen des Reichshofrates 1550–1766, Bd. 1, 1980, in: ZNR 4 (1982), S. 196–197.

Klaus Eiler, Stadtfreiheit und Landesherrschaft in Koblenz, 1980, in: ZRG GA 100 (1983), S. 331–332.

Pankraz Fried (Hrsg.), Probleme und Methoden der Landesgeschichte, 1978, in: ZRG GA 100 (1983), S. 313–314.

Sinowi Michailowitsch Tschernilowski, Allgemeine Staats- und Rechtsgeschichte. Von der Entstehung des Staates bis zum Kapitalismus, 1980, in: Der Staat 22 (1983), S. 621–624.

Adriano Cavanna, Storia del diritto moderno in Europa, vol. 1: Le fonti e il pensiero giuridico, 1979, in: Die Verwaltung 1984, S. 258–259.

Günter Birtsch (Hrsg.), Grund- und Freiheitsrechte im Wandel von Gesellschaft und Geschichte, 1981, in: ZNR 6 (1984), S. 81–83.

Ulrich Eisenhardt (Hrsg.), Die kaiserlichen Privilegia de non appellando, 1980, in: ZHF 11 (1984), S. 97–98.

Wilhelm Güde, Die rechtliche Stellung der Juden in den Schriften deutscher Juristen des 16. und 17. Jahrhunderts, 1981, in: ZNR 6 (1984), S. 97–98.

Winfried Schulze (Hrsg.), Aufstände, Revolten, Prozesse. Beiträge zu bäuerlichen Widerstandsbewegungen im frühneuzeitlichen Europa, 1983, in: ZNR 6 (1984), S. 182–184.

Helmut Coing (Hrsg.), Handbuch der Quellen und Literatur der neueren europäischen Privatrechtsgeschichte, Bd.e II, II/1, II/2, 1977/76, in: ZNR 7 (1985), S. 235–237.

Historischer Atlas von Bayerisch-Schwaben, 1. Lfg., 2. Aufl. 1982, in: ZRG GA 102 (1985), S. 517–518.

Ingrid Mittenzwei u. Karl-Heinz Noack (Hrsg.), Preußen in der deutschen Geschichte vor 1789, 1983, in: HZ 241 (1985), S. 699–701.

Karl S. Bader, Ausgewählte Schriften zur Rechts- und Landesgeschichte, 3 Bde, 1983/84, in: VSWG 72 (1985), S. 256–257.

Klaus Gerteis, Bürgerliche Absolutismuskritik im Südwesten des Alten Reiches vor der Französischen Revolution, 1983, in: ZNR 7 (1985), S. 248–250.

Georg Schmidt, Der Städtetag in der Reichsverfassung. Eine Untersuchung zur korporativen Politik der Freien und Reichsstädte in der ersten Hälfte des 16. Jahrhunderts, 1984, in: Tijdschrift voor Geschiedenis 99 (1986), S. 83–84.

Johannes Kunisch (Hrsg.), Der dynastische Fürstenstaat. Zur Bedeutung von Sukzessionsordnungen für die Entstehung des frühmodernen Staats, 1982, in: ZHF 13 (1986), S. 87–89.

John Bossy (Ed.), Disputes and Settlements. Law and Human Relations in the West, 1983, in: VSWG 73 (1986), S. 449–451.

Albrecht P. Luttenberger, Glaubenseinheit und Reichsfriede. Konzeptionen und Wege konfessionsneutraler Reichspolitik (1530–1552) (Kurpfalz, Jülich, Kurbrandenburg), 1982, in: ZNR 9 (1987), S. 98–99.

Angela Stirken, Der Herr und der Diener. Friedrich Carl von Moser und das Beamtenwesen seiner Zeit, 1984, in: ZNR 9 (1987), S. 103.

Berthold Jäger, Das geistliche Fürstentum Fulda in der frühen Neuzeit: Landesherrschaft, Landstände und fürstliche Verwaltung, 1986, in: ZNR 9 (1987), S. 210–211.

Gerhard Wesenberg u. Gunter Wesener, Neuere deutsche Privatrechtsgeschichte im Rahmen der europäischen Rechtsentwicklung, 4. Aufl. 1985, in: JZ 42 (1987), S. 403–404.

Helmut Coing, Europäisches Privatrecht, Bd. 1: Älteres gemeines Recht (1500 bis 1800), 1985, in: HZ 245 (1987), S. 712–714.

László Sólyom, Die Persönlichkeitsrechte. Eine vergleichend-historische Studie über ihre Grundlagen, 1984, in: JZ 42 (1987), S. 190.

Peter Preu, Polizeibegriff und Staatszwecklehre. Die Entwicklung des Polizeibegriffs durch die Rechts- und Staatswissenschaften des 18. Jh., 1983, in: Die Verwaltung 20 (1987), S. 395–398.

Gabriele Schlütter-Schindler, Der Schmalkaldische Bund und das Problem der causa religionis, 1986, in: ZNR 10 (1988), S. 53.

Günther Dickel, Das kaiserliche Reservatrecht der Panisbriefe auf Laienherrenpfründen, 1985, in: ZNR 10 (1988), S. 207.

Hartmut Bauer, Geschichtliche Grundlagen der Lehre vom subjektiven öffentlichen Recht, 1986, in: Die Verwaltung 21 (1988), S. 403.

Heinrich Lutz u. Alfred Kohler (Hrsg.), Aus der Arbeit an den Reichstagen unter Kaiser Karl V., 1986, in: ZNR 10 (1988), S. 48.

Helmut Quaritsch, Souveränität. Entstehung und Entwicklung des Begriffs in Frankreich und Deutschland vom 13. Jh. bis 1806, 1986, in: DÖV 41 (1988), S. 800–801.

Gerald Strauss, Law, Resistance and the State: The Opposition to Roman Law in Reformation Germany, 1986, in: Bulletin of the German Historical Institute 11/2 (1989), S. 3–5.

Johannes Kunisch in Zusammenarbeit mit Barbara Stollberg-Rilinger (Hrsg.), Staatsverfassung und Heeresverfassung in der europäischen Geschichte der frühen Neuzeit, 1986, in: ZNR 11 (1989), S. 203–205.

Kurt Hock, Die Gesetzgebung des Rates der Volksbeauftragten, 1987, in: ZNR 11 (1989), S. 120–121.

Otto Kimminich, Deutsche Verfassungsgeschichte, 2. Aufl. 1987, in: DÖV 42 (1989), S. 647–648.

Frantisek Graus (Hrsg.), Mentalitäten im Mittelalter, 1987, in: ZRG GA 107 (1990), S. 480–484.

Friedrich Ebel u. Albrecht Randelzhofer (Hrsg.), Rechtsentwicklungen in Berlin. Acht Vorträge, gehalten anläßlich der 750–Jahrfeier Berlins, 1988, in: ZRG GA 107 (1990), S. 632–635.

Gerhard Köbler, Bilder aus der deutschen Rechtsgeschichte. Von den Anfängen bis zur Gegenwart, 1988, in: NJW 1990, S. 968.

Inge Gampl, Staat-Kirche-Individuum in der Rechtsgeschichte Österreichs zwischen Reformation und Revolution, 1984, in: ZNR 12 (1990), S. 212–213.

Michael Stolleis, Geschichte des öffentlichen Rechts in Deutschland. 1. Bd.: 1600– 1800, 1988, in: HZ 250 (1990), S. 711–712.

Helmut Coing, Europäisches Privatrecht. Bd. 2: 19. Jahrhundert. Überblick über die Entwicklung des Privatrechts in den ehemals gemeinrechtlichen Ländern, 1989, in: HZ 253 (1991), S. 467–469.

Peter-Michael Hahn, Die Gerichtspraxis der altständischen Gesellschaft im Zeitalter des „Absolutismus". Die Gutachtertätigkeit der Helmstedter Juristenfakultät für die brandenburgisch-preußischen Territorien 1675–1710, 1989, in: ZHF 18 (1991), S. 120–122.

Heiner Timmermann (Hrsg.), Die Bildung des frühmodernen Staates, Stände und Konfessionen, 1989, in: ZBLG 54 (1992), S. 775–778.

Heinz Duchhardt, Deutsche Verfassungsgeschichte 1495–1806, 1991, in: Das Historisch-Politische Buch 40 (1992), S. 509 Nr. 968.

Herbert Grziwotz, Der moderne Verfassungsbegriff und die „Römische Verfassung" in der deutschen Forschung des 19. und 20. Jahrhunderts, 1986, in: ZRG RA 109 (1992), S. 693–696.

Siegfried Frey, Das württembergische Hofgericht (1460–1618), 1989 in: ZHF 19 (1992), S. 364–366.

Wilhelm Brauneder u. Friedrich Lachmayer, Österreichische Verfassungsgeschichte, 5. Aufl. 1989, in: Zeitschrift für Rechtsvergleichung, Internationales Privatrecht und Europarecht (ZfRV) 33 (1992), S. 317–318.

Gilbert-Hanno Gornig, Das Memelland – gestern und heute, 1991, in: Beiträge zur Geschichte Westpreußens 13 (1993), S. 204–207.

Klaus Lohrmann, Judenrecht und Judenpolitik im mittelalterlichen Österreich, 1990, in: Aschkenas. Zeitschrift für Geschichte und Kultur der Juden 1993, S. 327–330.

Damian Hecker, Eigentum als Sachherrschaft. Zur Genese und Kritik eines besonderen Herrschaftsanspruchs, 1991, in: ZNR 16 (1994), S. 409–411.

Günter Birtsch (Hrsg.), Grund- und Freiheitsrechte von der ständischen zur spät bürgerlichen Gesellschaft, 1987, in: ZNR 16 (1994), S. 127–129.

Günther Birtsch, Michael Trauth u. Immo Meenken (Hrsg.), Grundfreiheiten, Menschenrechte 1500–1850. Eine internationale Bibliographie, 2 Bde., 1991, in: HZ 21 (1994), S. 540–542.

Johannes Arndt, Das niederrheinisch-westfälische Reichsgrafenkollegium und seine Mitglieder (1653–1806), 1991; Ernst Böhme, Das fränkische Reichsgrafenkollegium im 16. und 17. Jahrhundert, 1989; Georg Schmidt, Der Wetterauer Grafenverein. Organisation und Politik einer Reichskorporation zwischen Reformation und Westfälischem Frieden, 1989, in: ZNR 16 (1994), S. 150–153.

Lothar Gruchmann, Justiz im Dritten Reich 1933–1940. Anpassung und Unterwerfung in der Ära Gürtner, 2. Aufl. 1990, in: Die Verwaltung 27 (1994), S. 128–129.

Manfred Schulze, Fürsten und Reformation. Geistliche Reformpolitik weltlicher Fürsten vor der Reformation, 1991, in: ZNR 16 (1994), S. 404–405.

Mark Greengrass (Ed.), Conquest and Coalescence. The Shaping of the State in Early Modern Europe, 1991, in: HZ 258 (1994), S. 789–790.

Dieter Stievermann, Landesherrschaft und Klosterwesen im spätmittelalterlichen Württemberg, 1989, in: ZRG KA 81 (1995), S. 475–478.

Horst Dreitzel, Monarchiebegriffe in der Fürstengesellschaft. Semantik und Theorie der Einherrschaft in Deutschland von Reformation bis zum Vormärz, 2 Bde., 1991, in: HZ 260 (1995), S. 875–876.

Peter Erlen, Europäischer Landesausbau und mittelalterliche deutsche Ostsiedlung. Ein struktureller Vergleich zwischen Südwestfrankreich, den Niederlanden und dem Ordensland Preußen, 1992, in: Ius commune XX (1995), S. 372–373.

Wilhelm Brauneder (Hrsg.), Grundlagen transatlantischer Rechtsbeziehungen im 18. und 19. Jahrhundert, 1991, in: Zeitschrift für Rechtsvergleichung 36 (1995), S. 170–171.

Andreas Anter, Max Webers Theorie des modernen Staates. Herkunft, Struktur und Bedeutung, 1995, in: ZNR 18 (1996), S. 333–335.

D. Merten u. W. Schreckenberger (Hrsg.), Kodifikation gestern und heute. Zum 200. Geburtstag des Allgemeinen Landrechts für die Preußischen Staaten. Vorträge und Diskussionsbeiträge der 62. Staatswissenschaftlichen Fortbildungstagung 1994 der Hochschule für Verwaltungswissenschaften Speyer (Schriftenreihe der Hochschule Speyer, Bd. 119), 1995, in: Das Historisch-Politische Buch (1996), S. 290–291.

Frank Rexroth, Deutsche Universitätsstiftungen von Prag bis Köln. Die Intentionen des Stifters und die Wege und Chancen ihrer Verwirklichung im spätmittelalterlichen deutschen Territorialstaat, 1992 in: ZRG GA 113 (1996), S. 561–563.

Thomas Behme, Samuel von Pufendorf: Naturrecht und Staat. Eine Analyse und Interpretation seiner Theorie, ihrer Grundlagen und Probleme, 1995, in: Das Historisch-Politische Buch 44 (1996), S. 287.

Gunther Mai, Der Alliierte Kontrollrat in Deutschland 1945–1948. Alliierte Einheit – deutsche Teilung?, 1995, in: ZNR 19 (1997), S. 346–348.

Heinz Mohnhaupt u. Dieter Grimm, Verfassung. Zur Geschichte des Begriffs von der Antike bis zur Gegenwart. Zwei Studien (= Schriften zur Verfassungsgeschichte, Bd. 47), 1995, in: Archiv für öffentliches Recht 122 (1997), S. 662–663.

Ulrich Karpen u. Andreas Schott (Hrsg.), Der Kreisauer Kreis. Zu den verfassungspolitischen Vorstellungen von Männern des Widerstandes um Helmuth James Graf von Moltke, 1996, in: ZNR 19 (1997), S. 169.

Janet Coleman (Ed.), The Individual in Political Theory and Practice, 1996, in: HZ 266 (1998), S. 127–129.

Marco Cavina: Imperator Romanorum triplici corona coronatur. Studi sull' incor onazione imperiale nella scienza giuridica italiana fra Tre e Cinquecento (= Pubblicazioni della Facoltà di Giurisprudenza, Dipartimento di Scienze Giuridiche, Università di Modena, Nuova serie 17), 1991, in: ZRG GA 115 (1998), S. 664–665.

Nicolai Hammersen, Politisches Denken im deutschen Widerstand. Ein Beitrag zur Wirkungsgeschichte neokonservativer Ideologie 1914–1944, 1993, in: ZNR 20 (1998), S. 158–160.

Oliver Lepsius, Die gegensatzaufhebende Begriffsbildung. Methodenentwicklungen in der Weimarer Republik und ihr Verhältnis zur Ideologisierung der Rechtswissenschaft im Nationalsozialismus (= Münchener Universitätsschriften, Reihe der Jurist. Fakultät, Bd. 100), 1994, in: Historisches Jahrbuch 118 (1998), S. 412–414.

Rudolf Hoke u. Ilse Reiter (Hrsg.), Quellensammlung zur Österreichischen und Deutschen Rechtsgeschichte vornehmlich für den Studiengebrauch, 1993, in: ZHF 25 (1998), S. 422.

Gerhard Schuck, Rheinbundpatriotismus und politische Öffentlichkeit zwischen Aufklärung und Frühliberalismus. Kontinuitätsdenken und Diskontinuitätserfahrung in den Staatsrechts- und Verfassungsdebatten der Rheinbundpublizistik (= Frankfurter Historische Abhandlungen, Bd. 36), 1994, in: ZNR 21 (1999), S. 259–261.

Klaus Arnold, Mittelalterliche Volksbewegungen für den Frieden (Beiträge zur Friedensethik, Heft 23), 1996, in: ZBLG 62 (1999), S. 305.

Wendemarken in der deutschen Verfassungsgeschichte. Tagung der Vereinigung für Verfassungsgeschichte in Hofgeismar vom 11.3.–13.3.1991, Redaktion Reinhard Mußgnug, 1993 in: ZHF 26 (1999), S. 111–112.

Ernst Schubert, Fürstliche Herrschaft und Territorium im späten Mittelalter (= Enzyklopädie deutscher Geschichte, Bd. 35), 1996, in: ZHF 27 (2000), S. 105–106.

Erwin Riedenauer (Hrsg.), Landeshoheit. Beiträge zur Entstehung, Ausformung und Typologie eines Verfassungselements des römisch-deutschen Reiches (Studien zur bayerischen Verfassungs- und Sozialgeschichte, 16), 1994, in: ZHF 27 (2000), S. 288–289.

Karla Sichelschmidt, Recht aus christlicher Liebe oder obrigkeitlicher Gesetzesbefehl? Juristische Untersuchungen zu den evangelischen Kirchenordnungen des 16. Jahrhunderts (= Jus ecclesiasticum, Bd. 49), 1995, in: ZNR 22 (2000), S. 284.

Thomas Simon, Grundherrschaft und Vogtei. Eine Strukturanalyse spätmittelalterlicher und frühneuzeitlicher Herrschaftsbildung (= Ius Commune, Sonderhefte 77), 1995, in: ZNR 22 (2000), S. 279–283.

Andreas Blauert, Das Urfehdewesen im Südwesten Deutschlands im Spätmittelalter und in der Frühen Neuzeit (Frühneuzeit-Forschungen, Bd. 7), Epfendorf 2000, in: Das Historisch-Politische Buch 49 (2001), S. 310.

Hans Fenske, Der moderne Verfassungsstaat. Eine vergleichende Geschichte von der Entstehung bis zum 20. Jahrhundert, Paderborn-München-Wien-Zürich 2001, in: Società e Storia.

Manfred Friedrich, Geschichte der deutschen Staatsrechtswissenschaft (Schriften zur Verfassungsgeschichte. 50), 1997, in: ZBLG 64 (2001), S. 783–785.

Thomas Hubertus Link, Die Reichspolitik des Hochstifts Würzburg und ihr Verhältnis zur Rechtswissenschaft am Ende des Alten Reiches (Europäische Hochschulschriften, Reihe 3: Geschichte und ihre Hilfswissenschaften, Bd. 603), 1995, in: ZHF 28 (2001), S. 158–160.

Volker Press (Hrsg.), Dieter Stievermann (Bearb.), Alternativen zur Reichsverfassung in der Frühen Neuzeit?, München 1995, in: ZHF 28 (2001), S. 137–139.

Wolfgang E. J. Weber (Hrsg.), Der Fürst. Ideen und Wirklichkeiten in der europäischen Geschichte, 1998, in: ZRG GA 118 (2001), S. 462–465.

Elisabeth Berger (Hrsg.), Eine Zivilrechtsordnung für Liechtenstein. Die Entwürfe des Landvogts Joseph Schuppler (= Rechts- und Sozialwissenschaftliche Reihe, Bd. 22) Frankfurt am Main/Berlin/Bern/New York/Paris/Wien, 1999, in: Österr. Juristen-Zeitung 57 (2002), S. 160.

Stephan Buchholz, Paul Mikat u. Dieter Werkmüller (Hrsg.), Überlieferung, Bewahrung und Gestaltung in der rechtsgeschichtlichen Forschung [Ekkehard Kaufmann zum 70. Geburtstag] (= Rechts- und Staatswissenschaftliche Veröffentlichungen der Görres Gesellschaft, NF Bd. 69), 1993, in: ZRG GA 119 (2002), S. 381–384.

Werner Rösener (Hrsg.), Staat und Krieg. Vom Mittelalter bis zur Moderne, Göttingen 2000, in: ZBLG 65 (2002), S. 615–617.

Karl Härter (Hrsg.), Policey und frühneuzeitliche Gesellschaft (Ius Commune, Sonderhefte 129), Frankfurt/Main 2000, in: ZRG GA 120 (2003), S. 687–691.

Richard H. Helmholz, Paul Mikat, Jörg Müller u. Michael Stolleis (Hrsg.), Grundlagen des Rechts. Festschrift für P. Landau zum 65. Geburtstag (= Rechts- und Staatswissenschaftliche Veröffentlichungen der Görres-Gesellschaft, N.F. Bd. 91), 2000, in: ZBLG 66 (2003), S. 225–227.

Wolfgang Burgdorf, Reichskonstitution und Nation. Verfassungsreformprojekte für das Heilige Römische Reich Deutscher Nation im politischen Schrifttum von 1648 bis 1806 (Veröffentlichungen des Instituts für europäische Geschichte Mainz, Abtl. Universalgeschichte, 173 = Beiträge zur Sozial- und Verfassungsgeschichte des Alten Reiches 13), Mainz 1998, in: ZRG GA 121 (2004), S. 747–753.

Barbara Schmahl, Das staatliche Kirchenaustrittsrecht in seiner historischen Entwicklung (Ius Ecclesiasticum 102), in: ZNR 37(2015), S. 306–308.

Ruth Jacoby u. Felix Schikorski (Hrsg.), Mensch – Land – Gerechtigkeit. Die Erinnerungen Erich Hellmuth Jacobys (1903 – 1979). „Ein Leben im Spiegel der Zeit" (Jüdische Memoiren Bd. 19), 2013, in: ZNR 37 (2015), S. 172–173.

Ulrich Wagner (Hrsg.), Quellen zur Geschichte des Bürgerspitals 1500–1650. Bearb. von Hans-Wolfgang Bergerhausen (Fontes Herbipolensis Bd. 8), Würzburg 2014, in: Zs. Medizinrecht 2015, S. 792–793.

Volker Friedrich Drecktrah (Hrsg.), Die RAF und die Justiz. Nachwirkungen des „Deutschen Herbstes", München 2010, in: ZNR 37(2015), S.174–175.

Der ‚Arme Konrad' vor Gericht. Verhöre, Sprüche und Lieder in Württemberg 1514. Begleitbuch und Katalog zur Ausstellung des Landesarchivs Baden-Württemberg. Bearb. v. Peter Rückert unter Mitarbeit von Andrea Heck, Stuttgart 2014, in: ZRG (GA) 133 (2016), S. 585–586.

Fabian Frommelt, Zwangsadministrationen. Legitimierte Fremdverwaltung im historischen Vergleich (17. bis 21. Jahrhundert), (Historische Studien 100), Berlin 2014, in: ZNR 39 (2017), S. 114–115.

Sebastian Felz, Recht zwischen Wissenschaft und Politik. Die Rechts- und Staatswissenschaftliche Fakultät der Universität Münster 1902 bis 1952, 2016, in: ZNR 40 (2018), S. 322–324.

Werner Daum unter Mitwirkung von Peter Brandt, Martin Kirsch u. Arthur Schlegelmilch (Hrsg.), Handbuch der europäischen Verfassungsgeschichte im 19. Jahrhundert. Institutionen und Rechtspraxis im gesellschaftlichen Wandel. Bd. 2: 1815–1847, in: ZRG (GA) 135 (2018), S. 509–512.

Andreas Rutz, Die Beschreibung des Raums. Territoriale Grenzziehungen im Heiligen Römischen Reich (Norm und Struktur 47), 2018, in: ZRG (GA) 136 (2019), S. 591–594.

David von Mayenburg, Gemeiner Mann und Gemeines Recht. Die Zwölf Artikel und Das Recht des ländlichen Raumes im Zeitalter des Bauernkriegs (Studien zur Europäischen Rechtsgeschichte 311), 2018, in: ZRG (GA) 137 (2020), S. 628–631.

Vasilijus Safronovas, Kampf um Identität. Die ideologische Auseinandersetzung in Memel/Klaipeda im 20. Jahrhundert. Aus dem Litauischen übersetzt von Markus Roduner, hrsg. von Joachim Tauber (Veröffentlichungen des Nordost-Instituts 20), in: Preußenland 11 (2020), S. 234–238.

VII. Sonstiges

Kein „Aufstand", aber im Sinne deutscher Politik. Internationale Historikertagung in Memel-Försterei zum 70. Jahrestag der litauischen Intervention im Memelgebiet, in: Memeler Dampfboot 144 (1993), S. 17–18.

Das Institut für deutsche und bayerische Rechtsgeschichte an der Universität Würzburg in: Würzburg – heute. Mainfränkische Zeitschrift für Kultur und Wirtschaft 60 (1995), S. 50–52.

Land am Kurischen Haff. Eine Bildreise (gemeinsam mit Heinz Teufel [Fotos]), Hamburg 2000.

Stationen einer Höllenfahrt, in: Fantastische Bilder von Eduardas Jonušas. Ausstellungskatalog, 2002, S. 10–13.

Der Johann Gottfried Herder-Forschungsrat, in: Peter Andraschke u. Helmut Loos (Hrsg.), Ideen und Ideale. Johann Gottfried Herder in Ost und West (Rombach Wissenschaften – Reihe Litterae, Bd. 103), Freiburg i. Brsg. 2002, S. 13–14.

Im Dickicht der Behörden. Auch in Bayern soll in Zukunft Recht ohne Oberstes Landesgericht gesprochen werden. Sparen wird Bayern dadurch nichts, in: Frankfurter Allgemeine Zeitung v. Montag, 8. Dezember 2003, Nr. 285, S. 31.

Vielvölkerstaat Europa, in: Frankfurter Allgemeine Zeitung v. Samstag, 8. Juli 2006, Nr. 156, S. 7.

Die Wurzeln des modernen Staates: Deutsche Verfassungsgeschichten vor 1848 – Fünfzehn Merksätze, 1.9.2008, abrufbar unter https://www.bpb.de/themen/nachkriegszeit/grundgesetz-und-parlamentarischer-rat/39181/die-wurzeln-des-modernen-staates-deutsche-verfassungsgeschichte-vor-1848-fuenfzehn-merksaetze/ (27.11.2025).

Grenzen überschreiten, in: Akademie aktuell 2 (2009), S. 9–11. Aus der Gelehrtengemeinschaft, in: Akademie aktuell 2 (2009), S. 18–20.

Zu viel beraten. Akademien sollten Fakten liefern und nicht Politik machen, in: Süddeutsche Zeitung v. Donnerstag, 20. Januar 2011, Nr. 15, S. 18.

Einführung in die Geschichte des Baltikums, in: Mitteilungen der Winckelmann-Gesellschaft 77 (2015), S. 1–4.

Endzeiten und Weltenden auf der Kurischen Nehrung, in: Monika Schulz-Fieguth, Hildegard u. Dietmar Willoweit (Hrsg.), Die Kurische Nehrung. Melancholie einer Landschaft, Husum 2015, S. 13 – 21.

Susitikimų akimirkos (Überraschende Begegnung), in: Eduardas Jonusás. Vaizdai ir Mintys (Bilder und Gedanken), Klaipeda 2015, S. 108–109.

Zwischen deutschen und litauischen Vorurteilen. Der heimatpolitische Weg von Dr. Gerhard Willoweit 1931–1994, in: Annaberger Annalen 2015, S. 7–22.

Das naturrechtliche Minimum („Aussenansicht"), in: Academia. Zs. des Cartellverbandes der katholischen deutschen Studentenverbindungen, 2016, S. 7.

VIII. Herausgeberschaft von Reihen und Zeitschriften

Rechtshistorische Reihe, 1977–2012.

Zeitschrift für Neuere Rechtsgeschichte, 1979–1997.

Forschungen zur Deutschen Rechtsgeschichte, seit 1989.

Würzburger Vorträge zur Rechtsphilosophie, Rechtstheorie und Rechtssoziologie, seit 1990.

Konflikt, Verbrechen und Sanktion in der Gesellschaft Alteuropas. Symposien und Synthesen, seit 1999; Fallstudien, seit 1997.

Imagines Medii Aevi. Interdisziplinäre Beiträge zur Mittelalterforschung, seit 1997.

Völker, Staaten und Kulturen in Ostmitteleuropa, 2006–2008.

IX. Über Dietmar Willoweit

Dietmar Willoweit, Im Schatten des Untergangs. Eine Kindheit in Memel, in: Im Wandel der Zeiten: Die Stadt Memel im 20. Jahrhundert (Nordost-Archiv. Zeitschrift für Regionalgeschichte, N.F. X), Lüneburg 2001, S. 393–406.

Horst Fuhrmann, Dietmar Willoweit zum 70. Geburtstag. Ausschnitt aus der Begrüßungsansprache bei der Geburtstagsfeier in der Siemens-Stiftung am 24. Juli 2006, in: Akademie aktuell 2006 Heft 4, S. 38–39.

Ulrike Müßig, Dietmar Willoweit zum 70. Geburtstag, in: Juristenzeitung 2006, S. 719–720.

Hasso Hofmann, Verfassungsgeschichte als Phänomenologie des Rechts. Vortrag gehalten am 24. Juli 2006 aus Anlass des 70. Geburtstages von Dietmar Willoweit (Sitzungsberichte der Bayerischen Akademie der Wissenschaften, Philosophisch-historische Klasse, 2007, Heft 3), München 2007.

Jan Schröder, Laudatio, in: Verleihung der Ehrendoktorwürde an Professor Dr. Dietmar Willoweit, Festakt am 16. Dezember 2011 (Veröffentlichungen der Juristischen Fakultät Tübingen, Bd. 4), Tübingen 2013, S. 17–23.

Steffen Schlinker, Dietmar Willoweit zum 80. Geburtstag, in: Juristenzeitung 2016, S. 739–740.

Die Herausgeber, Nachruf: Dietmar Willoweit (1936–2023), in: Zeitschrift für Neuere Rechtsgeschichte 45 (2023), Heft 3/4, S. 173.

Steffen Schlinker, Dietmar Willoweit (1936–2023), in: Preußenland, Jahrbuch der Historischen Kommission für ost- und westpreußische Landesforschung 14 (2023), S. 16–22.

Ulrike Müßig, Dem Recht gerecht geworden und recht getan – Dietmar Willoweit (1936–2023), in: Juristenzeitung 2023, S. 514–515.

Steffen Schlinker, In memoriam Dietmar Willoweit (17. Juli 1936 – 24. April 2023), in: ZRG GA 142 (2025), S. 516–533.

Verzeichnis der Autorinnen und Autoren

Jan Dirk Harke, Dr., Professor Friedrich-Schiller-Universität Jena, Lehrstuhl für Bürgerliches Recht, Römisches Recht und Europäische Rechtsgeschichte

Matthias Heilmeier, Dr., Rechtsanwalt, Partner, Momentum München

Eric Hilgendorf, Dr. Dr., Professor Julius-Maximilians-Universität Würzburg, Lehrstuhl für Strafrecht und Strafprozessrecht, Informationsrecht und Rechtsinformatik

Joachim Lege, Dr., Professor em. Universität Greifswald, Inhaber des Lehrstuhls für Öffentliches Recht, Verfassungsgeschichte, Rechts- und Staatsphilosophie

Ulrike Müßig, Dr., Professorin Universität Passau, Lehrstuhl für Bürgerliches Recht sowie Deutsche und Europäische Rechtsgeschichte

Wolfgang Riedel, Dr., Professor, Universität Würzburg, Institut für deutsche Philologie / Neuere Abteilung, Lehrstuhl für neuere deutsche Literatur- und Ideengeschichte

Steffen Schlinker, Dr., Professor Universität Greifswald

Jan Schröder, Dr. Dr. h.c., Professor em. Universität Tübingen